JUPP DERWALL

Fußball ist kein einfaches Spiel
AUTOBIOGRAPHIE

Unter Mitarbeit von Günter Wiese

Sportverlag Berlin

Für Elisabeth, Manuela und Patrick

© 2002 by Sportverlag Berlin
in der Econ Ullstein List Verlags GmbH & Co KG, München
Alle Rechte vorbehalten

Lektorat und Redaktion: Harro Schweizer
Umschlaggestaltung: Volkmar Schwengle, Buch und
Werbung, Berlin, unter Verwendung eines Fotos
von Deutsche Presse-Agentur
Layout und Herstellung: Prill Partners | producing, Berlin
Lithographie: LVD GmbH, Berlin
Druck und Bindung: GGP Media, Pößneck

ISBN 3-328-00956-6

Inhalt

Anstoß *7*

Die Reise zum Bosporus *9*

Ein Traum geht in Erfüllung *35*

Wembley 1954 *50*

Schweizer Jahre als Spieler und als Trainer *54*

Wieder zur Fortuna *61*

Ein Brief von Sepp Herberger *63*

Ungewöhnliche Frage an einem gewöhnlichen Wintertag *70*

Erster Einsatz: Mexiko 1970 *73*

Talente fördern *91*

Glücksfälle für den deutschen Fußball *95*

Im Dunkel der Nacht *102*

Eklat in Malente und eine fußballhistorische Niederlage *107*

Das Spiel ist aus, Deutschland ist Weltmeister *112*

Das unglaubliche Debüt *124*

Herbe Enttäuschung in Argentinien *131*

Helmut Schön, der Fußball-Ästhet *138*

Alleinverantwortung *144*

Der Triumph von Rom *157*

Mein Fehler *163*

Erst im WM-Finale gescheitert *173*

Neues Leben am Bosporus *200*

Amtsgericht Istanbul *218*

Das Ikamet *223*

Ein Junge namens Dursun *230*

Der Festakt im Talar *237*

Abschied aus der Türkei, Abschied vom Ball *241*

Anhang *252*

Register *266*

Anstoß

Schon immer hatte ich den Wunsch, dieses Buch zu schreiben und meine Erinnerungen, Eindrücke, Erfahrungen und Stimmungsbilder von den Spielen der deutschen Nationalmannschaft, von Menschen, Ländern, Weltstädten und anderen Mentalitäten zu schildern, die ich als Spieler, Vereinstrainer, Verbandstrainer und als Bundestrainer überall in der Welt erfahren durfte. Ehrlich gesagt, ich brauche sie heute nicht mehr, diese Stunden, Tage und Jahre, in denen ich auch viel unterwegs war, nur manchmal fehlen mir die Erlebnisse und Geschehnisse doch, denn sie sind ein Teil, sogar ein Großteil meines Lebens.

Was ich vermisse, das ist die besondere Bindung zu jungen Menschen, die sich für sportliche Höchstleistungen entschieden haben. Die oft harte Trainingsarbeit auf sich nehmen, die Wünsche und Ziele in sich tragen, wenn möglich Meisterschaften zu gewinnen, Nationalspieler zu werden oder sogar Europameister oder Weltmeister.

Was ich außerdem vermisse, ist die Zufriedenheit nach getaner Arbeit, nach Training und Spiel, eine Arbeit, bei der man den Spielern in die Seele schauen konnte. So offen und ehrlich war unser Verhältnis zueinander.

Und ich vermisse auch die Auseinandersetzung mit dem Gegner, den Kampf, die guten Spiele und die vielen Menschen, die uns vertrauten. Meist war es samstags oder mittwochs, wenn die Straßen der Städte wie leer gefegt waren und in den Stadien die Begeisterung überschäumte. Wenn

Spannungen und Sehnsüchte sich vor dem Fernseher überschlugen, weil es um Punkte, Meisterschaften, Abstieg, Europa- oder Weltmeisterschaften ging.

Ich vermisse auch die Zeit zwischen den Spielen, eine Zeit, die mir Freunde und Bekannte bescherte, aber auch fremde Bilder und Gefühle, die mir unvergesslich bleiben. Trotz allem waren es sicher keine geschenkten Jahre. Ich war gefordert und musste einer Herausforderung standhalten.

Schon deshalb haben sie sich gelohnt, diese Jahre mit jungen Menschen – und einem Ball.

Die Reise zum Bosporus

Der Flug LH 1580 nach Istanbul ist aufgerufen, und wie immer zu dieser Zeit ist auch heute der Frankfurter Flughafen von Menschen überfüllt. Außerdem haben längst die Sommerferien begonnen.

Ich versuche, so gut es geht, mich an Leuten mit schweren Koffern, Taschen und an Kindern mit bunten Rucksäcken und Stofftieren vorbeizuschlängeln; und bis jetzt ist es mir gelungen, unerkannt bis zur unvermeidlichen Passkontrolle vorzustoßen.

Dann aber, als es nur noch Schritt für Schritt nach vorne geht, werde ich erkannt. »Hallo, Herr Derwall, wo soll's denn hingehen? In die Ferien, so ganz allein? Und würden Sie mir bitte ein Autogramm geben? Für meinen Sohn, für meine kleine Tochter. Mein Vater ist auch ein Fan von Ihnen.« Ich bin wirklich heilfroh, als ich endlich den Schalter der Passkontrolle erreiche. Der Beamte, freundlich wie immer, winkt mich mit einem kurzen Lächeln schnell durch: »Wie schön, Herr Derwall, so viele Freunde und Fans zu haben.«

Auf dem Weg zum Flugsteig A-25 kommt mir plötzlich in den Sinn, wie oft ich hier diese wenigen Meter schon gegangen bin. Mit geschlossenen Augen würde ich ihn finden, diesen Weg, vorbei an Zeitungskiosken, an Snackbars, Geschäften und Wartehallen. Ich kenne sie alle.

Immerhin waren es ja vierzehn Jahre, in denen ich im Dienste des Deutschen Fußball-Bundes vielleicht zehnmal und mehr die Erde umrundet habe. Zwischen 1970 und

1978 waren es genau 87 Länderspiele, die ich gemeinsam mit Helmut Schön, dem damaligen Bundestrainer der deutschen Nationalmannschaft, als sein Assistent mitgestalten konnte. Und zwischen 1978 und 1984 waren es weitere 67 Länderspiele, die ich, diesmal als Bundestrainer und Alleinverantwortlicher der deutschen Nationalmannschaft, erlebt habe. Hinzu kamen über hundert Einsätze als Trainer der deutschen Amateur- und Olympiamannschaft, der B-Nationalelf und der Junioren-Mannschaft U 23.

Vor allem natürlich diese 154 Länderspiele, die ich mit Helmut Schön und später als Bundestrainer gestalten konnte, bedeuteten viele schöne Stunden, Tage und Jahre mit der Nationalmannschaft. Der deutsche Fußball erlebte viele große Stunden. Wenn ich sie aufzähle, diese Erfolge des Deutschen Fußball-Bundes in den Jahren zwischen 1954 und 1996, an die Sepp Herberger, Helmut Schön, ich selbst, Franz Beckenbauer und Berti Vogts beteiligt waren, dann nur, um dem Leser einen ersten Überblick zu geben, was die deutsche Fußball-Nationalmannschaft in diesen zweiundvierzig Jahren im internationalen Sportgeschehen zu leisten vermochte:

1954 Weltmeister in der Schweiz
1958 Vierter der WM in Schweden
1966 Vize-Weltmeister in England
1970 Dritter der WM in Mexiko
1972 Europameister in Belgien
1974 Weltmeister in Deutschland
1976 Vize-Europameister in Jugoslawien
1980 Europameister in Italien
1982 Vize-Weltmeister in Spanien
1986 Vize-Weltmeister in Mexiko
1990 Weltmeister in Italien
1992 Vize-Europameister in Schweden
1996 Europameister in England

Eine solche Erfolgsserie, verteilt auf eine so lange Zeit, an der nur vier Bundestrainer und ein »Teamchef« beteiligt waren, ist schon etwas Außergewöhnliches. Sie deutet gleichzeitig aber an, wenn auch nur in Zahlen und Daten, wieviel Arbeit und Mühen von allen Beteiligten aufgebracht werden mussten, um der Weltspitze im Fußball immer sehr nahe zu sein.

Und jetzt stehe ich hier mit gemischten Gefühlen, an diesem Sommertag 1984 am Frankfurter Flughafen, nach einer verkorksten Europameisterschaft in Frankreich, und habe mein Gepäck für einen kurzen Trip nach Istanbul eingecheckt. Man wünscht mir eine gute Reise und einen angenehmen Aufenthalt an Bord. Er kann losgehen, der Flug ins Ungewisse, in eine für mich völlig neue Welt, in die Türkei nach Istanbul, die Stadt am Bosporus, wo für uns Europäer die Grenze zum Orient liegt.

Ich habe ein Versprechen einzulösen.

Nie und nimmer habe ich in den vergangenen zwei Wochen daran gedacht, in nächster Zeit irgendwo in der weiten Welt als Trainer zu arbeiten. Ich gebe zu, es gab einige interessante Angebote aus den verschiedensten Ländern, und es hätte sich auch gelohnt, darüber nachzudenken und Gespräche aufzunehmen. Das aber, was mir am nächsten lag, das war etwas ganz anderes. Ich wollte meine Ruhe haben, abschalten, mich erholen, nach 25 Jahren aufreibendem Trainerleben eine Verschnaufpause einlegen.

Und was tue ich? Ich steige hier in Frankfurt in ein Flugzeug, um vielleicht doch bei einem der so genannten renommierten Klubs Istanbuls und der Türkei einen Trainervertrag zu unterschreiben. Weit weg von zu Hause.

Was treibt mich? Ich bin jetzt 57 Jahre alt, kein junger Mann mehr, habe viel erlebt und gesehen. Innerlich halte ich aber immer noch daran fest, Trainer zu sein und Trainer zu bleiben. Und obwohl man selbst genau weiß, ob man gute oder weniger gute Arbeit geleistet hat, möchte man sich selbst gegenüber doch immer wieder beweisen, dass man es kann. Und man kommt nur mit sich selbst ins Reine, wenn man diesen Job nicht so schnell aufgibt.

Eben das, was ich meinen Spielern selber täglich gepredigt habe, wird nun zur eigenen inneren Stimme: Ich will jetzt selber Stehvermögen und Beständigkeit zeigen, nicht nachlassen, an mich selbst glauben und Journalisten nicht allen Ernstes alles zugestehen, auch wenn es schwarz auf weiß gedruckt zu lesen ist. Auch wenn wir gegen Spanien bei der Europameisterschaft in Frankreich zu früh aus dem Turnier geflogen sind.

Der Airbus der Lufthansa startet pünktlich und zieht hinweg über das Frankfurter Waldstadion, auch über das in der Nähe gelegene Haus des Deutschen Fußball-Bundes, dreht in Richtung Süd-Südost in die hoch stehende Mittagssonne Richtung Istanbul. Und – was ich damals noch nicht wusste – in ein Land, das für mich in den nächsten Jahren die neue Heimat sein würde.

Nach Essen ist mir in diesem Moment nicht zu Mute. Meine Gedanken beschäftigen sich mit dem, was gewesen ist, aber auch mit dem, wie mein Leben sich verändern wird. Ich gehöre eigentlich nicht zu jenen, die sich überhastet und schnell entscheiden, aber doch zu denen, die gezielt etwas Neues in Angriff nehmen können. Na gut, wir Trainer haben in vielen Jahren unseres Berufes gelernt, in kürzester Zeit abzuwägen, schnellstens Vor- und Nachteile ein- und auszugrenzen, um das Richtige und Mögliche in schwierigen Momenten zu tun. Mir selbst bleiben noch zweieinhalb Stunden Flug und zwei volle Tage, die richtige Entscheidung zu treffen.

Wir fliegen über den Wolken, und ich habe im Flugzeug nun Zeit zurückzublicken. Meine Gedanken kreisen um ein Spiel, das ich so schnell nicht vergessen werde und erst einige Wochen zurückliegt. Ich erinnere mich noch an alles ganz genau: Es ist der 20. Juni 1984 in Paris, die französische Hauptstadt, und wir befinden uns im Stadion Parc de Prince.

Die deutsche Mannschaft steht vor der entscheidenden Begegnung gegen Spanien, es geht um den Einzug in das Halbfinale der Europameisterschaft 1984 in Frankreich.

Die Menschen fiebern solchen Spielen immer entgegen. Nervosität macht sich breit, bei Spielern und Trainern, bei den Betreuern und den Fans draußen auf den Tribünen. Bis zum Anpfiff sind es nur noch wenige Minuten, und ich frage mich immer wieder, ob alles gesagt und getan wurde, ob das alles noch bei der Mannschaft angekommen ist, was ich ihr so kurz vor dem Anstoß mit auf den Weg geben wollte. Es ist meist die Ohnmacht des Trainers zu registrieren, dass die Spieler in solch ungewöhnlichen Situationen zu sehr mit sich selbst beschäftigt sind, und ich glaube fast, man macht es wohl auch nur deshalb, um sich selbst von der großen Anspannung zu lösen und sich zu beruhigen.

Wie vor jedem Spiel bei einem so großen Turnier erklingen die Nationalhymnen der aufeinander treffenden Mannschaften. Ich spüre förmlich, wie beeindruckt die Spieler von der Szenerie und von der Bedeutung des Spiels sind. Trotz glühender Sonne rinnt nicht nur der Schweiß in solchen Sekunden, wir alle sind gefangen in Emotionen, wir frieren und glühen vor Verantwortungsgefühl. Die Bilder ähneln sich überall und immer wieder, und doch ist es jedes Mal anders. Manche Mannschaften stehen Hand in Hand und hoch erhobenen Hauptes. Einige Spieler legen ihre Arme auf die Schulter des Nebenmannes, schreien die Hymne hinaus, um sich aus der Erstarrung zu befreien oder sich einfach nur zu freuen. Andere schweigen.

Die deutsche Mannschaft hat den Titel des Europameisters zu verteidigen. Ein Titel, auf den sie stolz sein darf und den sie, mit Recht, 1980 in Rom mit einer beachtlichen spielerischen und auch kämpferischen Leistung im Finale gegen eine starke belgische Mannschaft gewinnen konnte.

Es geht heute nicht nur um Sieg oder Niederlage, es geht uns auch um den deutschen Fußball, der nicht nur in Europa, sondern auf der ganzen Welt einen guten Ruf zu verteidigen hat. Gleichermaßen steht natürlich auch der Ruf der einzelnen Spieler und der Trainer auf dem Spiel, jener also, die ganz besonders im Blickpunkt eines solchen Geschehens stehen.

Vieles ist in dieser Branche mit Ansehen und natürlich auch mit Geld verbunden, mit Rang und Namen, in Vergangenheit und Zukunft, mit großer Anerkennung, wenn es klappt. Aber auch mit brutaler Kritik, wenn es schief geht. Auch diese Spielregeln sind den Hauptakteuren klar. Der Bekanntheitsgrad eines Spielers steht oder fällt mit seiner Leistung auf dem Platz und mit den Titeln, die er erringt. Seine Aktien steigen oder stürzen zuweilen in einer rasanten Geschwindigkeit und aus Gründen, die manchmal nur schwer zu verstehen sind, kommt die Karriere eines jungen und talentierten Spielers, von der dieser immer geträumt hat, viel zu früh zum Stillstand.

Fußball ist ein einfaches, aber auch ein gnadenloses Spiel.

So sind also zu jeder Zeit volle Leistung, Einsatz und Hingabe gefragt bei diesem ungewöhnlichen Auftrag, um den es bei einer Europameisterschaft geht. Und ich weiß natürlich, dass sich niemand schonen wird, jeder der Spieler wird bis zur letzten Sekunde sein Bestes geben.

Wir haben es uns geschworen.

Nach genau 89 Minuten steht das Spiel immer noch 0:0. Dieses Resultat würde für uns die Teilnahme am Halbfinale bedeuten. Unsere Mannschaft hätte dieses Ziel geschafft, immerhin trotz des Fehlens wichtiger Spieler wie Bernd Schuster, Gerd Strack und Wolfgang Dremmler. Wir hätten uns in der Gruppe 2 zusammen mit Portugal für die nächste Runde qualifiziert – vor Spanien und Rumänien. Es hätte bedeutet, dass wir gegen Dänemark das Halbfinale später bestritten hätten.

Alles ist in diesen Sekunden noch möglich.

Ein Foul von Wolfgang Rolff vom Hamburger SV, einer

der Jüngsten unserer Mannschaft, führt in der Nähe der Mittellinie zu einem Freistoß für die Spanier. Noch zwanzig Sekunden sind es vielleicht bis zum Abpfiff, und irgendwie spüre ich, dass keiner unserer Spieler die Situation und die Gefahr, die dieser Freistoß heraufbeschwört, richtig begreift. Mir scheint, unsere Mannschaft wartet nur noch auf den Schlusspfiff des Herrn Christov, des tschechoslowakischen Schiedsrichters, der später auch das Finale pfeifen wird.

Zwei Meter vom Spielfeldrand entfernt versuche ich, die Spieler wachzurütteln, anzusprechen – oder, wie die Situation es verlangt, auch anzuschreien. Doch niemand reagiert, kaum eine Bewegung folgt. Sie sind ausgelaugt von der Hitze und der Schwüle und dem 90-minütigen Einsatz, vom Kampf und von der permanenten Konzentration. Und während einige noch diskutieren, sehe ich Maceda von Real Madrid, den hoch gewachsenen Libero der Spanier, in Richtung deutsches Tor spurten. Für unsere Abwehr viel zu schnell wird der Ball plötzlich durch Victor, den Regisseur der spanischen Nationalmannschaft und seines Klubs FC Barcelona, zu einem Nebenmann im rechten Mittelfeld gespielt. Niemand greift ihn richtig an, diesen Francisco, den Spieler des FC Sevilla.

Lang gezogen fliegt der Ball von der rechten Seite der Mittellinie in den deutschen Strafraum auf den hinteren Pfosten des Tores. Für Toni Schumacher, den Torwart der deutschen Mannschaft, zu weit vom Tor entfernt, um den Ball erlaufen zu können, wegzufausten, abzufangen oder irgend eine andere Abwehrreaktion zu zeigen.

Gute, überdurchschnittliche Torleute haben das Gefühl und Gespür dafür, wann es sich lohnt, eine Lücke und den richtigen Moment des Absprungs zu suchen. Mit dem richtigen Timing anzulaufen, anzusetzen, um schließlich als Erster oben zu sein. Toni besaß dieses Gespür und ein gutes Auge, solche Situationen, solche kurzzeitigen Chancen, die ein Torwart hat, um eingreifen zu können, nicht zu verpassen.

Ich bin regelrecht atemlos, ich spüre, dass etwas Schlimmes passieren wird. Von der Bank aus sehe ich, wie Freund und Feind sich recken und strecken, um möglichst frühzeitig oben zu sein. Um den Ball dort, in dieser undurchsichtigen Traube aus Stürmern und Abwehrspielern, zu erreichen.

Einer springt höher als alle anderen und stößt den Ball mit aller Wucht und mit einem Anlauf von über achtzig Metern, mit einer riesigen Sprungkraft und der Kopfballtechnik eines Abwehrspielers von Weltklasse in die Maschen des deutschen Tores.

Libero Maceda krönt seine großartige Abwehrleistung mit dem entscheidenden Tor des Tages und sichert damit den Sieg der Spanier in letzter Sekunde.

Niemand bei uns kann es begreifen. Die Sensation ist perfekt. Deutschland, der Titelverteidiger, ist bei der Europameisterschaft 1984 in Frankreich, in Paris, als Gruppen-Dritter ausgeschieden.

Dabei hatte es in diesem Spiel gut für uns begonnen. Unsere Mannschaft diktierte zunächst das Spiel und das Tempo. Schon bei Halbzeit hätten wir mit zwei Toren in Führung gehen können. Lattenschüsse von Peter Briegel und Norbert Meier, beide Mittelfeldspieler, hätten auch drin sein können. Tore, die nicht fallen wollten, die uns bei etwas mehr Glück die notwendige Sicherheit gegeben hätten. Erst recht, wenn ein weiterer Schuss von Andy Brehme, unserem linken Außenverteidiger, nicht an den Pfosten gegangen wäre.

Es lief dennoch zunächst nicht schlecht, zumal das Pech der Spanier hinzu kam, dass Carrasco mit einem Elfmeter an Toni Schumacher scheiterte. Wir verpassten es, dem Spiel nicht nur den eigenen Stempel aufzudrücken, sondern auch frühzeitig für Zählbares zu sorgen. Umgekehrt schöpften die Spanier mit der Zeit eine neue Kraft, es besser machen zu wollen, sie nutzten die Schmach des verschossenen Elfmeters als neue Triebfeder und verstanden es ihrerseits, das Tempo immer mehr anzukurbeln.

Es war trotzdem kein wirklich großes Spiel. Die Spanier agierten in der ersten Halbzeit zurückhaltend, mit wenigen Kontern; die deutsche Mannschaft spielte aus einer gesicherten Abwehr heraus, versuchte, dem Gegner nicht übertrieben viel Spielraum zu lassen, und ging davon aus, dass ein Unentschieden ausreichen würde, überließ schließlich dem Gegner die Initiative, um auf diese Weise eine weitere klare Konterchance zu erhalten.

Aber alles kam ganz anders.

Für die deutsche Mannschaft war an jenem Tag die Europameisterschaft 1984 mit dem Abpfiff beendet.

Dieses frühe Aus hatte sich angedeutet, lange vor dem Turnier in Frankreich. Für mich war schon die Qualifikation für die EM 1984 keine Offenbarung gewesen und die Spiele gegen Österreich, Nordirland und Albanien so farblos wie selten. Nach der WM 1982 in Spanien hatten wir begonnen, eine neue Mannschaft aufzubauen, trotz des Titels eines Vize-Weltmeisters. Eine Phase, die wir Trainer mit viel Sorgfalt anzugehen hatten. Besonders nach einer Weltmeisterschaft scheint es immer notwendig zu sein, sich frühzeitig mit dem Neuaufbau zu beschäftigen, junge und talentierte Spieler möglichst schnell einzubinden, den Leistungsabfall erfahrener, aber auch älter werdender Spieler klar zu erkennen und zu berücksichtigen.

Dass ein solches Vorgehen wirklich nötig ist, zeigt zum Beispiel auch die Zeit zwischen dem WM-Sieg 1990 in Italien und dem EM-Sieg 1996 in England, eine Phase, in der eine überalterte Mannschaft versuchen sollte, in Schweden 1992 Europameister und in den USA 1994 Weltmeister zu werden. Es ging bekanntermaßen schief.

Der Neuaufbau für die nächste WM hatte im Trainerstab einfach Vorrang, und auch deshalb waren die Qualifikationsspiele für die Europameisterschaft 1984 und selbst das erfolglose EM-Turnier in Frankreich für die Mannschaft intern ziemlich undramatisch verlaufen – wie sie auf der anderen

17

Seite für die Presse dramatischer nicht hätten sein können. So ist Fußball: Das Schicksal des Verlierers trägt den längsten Schatten, und die Vernunft setzt sich nicht immer durch.

Gut, Karl-Heinz Rummenigge, unser Kapitän, war durch seine ernsthaften Verletzungen geschwächt ins Turnier gegangen, und Bernd Schuster, der nach Saisonende operiert worden war, fehlte gänzlich. Große Spieler dieser Klasse werden von jeder Mannschaft stark vermisst und sind kaum zu ersetzen. Allein schon deshalb war es schwer, sich gegen eine so starke Konkurrenz wie Portugal, Spanien und Rumänien in der Gruppe und eventuell später gegen Mannschaften aus Dänemark, Jugoslawien, Belgien oder Frankreich durchzusetzen.

Es handelte sich hier aber nicht nur um eine schnell vorbeiziehende Schwächeperiode der deutschen Nationalmannschaft, die kurzfristig personelle Schwierigkeiten hatte durch angeschlagene Spieler. »König Fußball« selbst war in Deutschland in eine Krise geraten, er hatte hierzulande eine Talsohle zu durchschreiten, weil der Umbruch voll in Gang war. Wie immer, wenn nach großen Turnieren Mannschaften wieder neu aufgebaut werden, rücken junge Spieler nach und lösen die großen Vorbilder ab, um einen einigermaßen fließenden Übergang zu ermöglichen und auch künftig für eine hohe Leistung garantieren zu können, bei Berücksichtigung des Durchschnittsalters und der Perspektiven.

Spieler wie Andy Brehme, Rudi Völler, Wolfgang Rolff, Guido Buchwald, Norbert Meier, Gerd Strack, Matthias Herget und andere brachten für Frankreich 1984 letztlich noch nicht die notwendigen Erfahrungen mit, hatten noch nie in einem großen Turnier gestanden, sie waren den Belastungen nicht gewachsen. Und trotzdem hatte sich die Mannschaft für diese Europameisterschafts-Endrunde qualifizieren können und damit natürlich auch großen Optimismus geweckt.

Die Realität sah anders aus. Wie überall ist auch die deutsche Nationalmannschaft auf das Leistungsvermögen von

Spielern und Mannschaften der höchsten Liga ihres Landes angewiesen. In dem Zweijahreswechseln von Weltmeister- und Europameisterschaften haben sich irgendwann fast alle Nationalmannschaften Europas aufgrund schwacher Jahrgänge für Turniere nicht qualifizieren können oder schafften es nur mit großen Mühen. Die Deutschen hatten es fast immer geschafft und fehlten nur zweimal bei Weltmeisterschaften: 1930, weil sie nicht teilnahmen, und 1950, weil sie nach dem Zweiten Weltkrieg noch nicht spielberechtigt waren. Bei den Qualifikationen für die Europameisterschaften waren sie nur einmal, 1967 beim 0:0 gegen Albanien in Tirana, auf der Strecke geblieben.

Die Situation vor dem EM-Turnier 1984 in Frankreich war aber nicht nur durch den angelaufenen personellen Umbruch gekennzeichnet. Weitere erschwerende Umstände kamen hinzu. So waren beispielsweise bereits im Februar 1984 alle deutschen Vereine aus sämtlichen europäischen Wettbewerben ausgeschieden, was bis dahin noch nie vorgekommen war. Das wurde in der Öffentlichkeit zu wenig erkannt. Wunsch und Wirklichkeit wurden in dieser Zeit nur selten voneinander getrennt. Die Erwartungshaltung war riesig.

Frankreich wurde im Finale gegen Spanien Europameister 1984, verdientermaßen, mit einer großen Mannschaft, in der nur hochkarätige, erfahrene Spieler standen. Kaum zu glauben, dass nach diesem Turniersieg die Equipe tricolore eine lange Durststrecke vor sich hatte. Nur wenige erinnern sich angesichts der jüngsten großartigen Erfolge der französischen Nationalmannschaft (1998 WM-Sieg, 2000 EM-Sieg) heute daran, dass ausgerechnet diese Franzosen nach der WM 1986 in Mexiko erst wieder bei der WM 1998 im eigenen Lande bei einer Weltmeisterschaft dabei waren, zweimal in Folge also beim größten Turnier fehlten.

Am Tag des Endspiels um die Europameisterschaft, am 27. Juni 1984, bin ich erneut nach Paris geflogen, um das Spiel der französischen Nationalmannschaft gegen die Spanier zu sehen, die uns, der deutschen Mannschaft, eine solche Chance im letzten Gruppenspiel frühzeitig verwehrt hatten.

Frankreich wurde Europameister nach Toren von Platini und Bellone. Die französische Elf war die bessere Mannschaft, mit einer herausragenden Persönlichkeit wie Michel Platini, mit Routiniers wie Giresse, Tigana oder Genghini, oder mit einem Didier Six, der das Endspiel nicht auf dem Platz erlebte, aber ein großer Spieler war. Alles erfahrene, großartige Techniker, die wir bei der WM 1982 in Spanien in Sevilla nach einem 1:3-Rückstand erst in der Verlängerung und nach Elfmeterschießen bezwingen konnten, womit wir das Finale gegen Italien erreichten. Dieses Spiel gegen die Franzosen damals war übrigens eines der aufregendsten Spiele, die je eine deutsche Mannschaft bestritten hat.

Am Tag nach dem Pariser Finale stand ich in der Nähe des Eiffelturms vor laufender Kamera und bestätigte meinen Entschluss, vom Amt des Bundestrainers zurückzutreten. Es war allein meine persönliche Entscheidung, die ich unserem Präsidenten, Hermann Neuberger, bereits im Januar des Jahres 1984 mitgeteilt hatte.

Als Nachfolger hatte ich Helmut Benthaus, damals Trainer beim VfB Stuttgart, vorgeschlagen. Benthaus, ein Ex-Nationalspieler, der ausgerechnet im Sommer 1984, vor dem Turnier in Frankreich also, mit den Schwaben Deutscher Meister geworden war, hatte seine Zustimmung bereits signalisiert, natürlich unter der Voraussetzung, dass Stuttgarts damaliger Präsident zustimmen würde. Leider war Gerhard Mayer-Vorfelder anderer Meinung.

Der heutige DFB-Präsident hatte damals natürlich seinen Verein zu vertreten, und wer verzichtet schon gerne auf die Mitarbeit eines Trainers, der ihm eine Meisterschaft geschenkt hat? Es wäre gegenüber dem Klub, den Spielern und auch den Fans des VfB unverantwortlich gewesen, es auch nur zu versuchen.

Doch wie so oft rechnete auch in Stuttgart nach solch glücklichen Tagen keiner mit den Ungereimtheiten, die die Bundesliga immer wieder aufzuweisen hat. Helmut Benthaus wurde in der nächsten Saison schon nach wenigen Monaten vom Stuttgarter Präsidium entlassen und ging zurück in seine zweite Heimat, in die Schweiz nach Basel. Franz Beckenbauer sollte schließlich mein Nachfolger werden, nicht als Bundestrainer, sondern als so genannter »Teamchef« der deutschen Elf in vergleichbarer Funktion.

Es gibt Zeiten, in denen es für einen Trainer nicht leicht ist, auf Anhieb neue, junge und talentierte Spieler zu entdecken, sie zu fördern, zu Spielern der Extra-Klasse zu formen und heranzubilden. Der Französische Fußball-Verband hatte damals aus der Misere der vorangegangenen Jahre gelernt. Zwischen 1966 bis 1980 hatte Frankreich die Teilnahme an großen Turnieren wie Weltmeister- und Europameisterschaften nur dreimal geschafft und dabei äußerst schwach abgeschnitten.

Erst 1982 lief es besser für unsere Nachbarn, bei der WM in Spanien standen wir uns in diesem denkwürdigen Halbfinale gegenüber. 1984, nur zwei Jahre später, gewannen die Franzosen die Europameisterschaft im eigenen Land. Und 1986 stand die deutsche Nationalmannschaft bei der WM in Mexiko einer sehr starken französischen Mannschaft gegenüber. Franz Beckenbauer gewann dieses Halbfinale 2:0 und zog mit seiner Mannschaft in das Endspiel gegen Argentinien ein, das 2:3 verloren ging.

In den nächsten Jahren begann Frankreich, in Schulen, Internaten und vereinseigenen Fußball-Zentren junge Spieler auszubilden und in Theorie und Praxis auf ihre kommenden Aufgaben vorzubereiten. Eine Schulung, die vor allem eine verbesserte Technik zum Ziel hatte, die in Bewegung, in Tempo umgesetzt werden sollte; schnelle kurze Pässe und das Anbieten und Freilaufen im Wechsel wurde in höchstem Maße verlangt. Wenn es auch einige Jahre dauerte, die

Talente in diese Richtung mit Erfolg zu trainieren, so beweisen die beiden großen Titel, die sie später gewannen, dass sie den richtigen Weg eingeschlagen hatten. Heute genießen die Franzosen hohen Respekt und Anerkennung in der ganzen Welt.

Wir haben in den vergangenen Jahren die Zeit nicht genutzt, unsere vorhandenen Sportschulen in den Landesverbänden des DFB richtig zu mobilisieren und einmal mehr über den berühmten Zaun zu schauen. Vielleicht haben uns ja die Erfolge bei der Weltmeisterschaft 1990 und bei der Europameisterschaft 1996 das Gefühl gegeben, auf der richtigen Fährte zu sein, ohne dabei den Jugend- und Nachwuchsbereich einzubeziehen, die 15- bis 21-Jährigen ernsthaft auf ihre eigentlichen Trainingsinhalte zu überprüfen und auf die spielerischen Fortschritte unserer Talente einen wirklich großen Wert zu legen.

Derzeit besteht wieder Hoffnung, die großen Lücken und Defizite schließen zu können. Die Mannschaft hat sich für die WM 2002 in Korea/Japan qualifiziert. Jüngere Spieler wie Michael Ballack oder Sebastian Deisler drängen nach, weitere Nachwuchskräfte stehen auf dem Sprung in die Nationalmannschaft, auch wenn die Sichtung schwieriger geworden ist, da die Anzahl der deutschen Spieler seit dem Bosman-Urteil vom Dezember 1995 in der Bundesliga rapide abgenommen hat. Doch ich glaube, auch diese Liga hat mittlerweile erkannt, dass neue Wege gesucht werden müssen, damit der deutsche Fußball zu stabiler Leistung zurückfinden kann. Ich denke dabei an Leistungen, die dem internationalen Top-Niveau sehr nahe kommen sollten.

Zurück ins Jahr 1984, zurück zur Lufthansa-Maschine, die Kurs auf Istanbul genommen hat. Bei herrlichem Wetter fliegen wir über den Wolken und haben bereits Österreich, Jugoslawien und Bulgarien hinter uns gelassen. Über das Bordmikrofon meldet sich der Kapitän und berichtet, dass wir Edirne passiert haben und zum Sinkflug auf die Stadt am

Bosporus ansetzen. Es folgen die üblichen Anweisungen des Chefstewards, sich anzuschnallen, das Rauchen einzustellen und sich auf die Landung vorzubereiten. Ganz ruhig setzt die Maschine auf und stolziert wie eine große silberne Möwe der Ankunftsstation des Yesilköy-Airports, auch Atatürk-Airport genannt, entgegen.

Gut ein Jahr zuvor hatte ich zum letzten Mal türkischen Boden betreten. Damals, am 23. April 1983, musste die deutsche Nationalmannschaft in Izmir in der Qualifikation für die Europameisterschaft gegen die Türkei antreten. Für mich ist diese Begegnung auch heute noch eine schöne Erinnerung geblieben. Nicht nur, weil wir dieses wichtige Spiel für uns mit 3:0 entscheiden konnten. Es waren vor allem die Stadt selbst und die vielen netten Menschen, die türkischen Fußballfans, die aus Nah und Fern angereist waren, um ihre Mannschaft zu sehen und tatkräftig zu unterstützen. 75 000 begeisterte Anhänger standen wie eine Wand hinter ihren Spielern. Und ich höre noch heute die »Türkiye Türkiye«-Rufe aus ihren Kehlen, die der türkischen Mannschaft Mut machen sollten, auf Angriff und auf Sieg zu spielen.

Die saftigen, wunderschönen Orangen, die man uns beim Warmlaufen vor die Füße warf, hätte man sicherlich für bessere Zwecke verwenden können. Aber Ausgelassenheit, Temperament und ein wenig »Störfeuer« muss schon möglich sein, um dem Gegner Respekt einzuflößen. Über die Art und Weise kann sicherlich gestritten werden.

Daran muss ich denken, so kurz vor dem Aussteigen aus der Maschine. Und ich ahne, dass sich an dieser so liebenswürdigen Art, wie ich sie in Izmir erleben durfte, nichts geändert haben kann.

Schon am Ende der Gangway stehen sie, die Freunde des Klubs Galatasaray Istanbul. Mit riesigen Blumensträußen und Transparenten werde ich willkommen geheißen. Sie wünschen sich, dass ich einer der Ihren werde, und sie zeigen es mir spontan, wie sehr sie mir vertrauen würden und wie sehr sie sich danach sehnen, nach vierzehn langen Jahren wieder einmal Türkischer Meister zu werden.

Alp Yalman, der damalige Vizepräsident, und Fatih Terim, der Kapitän der Mannschaft, den ich schon als Spielführer der türkischen Nationalmannschaft kennen gelernt hatte, empfangen mich. Hinzu kommt neben den Fans ein großes Aufgebot an Journalisten und Fotografen, denen ich die Hände schütteln muss.

Es gibt eine Reihe von Interviews, und ich versuche – meist vergeblich – zu erklären, dass ich lediglich zu einem Gespräch und wegen weiterer Informationen nach Istanbul gekommen bin, um den Ort meines eventuellen Wirkens näher kennen zu lernen und beurteilen zu können. Von Vertragsunterzeichnung sollte vorerst keine Rede sein. Von einem Entschluss, mich schnell zu binden, bin ich weit entfernt. Es gibt ja auch keinen wirklichen Grund dafür. Der Anruf war für mich überraschend gekommen und zu einem Zeitpunkt, als ich von Fußball absolut nichts wissen wollte. Aus Paris von der Europameisterschaft zurückgekehrt, fühlte ich mich total ausgebrannt und müde. Ich wollte allein sein und mich meiner Familie widmen. Es gab hier vieles für mich nachzuholen.

Doch wie so oft im Leben kam alles ganz anders, damals, nach dem Aus in Frankreich. Ein gewisser Herr Yalman aus Istanbul hatte anfragen lassen, ob er mich treffen und sprechen könne. Dann waren da noch zwei türkische Journalisten aus Frankfurt, die seinen Wunsch an mich weitergaben. Ich lehnte zunächst ab mit der Begründung, mit meiner Familie in den Urlaub fahren zu wollen. Und das entsprach auch den Tatsachen in diesen Tagen. Es sollte in die Schweiz gehen, in die Heimat meiner Frau Elisabeth.

Herr Yalman von Galatasaray Istanbul muss anderer Meinung gewesen sein. Er zeigte sich hartnäckig. Schon am nächsten Tag erhielt ich seinen Anruf. In fließendem Deutsch bat er mich, Verständnis zu haben. Es sei sehr dringend und sehr wichtig, mit mir zu reden. Sein Klub und er als verantwortlicher Vizepräsident stünden nämlich ohne Trainer da. Der Jugoslawe Ivic, eigentlich noch für ein weiteres Jahr unter Vertrag, hätte kurzfristig ein Angebot von Benfica Lissabon erhalten und sich vom Bosporus flugs verabschiedet. So erzählte Herr Yalman.

Und es stimmte. Die Türken waren dem bisherigen Trainer von Galatasaray entgegengekommen, damit Ivic diesem Ruf, der ihn in die Spitze des europäischen Fußballs aufsteigen ließ, folgen konnte. Ein menschlich faires Verhalten, das diesen Klub charakterisiert, wie ich später erleben sollte, aber auch bei vielen in Istanbul auf Unverständnis stieß.

Die Art und Weise, wie Herr Yalman mir sein Anliegen schilderte, machte ihn sympathisch; und ich war viel zu sehr Fußballer, um nicht zu reagieren. Herr Yalman überredete mich. Ich überredete meine Frau, und so kam ein Kompromiss zustande, der uns auf halbem Wege, zwischen dem Frankfurter Flughafen und der Schweizer Grenze, zusammenbrachte. Der Ort hieß Ettlingen, ein sehr schönes, kleines Städtchen am Rande des nördlichen Schwarzwalds, nicht weit von Karlsruhe entfernt. Treffpunkt war das Hotel-Restaurant »Erbprinz«, Feinschmeckern bestens bekannt, an einem frühen Samstagabend im Juli 1984.

Die Begrüßung war höflich, fast schon ein wenig zurückhaltend, wie das bei Menschen üblich ist, die einander nicht kennen, aber doch einiges voneinander erwarten. Das Gespräch war anregend und unkompliziert zwischen Alp Yalman und Faruk Süren, zwei weiteren türkischen Journalisten, meiner Frau und mir. Doch zu konkreten Aussagen oder Angeboten kam es so schnell nicht.

Es blieb zunächst bei einem Geplänkel über Familie, Fußball und mögliche Urlaubsziele, mehr nicht. Zum guten Schluss sollte dann doch noch, bei einem Spaziergang im Garten des Hauses und ohne Journalisten, ein klärendes Gespräch stattfinden.

Wir kamen uns näher. Alp Yalmans vertrauenswürdige Art ließ keinen Zweifel aufkommen. Bei ihm würde ich als Trainer jederzeit Unterstützung finden, das war mir schnell klar geworden. Und das hat sich dann später auch bewahrheitet. Faruk Süren, ebenfalls fließend Deutsch sprechend, charmant und weltoffen, machte den Eindruck, mit jungen Menschen, mit Sportlern und Trainern, gleichgesinnt zu sein. Ich habe ihn später während der Jahre in Istanbul nie anders kennen gelernt.

Keine schlechte Ausgangsposition, dachte ich mir und steckte mit meinen Urlaubswünschen immer mehr zurück. Die Neugierde und eine neue Herausforderung hatten mich fest gepackt. Auch die manchmal auftretenden Vorurteile über ein mir unbekanntes Land, das nicht unserer Mentalität, Kultur und Religion entsprach, waren fast schon vergessen. Sollte so meine berufliche Zukunft aussehen?

Der Funke war tatsächlich übergesprungen. Mit der ausdrücklichen Abmachung, mich in Istanbul zunächst einmal umzusehen und erste Eindrücke zu gewinnen, nahm ich die Einladung eine Woche später an. Diese Zeit brauchte ich auf jeden Fall, um zumindest ein paar Tage Urlaub zu machen, aber mehr noch, um einen Spielraum für Gedanken und Überlegungen zu haben für ein ungewöhnliches Abenteuer, auf das ich mich einzulassen schien.

Und jetzt stehe ich hier, auf dem Flughafen von Istanbul, schüttle Hände und gebe Auskunft. Ich sage es noch einmal jedem, der es hören will, »dass ich lediglich nach Istanbul gekommen bin, um Menschen, Umgebung und mein eventuelles Arbeitsfeld zu besichtigen und kennen zu lernen. Mehr nicht.« Es ist nicht leicht, den vielen Anhängern und Journalisten dies klar zu machen. Niemand scheint sich für Eventualitäten zu interessieren. Für alle ist es klar: Der neue Trainer für Galatasaray ist gefunden!

Im Stillen bin ich noch weit davon entfernt, einen Vertrag zu unterschreiben. Ich habe ja beim Deutschen Fußball-Bund noch einen Zweijahresvertrag. Meine Erklärungen werden übersetzt in eine mir völlig fremde Sprache. Es wird mir schon jetzt Angst und Bange, ob mich überhaupt jemand versteht.

Mit riesigen Blumensträußen in den Armen und auf den Schultern der Galatasaray-Fans verlasse ich den Flughafen. Das bereit stehende Auto wird mich zum Hilton-Hotel bringen. Was soll man dazu sagen? Es ist eine beeindruckende Demonstration von Freude und Herzlichkeit, die ich später immer wieder in diesem herrlichen Land erleben sollte.

In meinem Zimmer angekommen, entdecke ich vom Balkon aus eine neue, eine andere Welt. Ich bin fasziniert von dem Anblick, der mir geboten wird. Vor mir die berühmte Meeresenge, der Bosporus. Still und in der Abendsonne glänzend spielen die kleinen und großen Wellen mit den Kähnen der Fischer, die ihren Fang bis zum Abend in den nahe gelegenen Restaurants abgeliefert haben müssen. Menschen aus aller Welt warten darauf, die herrlichen Delikatessen zu genießen.

Dahinter die fast schon gespenstisch anmutende Brücke, die Europa mit dem Orient verbindet und die das Verkehrsaufkommen kaum noch bewältigen kann. Schon deshalb wurde nach wenigen Jahren eine neue große Brücke, etwa drei Kilometer in Richtung Schwarzes Meer, gebaut, die dann auch die Autobahnen Europas und Asiens verbinden sollte.

Am Ufer der Wasserstraße stehen die ehemaligen Paläste aus Zeiten, in denen Sultane im Reich der Osmanen das Leben der Menschen bestimmten. Nicht zu übersehen das Atatürk-Museum, ein prachtvoller Bau, der dem Gründer einer neuen und modernen Türkei gewidmet wurde. Mustafa Kemal Pascha, später auch Kemal Atatürk genannt, nahm nach dem militärischen Zusammenbruch des Osmanischen Reiches 1918 die Zügel in die Hand, zwang 1922 die Griechen zur Räumung Kleinasiens, befreite seine Landsleute von einem schweren Joch und führte anschließend die Menschen in ein neues Leben nach einem eher westlichen Vorbild. Wie oft haben wir, meine Frau und ich, ihn genießen können, diesen Blick vom Roof-Restaurant des Hilton-Hotels aus, in die Nacht und in das geheimnisvolle Dunkel dieser orientalischen Welt.

Viel Zeit bleibt mir aber nicht, dazustehen, voller Bewunderung für eine pulsierende Metropole und mit einem Gefühl des Glücks. Das Telefon läutet und von der Rezeption erfahre ich, dass wir zu einer Besichtigung der wichtigsten Räumlichkeiten des Klubs starten.

Zunächst geht es nach Beyolu, einem Stadtviertel Istanbuls, das vor allem wegen seiner riesigen Einkaufsstraße, der Istiklal, bekannt ist. Dort liegt auch das Verwaltungsgebäude des Vereins Galatasaray. Hier laufen alle Fäden der Abteilungen Fußball, Basketball, Volleyball, Rudern und Schwimmen zusammen.

Manager, Sekretäre, Sekretärinnen und Abteilungsleiter bemühen sich von hier aus, die Wünsche aller Aktiven, Trainer, Vorstandsmitglieder und Präsidenten zu erfüllen. Sie tun dies mit viel Geschick und fachlichem Können. Aber auch mit viel Improvisation, im Übrigen ein wichtiges Werkzeug, ohne das man in der Türkei kaum eine Chance hat, etwas zu bewerkstelligen.

Von dort aus geht es weiter, vorbei am Galatasaray-Gymnasium, einer wichtigen Lehranstalt des Landes mit einem Internat, in dem etwa 1500 Schüler untergebracht sind, die nach ihrem Abschluss häufig in die weite Welt hinausgehen, studieren und mit ihrem Wissen ihre Zukunft sichern.

Der weitere Weg führt in Richtung »Tunnel« und Galata-Brücke. Dorthin, wo Fähren ihren Halteplatz haben und Luxusliner vor Anker gehen. Die einen, um die vielen Menschen von der anderen Seite des Bosporus in die Welt von Business und Arbeit zu bringen und am Abend wieder zurück zu ihren Familien. Die anderen, um Touristen aus aller Welt die Schönheiten Istanbuls zu zeigen. Und davon gibt es viele, schöne und geschichtlich wertvolle wie selten auf dieser Welt. Ein pittoreskes Bild, dessen Lebendigkeit sich kaum mit einer Kamera oder dem Pinsel eines Malers einfangen lässt.

Anschließend geht es weiter, vorbei am Marmara-Meer, das einen herrlichen Blick frei gibt auf die »Prinzen-Inseln«. Davor die großen Frachter und Tanker, die darauf warten, in den Hafen einlaufen zu dürfen, um ihre Fracht zu löschen oder neue wieder aufzunehmen. Nach wiederum dreißig Minuten kommen die Ortschaften Bakirköy, Yesilyurt und Yesilkö, das »grüne Dorf«, um endlich das Trainingszentrum des Klubs, die mögliche »Wiege« für eine neue Meisterschaft, zu sehen und kennen zu lernen.

In einem Villenviertel, in Florya, hatte der Klub ein etwa 30 000 Quadratmeter großes Gelände erstanden. Hier sollten Jugendliche, Amateure und Profis Möglichkeiten haben, zu üben, zu trainieren und sich in ihren Leistungen zu verbessern. Der Zustand der Anlagen überrascht mich. Man hätte es eigentlich leicht gehabt, sich dem angrenzenden Wohngebiet anzupassen und ein wenig mehr Sinn für Wohnkultur zu entwickeln. Stattdessen sehe ich ein seit Jahren vernachlässigtes Anwesen. Ein halb fertiges Klubhaus, eine halb fertige Halle und drei ungepflegte Aschenplätze. Das Innere der Gebäude verbreitet keine angenehme Atmosphäre, keine Gemütlichkeit und kein Gefühl, sich an diesem Ort zu Hause fühlen zu können. Hier sollten die unverheirateten jungen Profis wohnen? Hier sollten sich die Mannschaften jedes zweite Wochenende auf die Heimspiele zwei Tage lang vorbereiten?

Gleich dahinter befindet sich eine Spiel- und Trainingshalle für Basketballer und Fußballer, aber es sollte noch drei Jahre dauern, bis in dieser Halle der erste Ball in ein Tor oder einen Korb flog. Die Aschenplätze aus Lehm und Sand, mit kleinen Steinchen regelrecht übersät, wären zur Not als militärisches Übungsgelände nutzbar gewesen. Für die Arbeit mit erwachsenen Spielern, die eine türkische Meisterschaft holen sollen, sind sie nicht zu gebrauchen.

Dabei waren die sportlichen Ziele keineswegs bescheiden. Galatasaray wollte Meister werden, den Cup gewinnen und sich nach vielen Jahren wieder in die Reihe der großen Mannschaften der Türkei einreihen. Der Himmel über Istanbul sollte endlich wieder mal in Gelb und Rot leuchten, in den Farben dieses Klubs. Und der Löwe, das Symbol und Wahrzeichen des Vereins, sollte stolz seine Brust und seine Zähne wieder zeigen. Er, der zahm wie eine kleine Katze geworden war.

Ich hätte mir den Weg hierher ersparen können. Es ist ein Anblick, der mich traurig stimmt. Der mir aber auch sofort erklärt, warum Galatasaray so lange nicht mehr Meister werden konnte. Es ist verständlich, dass meine Stimmung innerhalb von wenigen Minuten auf den absoluten Nullpunkt gesunken ist. Und wenn ich bedenke, welche Forderungen mit meinem Engagement verbunden sein sollen, dann wäre eher ein Zauberer, nicht aber ein Trainer in dieser sportlich und menschlich ausgetrockneten »Wüste« angebracht. Für Spieler und Trainer ist es aus meiner Sicht unzumutbar. Wie sollte da jemand motivierbar sein?

Speziell für die Torleute sind diese Aschenplätze mit einer 200-prozentigen Verletzungsprognose behaftet. Es musste regelrecht ein Grauen sein, nachts mit zerschundenen Knochen und Hautabschürfungen im Bett zu liegen und an den nächsten Trainingstag zu denken.

Mit sehr gemischten Gefühlen kehre ich schließlich zurück ins Hilton-Hotel. Auch der Abend auf der im Bosporus gelegenen und nur mit einem kleinen Motorboot zu erreichenden Galatasaray-Insel kann mich nicht umstimmen. Es wird eine schlaflose Nacht.

Ich muss nachdenken. Wird man von der Ungewissheit geplagt und sind bestimmte Vorstellungen wie Seifenblasen zerplatzt, beginnt man, die neue Situation abzuwägen. Das

Positive steht dem Negativen gegenüber, Vorteile kämpfen gegen die Nachteile und das alles in der Hoffnung, letztlich doch noch zu einem akzeptablen Resultat zu kommen.

Der Schlaf stellt sich jedenfalls nicht ein. Die ganze Nacht brauche ich, um nur einen einzigen vernünftigen Gedanken zu fassen. Und selbst der ist mit einem großen Fragezeichen versehen. Ich zweifle sehr, ob es richtig ist, hier zu arbeiten und zu leben.

Als ich am Morgen aufwache und den Balkon betrete, scheint wieder alles anders zu sein. Die Sonne strahlt mir ins Gesicht und der brodelnde Verkehr, der Istanbul und seine Menschen geweckt hat und für Leben sorgt, gibt mir das Gefühl, am richtigen Ort zu sein. Mit sehr viel positiveren Gedanken als noch vor Stunden spaziere ich ins Greenhouse des Hotels zum Frühstück. Danach ist mir endgültig klar: Ich werde das Angebot akzeptieren und noch heute diesen Vertrag bei Galatasaray Istanbul unterschreiben, natürlich unter gewissen Bedingungen.

Es musste doch möglich sein, Prof. Dr. Ali Uras, den Präsidenten des Klubs, dafür zu gewinnen, eine neue, für die Ziele notwendige Basis im Verein zu schaffen. Ein Anliegen, das ihm bei allen Aktiven, Vorstandsmitgliedern und Fans viel Ansehen und Sympathie einbringen würde. Ich musste ihm sagen, dass die Spieler dann stärker motiviert sein würden und dass der Fußball wieder Freude, Spaß und Lust machen würde. Dadurch würden sich die Leistungen verbessern und der Erfolg zurückkehren.

Meine Vorstellungen sahen so aus, dass das Trainingsgelände eher zu einem Leistungszentrum ausgebaut werden sollte, um auch den Anhängern von Galatasaray das Gefühl zu geben, dass eine neue Ära angebrochen ist. Unter diesen Bedingungen wäre ich wohl hier in Istanbul tatsächlich bereit, einen Vertrag zu unterschreiben. Vielleicht würde es ja auch andere Klubs in der Türkei veranlassen, ihre Planungen hinsichtlich des Baus von Sportstätten einem internationalen Niveau anzupassen und damit dem Fußball insgesamt einen neuen Weg in die Zukunft weisen. In diese Richtung sollten meine Bedingungen zu Papier gebracht werden. Alles andere bliebe dann meinen Ideen und meinem Geschick überlassen.

Mit diesen Gedanken steige ich in den Wagen, der mich zu einem letzten Gespräch bringen soll. Es findet in den Geschäftsräumen der Firma Tatko statt, einem Familien-Unternehmen der Familie Yalman. An diesem Gespräch sind Alp Yalman, wiederum Faruk Süren und einige andere Herren des Präsidiums von Galatasaray beteiligt.

Und siehe da: Bei der näheren Bestimmung meiner Arbeit als Trainer gibt es überhaupt keine Probleme. Auch der Wunsch, eine neue und ausbaufähige Basis zu schaffen, wird sofort akzeptiert. Der neue Vertrag wird, obgleich noch nicht schriftlich formuliert, Zeile für Zeile durchgesprochen, und es wird ausdrücklich festgestellt, dass die von uns gesetzten Ziele Schritt für Schritt und mit aller Konsequenz verfolgt werden sollen.

Dazu gehört natürlich auch, eine spielstarke Mannschaft aufzubauen, auf die ich im Moment noch keinen Einfluss nehmen kann, weil die Saison in der Türkei bereits begonnen hat. Neue Spieler sind bereits zum Kader gestoßen, der sich derzeit im Trainingslager in Konja bei Ankara aufhält.

Wir haben viel geredet, Freundlichkeiten ausgetauscht, aber ich weiß auch: Alles, was ich bis zu diesem Zeitpunkt erfahren und mitgeteilt habe, ist, um es bildlich auszudrücken, auf »schräger Ebene« gebaut, solange nichts auf dem Papier steht. Auf Improvisation und auf Zufall, so dachte ich zumindest in diesen Minuten. Skepsis war durchaus angebracht. Doch ich sollte schnell erfahren, wie sehr es diesen Leuten Spaß macht, zu delegieren und andere für etwas zu gewinnen.

Die Galatasaray-Bosse haben nämlich eine perfekte Überraschung für mich parat: Ich selbst solle den Vertrag formulieren und schriftlich die besprochenen Details festlegen. Die Türken gehen sogar so weit, dass sie mir den Vorschlag machen, unsere Abmachungen per Handschlag zu besiegeln.

So schreibe ich denn meinen Vertrag selbst, im Hilton auf meinem Zimmer mit der Nummer 436 und mit Blick über den Bosporus Richtung Anatolien. Ich sehe es vor mir, das weite Land voller Schönheiten und Geschichte, in einem solchen Ausmaß, wie ich sie über Jahre niemals in einem anderen Land kennen lernen durfte.

Die Herren von Galatasaray finden es an diesem Abend nicht einmal für notwendig, diesen Vertrag zu lesen, der mich für die nächsten Jahre an den Klub binden wird. Vizepräsident Yalman lässt ihn kopieren, unterschreibt, reicht mir mit einem Seufzer der Zufriedenheit die Hand, wünscht mir viel Glück und alles Gute für eine erfolgreiche Arbeit.

Auf Gedeih und Verderb miteinander vereint, so kommt es mir jedenfalls vor. Und bis uns Niederlagen und Misserfolge einmal scheiden und trennen werden, so denke ich außerdem. Aber alles sollte in den nächsten Jahren – wieder einmal – ganz anders kommen.

Als ich im Hotel zurück bin, rufe ich sofort meine Frau an und sage ihr, sie möge bitte die Koffer packen und ein Ticket für den Flug Frankfurt – Istanbul, ohne Rückflug, reservieren. Im Geiste sehe ich ihr überraschtes Gesicht und wie sie ihren blonden Kopf schüttelt. Hoffentlich hat sie ein wenig Verständnis für diese schnelle Entscheidung, denn nur daran könnte es jetzt noch scheitern.

Ich habe mich nicht getäuscht, höre ihr schallendes Lachen und wie sie sagt: »Ja, ja, ich habe es gewusst, schon als du nach Istanbul geflogen bist. Du wolltest sie einfach annehmen, diese Herausforderung. Ich freue mich für dich.«

Mir fällt ein Stein vom Herzen, denn es ist ungewöhnlich, solche spontanen Entscheidungen auf Anhieb und ohne partnerschaftliche Hilfe zu fassen. Aber wenn ich auf meine Arbeit als Trainer zurückblicke, immer auf Achse rund um die Welt, bei vier Welt- und vier Europameisterschaften dabei, dann muss ich meiner lieben Frau ein kleines Kompliment machen. Denn stets war sie es, die die Familie zusammenhielt und selbstständig Entscheidungen traf. Darauf bin ich ganz besonders stolz.

Ich weiß nicht, weshalb ich mich so schnell entscheiden konnte. War es die Stadt, eine der schönsten der Welt, mit so vielen kulturellen Sehenswürdigkeiten und einem pulsierenden Leben, wie man es nur ganz selten erlebt? Das Goldene Horn an der Galata-Brücke, der Basar, die Gassen und Sträßchen, die an Zeiten erinnern, in denen der Handel in voller Blüte stand. Hoch über Istanbul der Topkapi-Palast, heute ein Museum mit unschätzbaren Werten. Direkt daneben die Hagia Sophia und die Blaue Moschee, ein einzigartiges Bild byzantinischer Kunst. Vielleicht war es auch reine Neugierde, mein Ehrgeiz und die Herausforderung, sich einer Aufgabe zu stellen, die weitaus schwieriger ist, als mit einer deutschen Nationalmannschaft Europameister zu werden. Vor allem aber sich selbst zu beweisen, mit den widrigsten Verhältnissen fertig werden zu können.

Ganz bestimmt aber waren es die Menschen, die mir auf Anhieb sehr nahe standen. Sie sind sportlich, wirtschaftlich und in vielen anderen Bereichen gegenüber den Menschen im westlichen Europa mehr als überfordert. Sie strahlen aber trotz allem viel Geduld und Zufriedenheit aus. Man spürt ihre große innere Kraft, sich beherrscht zu zeigen, freundlich zu sein, hilfsbereit und liebenswürdig.

Einen Tag später fliege ich nach Deutschland zurück. Es müssen die wichtigsten privaten und arbeitsrechtlichen Dinge geregelt werden. Ich möchte der neuen Mannschaft schnellstens, so kurz vor Saisonbeginn, zur Verfügung stehen, die Spieler näher kennen lernen, um für das neue Spieljahr gerüstet zu sein.

Für mich ist diese Istanbulreise ein neuer Anfang. Kaum zu glauben.

Ein Traum geht in Erfüllung

Man schrieb das Jahr 1946. Seit einem Jahr war der Zweite Weltkrieg vorüber. Jung und alt bemühten sich, auch in Würselen, meiner Heimatstadt in der Nähe von Aachen, durch Aufräumungsarbeiten den Wiederaufbau voranzutreiben.

Wir jungen Leute, die sich schon seit Jahren kannten und gute Freunde waren, standen auf Ruinen in schwindelnder Höhe und versuchten, dieser kleinen Stadt von damals 15 000 Einwohnern wieder ein Gesicht zu geben. Man erzählte sich, dass die amerikanische und die deutsche Armee hier im Straßen- und Häuser-Kampf etwa 32-mal die Seiten gewechselt hatten. Bomben in den Gärten, Minen und Handgranaten an Haus- und Wohnungstüren detonierten noch nach Monaten und Jahren. Zerfetzte Beine, Arme und immer noch Tote, weil die Menschen auf eigene Faust ihr Zuhause möglichst schnell wieder funktionstüchtig machen wollten, um noch vor dem einbrechenden Winter ein richtiges Dach über dem Kopf zu haben.

Wir Jugendlichen hatten vor dem Krieg gemeinsam die Volksschule in Würselen besucht. Und gemeinsam spielten wir bei der Rhenania 05 Fußball. Auch in den unterschiedlichen Gymnasien in Aachen wurden wir daran erinnert, dass Fußball in der Freizeit die schönste Sache der Welt war, aber niemals wichtige berufliche Ambitionen verdrängen konnte.

Der Krieg ließ zwar zu, dass Jugendliche schon mit 16 Jahren in der ersten Mannschaft eines Vereins spielen konnten, doch leider kamen unsere älteren Spieler immer weniger auf Heimaturlaub, um sich für den Fußball engagieren zu können. So ging dann jeder seiner Wege. Ich selbst suchte mir eine Stellung in der Ingenieur-Abteilung des Eschweiler Bergwerkvereins, weil ich mir wünschte, Maschinenbau-Ingenieur zu werden, und wenn schon Soldat, dann bei der Luftwaffe!

Es ging alles viel zu schnell. Innerhalb von zweieinhalb Jahren bekam ich einen Einberufungsbefehl zum Arbeitsdienst nach Altenburg, der schönen Skat-Stadt zwischen Leipzig und Gera. Anschließend ging ich zur Luftwaffe nach Berlin, dann weiter zu den Flugschulen Braunschweig-Waggum und nach Goslar in den Harz zum Jagdgeschwader Oesau, benannt nach dem Kommandeur und Staffelkapitän, der neben Major Hermann Graf und Mölders der bekannteste deutsche Jagdflieger dieser Zeit war. Damals waren sie als die »Roten Jäger« bekannt, Teufelskerle in der Luft, aber auf dem Boden auch glühende Fußball-Anhänger.

Wochen später gehörten wir den Bodentruppen an, die sich im Harz festzusetzen hatten, um die Spanne zwischen den Amerikanern und Russen nicht enger werden zu lassen. Zu guter Letzt gerieten wir unterhalb des Brockens, dem höchsten Berg des Harzes, in Gefangenschaft. Gottlob warteten die Soldaten der amerikanischen Armee auf uns, und nicht die etwa zwei Kilometer entfernt liegenden russischen Soldaten.

Dann der Schock, die Fahrt ging zum Gefangenenlager nach Welda bei Kassel. 50 000 Soldaten aller Gattungen hausten dort, teilweise in strömendem Regen, wochenlang, ohne Unterkünfte. Es gab nicht einmal Zelte, wir schliefen auf Kartons. Pro Tag zählten wir acht bis zwölf Tote.

Nach dem Abtransport in die Bergwerke Frankreichs und nach einem geglückten Sprung von einem Güterwagen, der zum Gefangenen-Transport gehörte, wollte ich meine Familie wiedersehen, obgleich der Krieg offiziell immer noch nicht beendet war. Wir waren zu zweit, ein Leutnant aus Hamburg und ich. Elif Thirtey, so sein Name, fuhr weiter in seine Heimat Richtung Elsdorf bei Jülich, während ich nach Cloppenburg bei Oldenburg wollte, wo meine evakuierten Eltern lebten und wo mein Vater als Obersekretär des Bahnhofs arbeitete.

Es war schön, nach zweieinhalb Jahren Krieg und ewig nach Überlebenschancen suchend wieder daheim zu sein. Nach Kriegsende rollte auch in Cloppenburg schnell wieder der erste Ball, und es war ein gutes Gefühl, vergessen zu können und nach wenigen Wochen wieder ganz nach Hause, nach Würselen, zurückkehren zu können.

Ich selbst war zu diesem Zeitpunkt 19 Jahre alt, und gemeinsam mit meinem Bruder Heinz, der acht Jahre älter war, und Freunden entstand eine nicht gerade feudale Drei-Zimmer-Unterkunft in der Neuhauserstraße, die wir unseren Eltern, die in Cloppenburg geblieben waren, im Moment noch nicht zumuten konnten. Unsere Befürchtungen waren berechtigt: Als wir gerade fertig waren, ging im Garten eine Mine hoch und der frische Putz fiel runter. Wir mussten von vorne anfangen.

Doch es ging trotzdem irgendwie voran. In diesen Zeiten musste viel organisiert werden, es wurde mit möglichst viel Geschick gehandelt und in jedem Lebensbereich passender Ersatz besorgt. Das Tauschgeschäft blühte, für Brot und Zigaretten gab es zum Beispiel Glas für die Fenster. Bei Freunden wurde schließlich Farbe und Pinsel ausgeliehen. Und dem Bürgermeisteramt wurden in einer dunklen Nacht vier Türen ausgehängt, die unseren Eingang und die Zimmer zu einer abgeschlossenen Einheit machten. Es wurden Dachziegel besorgt, die von Anfang an zum sofortigen Weiterverkauf gedacht waren, um sich mit den erluchsten 32 000 Reichsmark viele andere Dinge anschaffen zu können und unser Leben zu bestreiten.

Nicht zuletzt wurden auch immer wieder die Bombensplitter auf dem nahe gelegenen Fußballplatz der Rhenania Würselen aufgesammelt, um dort bald wieder den Ball rollen zu lassen. Schon nach einem Jahr war es so weit. Der Spielbetrieb konnte sporadisch wieder aufgenommen werden, und es gab die ersten Versuche, einen neuen Verein zu gründen. Das war gar nicht so einfach. Anfangs waren die Besatzungsmächte anderer Meinung. Massenveranstaltungen, der Auftritt organisierter Gruppen und eben auch Neugründungen irgendwelcher Vereine oder Klubs, ob im Sport oder in anderen gesellschaftlichen Bereichen, waren zunächst verboten.

Doch es dauerte nicht lange, da auch unsere englischen Besatzungsmächte leidenschaftlich gerne Fußball spielten, betrieben sie doch den gleichen Volkssport daheim in ihrem Land – schließlich stimmten sie zu. Das Leben hatte für uns wieder einen Sinn bekommen, auch wenn unsere Mütter weiterhin ihre Mühen hatten, unsere hungrigen Mäuler zu stopfen.

Ältere ehemalige Stammspieler des Vereins kamen aus der Kriegsgefangenschaft heim und bemühten sich, mit vielen jungen Fußballern eine erste spielstarke Mannschaft aufzubauen. Schon im Spieljahr 1947 wurde Rhenania Würselen Mittelrheinmeister durch zwei Entscheidungsspiele gegen den 1. FC Köln, mit Hennes Weisweiler und Alfons Moog. Im zweiten Spiel in Köln war es mir vergönnt, im Müngersdorfer Stadion das entscheidende Tor zu erzielen. Und damit war auch der Aufstieg in die damals höchste Spielklasse gelungen, der Oberliga West.

Nach dem Spiel gab es eine Überraschung für mich. Sepp Herberger, der in Köln an der Sporthochschule den ersten Fußballlehrer-Lehrgang leitete, nahm mich am Arm, zog mich zur Seite und gratulierte mir: »Ihr habt großartig gespielt und gekämpft. Kommen Sie, meine Frau Eva wird Ihnen einen Tee machen.« Es war eine heiße Sonnenschlacht gewesen, die uns viel abverlangt hatte. Er führte mich in den Keller der Sportschule, wo er mit seiner Eva zwei äußerst bescheidene Räume bewohnte, und bat seine Frau, mir auf einem kleinen Kanonenofen einen Tee zu machen. Es war meine erste Begegnung mit Sepp Herberger, und ich war gerade mal zwanzig Jahre alt. Eine Begegnung, die ich nie vergessen habe; es sollte auch nicht die letzte gewesen sein.

Nach einigen Wochen kam Herberger nach Würselen. Er zeigte uns am Ballpendel, den er selber mitgebracht hatte, den wichtigen Stoß mit dem Spann, mit der Innenseite des Fußes, und auch das richtige Kopfballspiel mit der Stirn, bei angezogenem Kinn. Eine Demonstration, die er selbst wie kaum ein anderer beherrschte.

Der Aufstieg war der größte Erfolg in der nun schon 97-jährigen Geschichte der Rhenania 05 Würselen. Im ersten Jahr der Zugehörigkeit zur Oberliga West spielten wir mit Klubs wie Borussia Dortmund, Schalke 04, Rot-Weiß Essen, Fortuna Düsseldorf, aber auch mit Mannschaften wie Alemannia Aachen, Rot-Weiß Oberhausen und Preußen Münster, um nur einige zu nennen.

In der Saison 1948/49 hatten wir im ersten Spiel gegen Schalke 04 in Gelsenkirchen anzutreten. Als Einstand wäre uns jede andere Mannschaft lieber gewesen, aber irgendwann musste es ja sein, gegen bekannte Größen wie Szepan, Kuzorra, Schweißfurth, Herbert Burdenski, Hermann Eppenhoff oder »Ötte« Tibulski zu spielen. Tibulski war in dieser Begegnung mein Gegenspieler und wohl einer der besten Stopper im WM-System der damaligen Zeit in Deutschland.

Schalke führte bereits mit 2:0, als wir, alles Würselener Jungs, die in schwarz gefärbten Militärhemden, Sporthosen und Strümpfen antreten mussten, weil uns für neue Trikots das notwendige Geld fehlte, alle Scheu ablegten und dem Gegner das Leben richtig schwer machten. Wir können das doch auch, sagten wir uns plötzlich. So richtig in Fahrt gekommen erzielte ich das 1:2 – und kurze Zeit später das 2:2. Mit diesem Resultat ging es zunächst einmal in die Halbzeit.

Pee Queck, unser Kapitän, Chef und Trainer, machte uns Mut, selbstbewusst weiterzumachen, den Ball laufen zu lassen und auf Angriff zu spielen. Mich schickte er ganz nach vorne, in die Sturmspitze zu Ötte Tibulski. Als wir nach dem Seitenwechsel wieder den Platz betraten, meinte ich zu mir selbst: Weiter so, wenigstens einmal musst du es noch probieren, ihn auszuspielen.

Ötte Tibulski war da völlig anderer Meinung. Als ich nach dem Anstoß nach vorne in den Angriff ging, kam er ein paar Schritte näher zu mir ran und meinte: »Hör mal, Junge, jetzt ist Feierabend, und wenn du das nicht begreifst, dann schick ich dich auf die Halde.«

Die Halde – das war ein großer Kohlenberg, den man von der Glückauf-Kampfbahn aus sehen konnte.

Ich hielt den Mund, wusste, wie es gemeint war, und versuchte mehr als eine halbe Stunde lang, ihn zu überlisten, bei Flanken und hohen Bällen auch höher als er, der Kopfballspezialist, zu springen. Er gab mir zunächst keine Chance, immer war sein Fuß oder sein Körper dazwischen. Hier, in der Oberliga West, wehte ein anderer, ein steiferer Wind.

Als Linksfüßer versuchte ich natürlich immer links an ihm vorbei und zum Schuss zu kommen, merkte aber nicht, dass das ja sein starkes rechtes Bein war. Irgendwann funkte es dann bei mir, und ich versuchte, ihn auf seiner schwächeren Seite auszuspielen. Und es gelang: eine schnelle Täuschung, ein kurzer Antritt und ein Schuss aus vielleicht zwölf Metern Entfernung – Tor! Wir hatten es geschafft, die große Mannschaft des FC Schalke 04 im ersten Spiel der Oberliga West zu besiegen. Am nächsten Tag schrieb die »Westdeutsche Sport-Zeitung«: »Er, Jupp Derwall, erschoss Schalke.«

Nach dem Spiel traf ich den Mann wieder, der mir trotz meiner drei Tore so viel Widerstand geleistet hatte. Ich war ausgebrannt und leer. Otto Tibulski nahm mich mit in sein Restaurant direkt neben dem Stadion, servierte mir persönlich eine Limonade und meinte lächelnd: »Du hast das richtig gut gemacht, und jetzt sagst du nicht mehr Herr Tibulski, sondern Ötte zu mir, so wie alle anderen auch.« Welch eine große Ehre für einen Zwanzigjährigen!

Als ich dann schnell durch das Lokal ging, um noch rechtzeitig den Bus zu kriegen, spendeten die anwesenden Gäste nicht wenig Applaus. Ich glaubte zu träumen, wieder einmal, denn in der Nacht zuvor hatte ich es mir bereits bildlich ausgemalt, in diesem ersten Spiel eine besonders gute Leistung für meinen Verein zu bringen. Es war die beste Vorbereitung für mich gewesen, auch ohne Schlaf.

Am Montag war der Weg zur Arbeit, mit dem Fahrrad durch das Wurmtal nach Kohlscheid, ein regelrechter »Marathon«. Ich war völlig kaputt, ohne Saft und Kraft. Schließlich erreichte ich den Eschweiler Bergwerksverein mit großer Verspätung, und es war das erste Mal, dass mir die Herren unserer Ingenieur-Abteilung ein großes Lob aussprachen.

Die Oberliga West, die höchste Spielklasse im deutschen Fußball, übte in der damaligen Zeit eine faszinierende Anziehungskraft aus und war für viele ein höchstes Gut, das sie sich in der Nachkriegszeit erlauben konnten und wollten, neben den notwendigen Dinge des Lebens, die mit der Reichsmark teuer erkauft werden mussten oder durch sonstiges Handeln, Schieben oder Tauschen den Besitzer wechselten. Fußball war für uns mehr als nur ein Spiel.

Der Aufstieg der Rhenania hatte alles verändert. Auch die großen, bekannten Spieler, die die Fußballanhänger Jahre zuvor nur bei Länderspielübertragungen im Rundfunk erleben durften, sollten nun in dem kleinen Würselen persönlich erscheinen und spielen. Wer waren in dieser Zeit die wirklich Großen des deutschen Fußballs?

Hier sind einige Namen: Reinhold Münzenberg, Alemannia Aachen, Torwart Willy Jürissen, Rot-Weiß Oberhausen, Paul Janes, Toni Turek und Kurt Borkenhagen von der Fortuna aus Düsseldorf. Heinz Flotho, der Tormann von Schalke und Horst-Emscher. Fritz Szepan, viele Jahre der Kapitän der Nationalmannschaft, Hermann Eppenhoff, Ernst Kuzorra, Rudi Gellesch und Ötte Tibulski. Sie alle waren nach dem Krieg die wichtigsten Personen, als es um die »Auferstehung« des deutschen Fußballs ging.

Um die Hitliste bekannter und sehr guter Fußballer dieser Oberliga West zu komplettieren, möchte ich auch die nachrückende jüngere Generation und deren Spieler beim Namen nennen, die dann bei der Weltmeisterschaft 1954 in der Schweiz das »Wunder von Bern« herbeiführten. Ich denke an Heini Kwiatkowski, Berni Klodt, Hans Schäfer, Helmut Rahn, Paul Mebus, Toni Turek und Heinz Kubsch, die zu den 22 Nationalspielern gehörten, die den unvergesslichen WM-Sieg gegen die Ungarn erringen konnten.

Die Euphorie der Fans war damals in den fünfziger Jahren nicht zu bremsen, die Stadien schon Stunden vor dem Anpfiff total überfüllt. Viele mussten am Spielfeldrand, ungefähr zwei Meter von der Außenlinie entfernt, Platz nehmen, um dabei sein zu können, große Spiele hautnah zu erleben und den Sonntag wirklich zum Sonntag werden zu lassen.

Damals fehlte es immer noch an wichtigen Utensilien, die heute selbstverständlich sind, die damals den Spielern aber oft fehlten, um technisch noch besser zu sein. Jeder von uns versuchte irgendwie an Fußballschuhe zu gelangen. Es fehlte an gutem Ballmaterial. Die Angst vor dem Kopfball war zu dieser Zeit berechtigterweise noch schlimmer als heute. Ein Lederriemen, der die Öffnung für die Luftblase verschloss, erzeugte bei Kopfballduellen oft blutige Wunden. Es gab zwar schon den Zeugwart, aber was die Spieler ebenfalls brauchten, war ein richtiger Schuhmacher, der am besten selbst Fußball gespielt hatte.

Meine Freunde staunten nicht schlecht, als ich sonntags in der Kabine meine neuen Fußballschuhe präsentierte. Die Mannschaftskameraden konnten es einfach nicht glauben:

braune Schuhe, mit einem Lederstreifen schräg über die Fußspitze, von außen, unterhalb des kleinen Zehs, bis innen, oberhalb des großen Zehs. Noch nie gesehen, sagte der eine. Wer fabriziert so etwas, fragte ein anderer.

Das eigentliche Wunder aber war, dass sie so leicht waren wie Turnschuhe, ohne Stahlkappe und scheinbar aus einem sehr weichen, guten und stabilen Leder. Alle schauten mich an, fragend und gespannt, was ich zur Herkunft sagen würde. Und ich erzählte ihnen diese kleine Geschichte, die mir damals wie ein Geschenk des Himmels vorkam und die ich bis heute nicht vergessen kann.

Ich stand eines Tages in unserem Ingenieurbüro am Reißbrett und zeichnete für die Umgehung einer Richtstrecke, in der durch Wasser ein zu großer Druck entstanden war, eine mögliche provisorische Lösung. Plötzlich klopfte es am Fenster, das einem großen Garten und einer Villa zugewandt war. Dort hatte vor und während des Krieges der Generaldirektor des Eschweiler Bergwerkvereins, Herr Assessor Becker, mit seiner Familie gewohnt. Danach war das Gebäude von der englischen Besatzungsmacht konfisziert worden.

Draußen stand ein junger Soldat, winkte mir zu, ich solle doch das Fenster öffnen, und zeigte mir ein in Zeitungen gerolltes Paket. Er reichte mir dieses Päckchen mit den Worten: »Hier, das ist für Sie, ich komme immer zu Ihren Spielen der Oberliga West, vielleicht können Sie das brauchen.« Bevor ich etwas antworten oder mich bedanken konnte, war er schon wieder verschwunden. Mein Oberingenieur, der alles beobachtet hatte, schaute mich an und meinte etwas erregt: »Jetzt mach schon auf! Was soll denn da drin sein?«

Ich wickelte das Papier auf, bestaunte den Inhalt und stand schließlich da wie unter dem Weihnachtsbaum. Ich hielt ein Paar Fußballschuhe in der Hand. Umringt von lauter Technikern und Ingenieuren fand ich keine Worte mehr. Ich sah nur noch lachende, freudige Gesichter mit dem Ausdruck großer Überraschung. Es hatte gerade eine kaum fassbare Nachkriegsbegegnung zwischen zwei Sportlern stattgefunden, zwischen Fußballern aus zwei Ländern, die wenige Jahre zuvor noch gegeneinander gekämpft hatten. Der eine ein Engländer, der andere ein Deutscher. Ohne große Worte, im Niemandsland der Gefühle, war diese Verständigung nun möglich gewesen.

Tagelang wartete ich auf den Jeep des britischen Soldaten, der der Fahrer eines Vorgesetzten aus der Villa im Park war. Natürlich musste ich ihn allein sprechen, ich wusste ja nicht um das Verhältnis von Chef und Soldat im Dienst. Wieder einmal wartete ich kurz vor Mittag, und plötzlich kam der Wagen. Die Soldaten waren wieder zu zweit, und ich schickte mich schon an, kehrt zu machen, als der Offizier auf dem Beifahrersitz sein Fenster herunterkurbelte und mir zurief, doch näher zu kommen.

Ich ging zum Jeep, und er fragte mich, ob ich irgendwelche Probleme hätte. Ich schaute »meinen« Soldaten am Steuer des Wagens an, der mir zustimmend zunickte, und ich bedankte mich, mal diesen, mal jenen anschauend, in meinem Schulenglisch für die wunderbaren Fußballschuhe. Sie schmunzelten beide, schienen sehr zufrieden zu sein, bis dann »mein« Soldat sagte: »Sie gehören nicht mir, sie gehören meinem Major, er ist ein Freund von den Blackburn Rovers in England.«

Was sollte ich dazu noch sagen? Es stellte sich heraus, dass die beiden unsere Heimspiele in Würselen besuchten – selbstverständlich immer in Zivil. Später revanchierte ich mich mit einer Tribünen-Dauerkarte und sah sie beim Auflaufen auf ihren Plätzen. Ich habe sie lange getragen, meine englischen Schuhe, und sie haben mir sehr viel Glück gebracht. Von dreizehn Mannschaften der Oberliga West wurden wir am Ende der Saison in der Tabelle immerhin Zehnter, wir lagen damit auf einem Nicht-Abstiegsplatz. Für einen Verein wie die Rhenania ein beachtlicher Erfolg.

Es fiel mir nicht leicht, aber Sorgen privater Natur veranlassten mich, zur Alemannia nach Aachen zu wechseln. Mein Vater wurde bezichtigt, in der Nazi-Zeit beim Reichsparteitag in Nürnberg die Fahne getragen zu haben. Eine glatte Lüge und Denunzierung, die mich rasend machte, weil man ihm deshalb die anstehende Entnazifizierung und die Pension als Oberinspektor der Reichsbahn versagte.

Niemand der Herren, die nach dem Krieg in das Rathaus Würselens einzogen, war in der Lage, einer derartigen Verleumdung zu widersprechen und Nachforschungen einzuleiten. Ich selbst hatte meinen Vater nie in einer Uniform der SA gesehen, und im Kleiderschrank meiner Eltern hätte so etwas auch nie einen Platz gefunden.

Ich wechselte also zu Alemannia Aachen, wenn auch schweren Herzens und mit dem schlechten Gewissen, meine Freunde verraten zu haben. Mit Hilfe des neuen Vereins, der sich für meinen Vater einsetzte, gelang die Entnazifizierung. Außerdem gab es noch ein Schlafzimmer für die Eltern extra dazu. So waren die Zeiten damals. Allmählich beruhigten sich die Fans der Rhenania und auch die Herren des Vorstandes. Für mich war eher beunruhigend der Abstieg meiner ehemaligen Mannschaft aus der Oberliga West. Hinzu kam die Sorge, dass die Rhenania mit ihren geringen finanziellen Möglichkeiten es nicht noch einmal schaffen könnte, in die höchste Liga aufzusteigen.

Mit Alemannia Aachen erreichte ich nach drei Jahren, 1953, das deutsche Pokalfinale, aber auch hier gab es kaum eine realistische Hoffnung, sich weiter nach oben entwickeln zu können. Erst viel später sollte die Alemannia in der neu gegründeten Bundesliga eine hervorragende Rolle spielen. In der Saison 1968/69 wurden sie mit meinem alten Freund Michel Pfeiffer als Trainer hinter dem FC Bayern München Zweiter in der Bundesliga und damit Deutscher Vizemeister, vor Borussia Mönchengladbach und Eintracht Braunschweig.

Nach dem Pokalfinale, das Alemannia Aachen gegen Rot-

Weiß Essen bestritt – am 1. Mai 1953 im Düsseldorfer Rheinstadion – und von Essen 2:1 gewonnen wurde, erhielt ich von Fortuna Düsseldorf das Angebot, für das nächste Spieljahr einen Vertrag zu unterschreiben. Die Düsseldorfer hatten das Ziel, eine wirklich gute Mannschaft mit Erfolgsaussichten aufzubauen. Dafür brauchten sie nicht nur Zeit und ein Konzept, sondern auch die passenden Spieler.

Erich Juskowiak, einer der besten Abwehrspieler der Oberliga West, und ich selbst waren die ersten, die ihren Vorstellungen entsprachen. Im Laufe der Jahre folgten weitere gute Spieler, die der Mannschaft ein Gesicht geben sollten. Für mich kam alles schlimmer, als ich es mir je hätte träumen können. Zu damaliger Zeit konnte der Wechsel eines Spielers nur mit dem Einverständnis des abgebenden Klubs erfolgen. Egal, ob sein Vertrag ausgelaufen war oder nicht.

Nachdem ich den Vertrag unterschrieben hatte, um ihn dem Westdeutschen Fußball-Verband vorzulegen und um die Freigabe bei der Alemannia zu bitten, verweigerte mir Aachen dies mit der heute unvorstellbaren Begründung: »Sollte der Spieler Jupp Derwall die Absicht haben, den Verein Alemannia Aachen zu verlassen, steht die Existenz des Vereins auf dem Spiel.« So in etwa stand es auch im Anhang des Vertrags für damalige Vertragsspieler des Deutschen Fußball-Bundes.

Es musste sich um ein mittelalterliches Rechtsempfinden gehandelt haben, eine derart einseitige Rechtsgrundlage zu vertreten. Von Berufs- und Arbeitsfreiheit, von persönlicher Entfaltung sowie Gleichberechtigung in der Auslegung eines Vertrages, der für beide Seiten als beendet zu betrachten war – keine Spur.

Trotz eines Einspruchs hieß die Antwort des Sportgerichts: »Zwei Jahre Spielverbot. Freundschaftsspiele und Reservemannschaft: ja.«

Der Verband hatte ein Exempel statuiert, eine Warnung für jedermann, der es wagen sollte, seinen auslaufenden Vertrag als beendet zu betrachten. Alles sollte zum Wohl der Vereine sein, sie sollten vor dem sportlichen Bankrott auf eine solche Art geschützt werden. Die Spieler, die weiterhin ein Salär von 400 Mark monatlich erhielten, waren in diesem Zusammenhang nicht so wichtig.

Der Schock saß tief. Nachdem der Verband mir schließlich wenigstens ein Jahr der Sperre erlassen hatte, wurde mir zwar von allen Seiten geholfen, dieses eine Jahr irgendwie zu überstehen. Aber nach sieben Jahren als Stammspieler in Würselen und Aachen war das Gefühl sehr groß und nah, alles hinzuwerfen und aufzugeben.

Dettmar Cramer, der damalige Verbandstrainer des Westdeutschen Fußball-Verbandes, war einer, der mir immer wieder Mut machte. Er motivierte mich, meine Kondition und Schnelligkeit weiterhin auf einem Höchststand zu halten und auch Technik und taktisches Wissen in Theorie und Praxis nicht zu vernachlässigen. Cramer holte mich in die westdeutsche Auswahl – zusammen mit acht Nationalspielern. Nur ihm zuliebe spielte ich für diesen Verband gegen die holländische Nationalmannschaft in Utrecht. Wir gewannen 5:1, und es war eine Genugtuung für mich. Das Gefühl lebte wieder auf, dass doch nicht alles im Fußball mit Paragraphen zugepflastert sein konnte.

Es war auch Dettmar Cramer, der mir irgendwann den Rat gab, ebenfalls Trainer zu werden. Er selbst sollte ein großartiger Lehrmeister als Verbandstrainer, DFB-Trainer und Trainer des FC Bayern werden, ein Mann, der mit den Münchnern in den Siebzigern zweimal in Folge den Europapokal der Meister gewann und 1976 Weltpokal-Sieger wurde, der in Asien und Afrika, bei der UEFA und der FIFA in über achtzig Ländern dieser Welt gearbeitet hat. Ich sollte seinem Rat folgen, und ich habe es später nie bereut.

Auch wenn ich immer noch bis Ende Juni 1954 gesperrt war, hatte ich in vielen Freundschaftsspielen der Düsseldorfer die Zeit genutzt, mich möglichst schnell zu integrieren und meine Form zu finden. Die Fortuna war im In- und Ausland ein gern gesehener und begehrter Spielpartner. Ich denke deshalb heute nicht nur an die Punktspiele in der Oberliga West zurück, sondern auch an Begegnungen mit attraktiven Mannschaften aus ganz Europa, wie den FC Arsenal oder Ajax Amsterdam. Oder an ein Turnier bei Racing Paris, als wir gegen Vasco da Gama und den AC Mailand spielten. Ich erinnere mich an weitere interessante Begegnungen, zusammen mit Spielern von Rot-Weiß Essen, gegen Honved und Ferencvaros Budapest, die mit etlichen ungarischen Nationalspielern aus dem Weltmeisterschaftsendspiel von Bern antraten. Es waren Einsätze, die uns alle viel abverlangten, uns aber auch die Möglichkeit gaben, uns international zu bewähren und neue Erfahrungen zu sammeln.

Ich ging schließlich bis 1959 für die Fortuna auf Torjagd, insgesamt sechs Jahre lang. Zwei Begegnungen gehören zu meinen schönsten Erinnerungen in meinem Fußballer-Leben. Es war das Spiel gegen den FC Santos mit dem jungen, kaum 18-jährigen Pelé, der 1958 in Schweden mit Brasilien zum ersten Mal Weltmeister geworden war und im Finale gegen die Gastgeber beim 5:2-Sieg der Südamerikaner zwei Tore erzielt hatte. 60 000 Zuschauer im Düsseldorfer Rheinstadion waren begeistert, nicht nur wegen des brasilianischen Jungstars, und die gute Stimmung nahm bis zur 90. Minute kein Ende.

Mein wohl größtes Erlebnis als Spieler hatte ich in Madrid im Bernabeau-Stadion in einer Begegnung der Fortuna gegen eine Kombination von Real und Atletico Madrid. Es war ein Benefizspiel vor 94 000 Zuschauern zu Gunsten der Flutkatastrophe in Riba de Lago. Beim Betreten des Tunnels zum Inneren des Stadions standen sie neben uns, diese großen Spieler der fünfziger Jahre. Real Madrid hatte zwischen 1956 und 1959 viermal in Folge den Europapokal der Meister gewonnen. Ein Jahr später, nach unserem Spiel in Madrid, gewann der »königliche Klub« den für Vereine begehrtesten Cup Europas ein fünftes Mal.

Es war Dezember, Winter und kalt. Wir standen da und froren in unseren dünnen Trikots. Noch war das Spielfeld zum Warmlaufen nicht freigegeben. Der König Spaniens hatte noch nicht seinen Platz in der Ehrenloge der gewaltigen Tribüne eingenommen. Die spanischen Spieler wie Torwart Dominguez, Santamaria, Kopa, Puskás, Gento oder Vava – sie zogen plötzlich ihre warmen Überjacken aus und reichten sie uns mit der deutlichen Geste, es sei zu kalt.

Ich schaute Santamaria an, den Mittelläufer der Madrilenen, und zeigte ihm an, dass ich dieses Geschenk nicht annehmen möchte, er solle es für sich behalten. Er aber wies nach hinten, wo schon die nächsten warmen Sachen für die spanische Mannschaft unterwegs waren. Ich fand, es war trotzdem eine sehr noble Geste von Weltklassespielern, die ihre menschliche Größe nicht verloren hatten.

Unvergessen sind auch die über 90 000 Zuschauer, die nicht allein des Spiels wegen gekommen waren, sondern auch wegen der betroffenen Menschen und der zerstörten Stadt Riba de Lago. Auch diese Zuschauer und ihr Schweigen ließen unsere Nervosität noch stärker ansteigen. Wir wollten alles tun, um niemanden zu enttäuschen.

Bis zwanzig Minuten vor Schluss des Spiels führten wir sogar noch 1:0 – doch dann war keiner von uns mehr dem Tempo und der Spielkunst dieser spanischen, ungarischen, brasilianischen und französischen Spieler gewachsen.

Selbst Mattes Mauritz, einer unserer schnellsten und auch konditionsstärksten Spieler, der es mit Gento, dem Mann mit der »Pferdelunge« und der antrittschnellste Spieler der Welt, zu tun hatte, war später erst gar nicht beim Bankett anzutreffen. Auf seinem Zimmer meinte er nur noch: »Ich habe immer geglaubt, ich sei schnell. Ich gebe mich geschlagen, es war einmalig und schön – und jetzt möchte ich schlafen.«

Wembley 1954

Es war Dezember 1954. Nach meiner Freigabe Ende Juni des gleichen Jahres hatte ich zu meiner alten Form, zu Selbstvertrauen und Freude am Fußball zurückgefunden. Es war eine schreckliche Zeit gewesen, vom Verband gesperrt zu sein, immer nur als Geächteter mit dabei sein zu können und überall Fragen über Fragen zu meiner Spielberechtigung beantworten zu müssen.

Durch die Anerkennung der gesamten Mannschaft fühlte ich mich in Düsseldorf schließlich doch schnell integriert. Nach einer Reihe von guten Einsätzen erhielt ich zudem eine Einladung des Deutschen Fußball-Bundes für das Länderspiel gegen England in London. Im ehrwürdigen Wembley-Stadion hießen die Gegenspieler Billy Wright, Stan Matthews, Shackleton, Finney oder Phillips.

Ich freute mich sehr. Eine Woche Lehrgang in der Sportschule des Hessischen Fußball-Verbandes Grünberg war zuvor angesagt, aber es gab Komplikationen. Die Schlechtwetterlage ließ es einfach nicht zu, ein normales Training oder ein Testspiel durchzuführen. Der Boden war hart gefroren, teilweise mit Schnee bedeckt, Bedingungen also, die wir in Wembley mit Sicherheit nicht vorfinden würden.

Sepp Herberger veranlasste schließlich, nach Frankfurt in die noch heute bestehende »Unterschweinstiege« umzuziehen, die später in einem etwas anderen Stil dem Advance-Hotel zugeordnet wurde. Es war tägliches Training angesagt und außerdem ein Testspiel gegen Kickers Offenbach, eine

Mannschaft, die damals in der Oberliga Süd zu den besten zählte.

Obwohl sich jeder von uns viel vorgenommen hatte, ein gutes Spiel zu zeigen, Zweikämpfe zu gewinnen und Tore zu erzielen, funktionierte nur wenig. Wir verloren 0:1 und waren von uns selbst mehr als tief enttäuscht.

Ich hatte große Lust abzureisen, und es war schwierig für mich, eine Entschuldigung zu finden für diese verpasste Chance. Weltmeisterlich war diese Vorstellung in Offenbach nun wirklich nicht. Nur ganz selten war in der Mannschaft richtig Spielfreude aufgekommen, ein inneres Feuer, wie man das sonst schon während der Lehrgänge spüren konnte. Warum das so war, konnte niemand richtig sagen.

Es war Abendessen-Zeit, und ich lag immer noch verärgert im Bett, grübelte darüber nach, wie man ein solches Spiel, eine solche Möglichkeit so einfach wegwerfen konnte. Es klopfte plötzlich an der Tür meines Zimmers, das direkt unter dem Dach lag in der ersten Etage des Hauses. Ich rief etwas verärgert »Jaaa!«. Ich hatte in diesem Moment vermutet, dass es ein Mitspieler war. Am liebsten hätte ich mich wieder unter der Bettdecke verkrochen. In der Tür stand leibhaftig Sepp Herberger, der Bundestrainer und Weltmeister von 1954, und fragte mich mit erstauntem Gesicht, völlig überrascht, mich im Bett zu finden, ob ich nicht zum Essen kommen wolle.

Ich nuschelte etwas von: Hab' keinen Hunger, keine Lust, bin sauer, und so fort. Warum und weshalb, wollte Herberger sofort wissen. Da packte mich der Zorn und Ärger zugleich, und ich sagte ihm, fast etwas zu ruhig und zu leise, vielleicht aber auch, um meine eigentliche Stimmung zu zeigen, die von Unlust und totaler Aufgabe geprägt war: »Herr Herberger, wir bereiten uns hier vor auf ein Spiel gegen England. Trainieren auf gefrorenem Boden in Grünberg. Sie fahren mit uns nach Frankfurt, wo es normale Bedingungen gibt und ein Spiel gegen die Offenbacher Kickers angesetzt ist, und wir, die deutsche Nationalmannschaft, verlieren 0:1. Nicht genug, wir werden teilweise vorgeführt und spielen wie Angsthasen oder wie blutige Anfänger.«

Er beruhigte mich, versuchte den Gegner, die Offenbacher Kickers, hoch zu spielen, und meinte, wir würden immer noch Weltmeister sein, das sei nur vier Monate her, »und jetzt kommen Sie nach unten und wir essen gemeinsam«.

Sepp Herberger ging raus, ich schlug meine Decke weg und hörte draußen plötzlich erneut Schritte, die vor meinem Zimmer anhielten. Und schon wieder stand der Bundestrainer in der Tür, schaute mich an und sagte: »Jupp, wolle Se spiele, in England?« Dafür benötigte ich keinen Extra-Kurs in Mannheimer Mundart, das hätte jeder auf Anhieb verstanden. Ich glaubte in diesem Moment, mich tritt ein Pferd. Ich schaute ihn an mit erstaunten Augen und stotterte so etwas wie: »Dafür bin ich doch hierhergekommen. Und auch noch Wembley, das ist für uns alle ein großes Geschenk.«

»Alah«, sagte Herberger, »jetzt komme Se, das Essen steht auf dem Tisch.« In Sekundenbruchteilen war ich in meinem Trainingsanzug und sprang, vier Stufen auf einmal nehmend, die Treppe hinunter – es konnte losgehen.

Auch wenn wir dieses Länderspiel am 1. Dezember in London 1:3 verloren, war es dennoch ein großes Erlebnis für uns alle. Fritz Herkenrath stand im Tor, Jupp Posipal war unser Kapitän, und Uwe Seeler spielte ebenfalls mit mir im Angriff. 18 Tage später sollte ich mein zweites Länderspiel absolvieren, diesmal in Lissabon gegen Portugal. Diese Begegnung gewannen wir 3:0.

Im März 1955, also drei Monate nach meinen beiden Länderspielen gegen England und Portugal, stand ich auch im Aufgebot der deutschen Nationalmannschaft gegen Italien in Stuttgart. Ich freute mich unbändig. Diesmal war es nämlich so weit: Einmal gemeinsam ein Länderspiel mit Fritz Walter zu erleben, das hatte ich mir gewünscht.

Vier Tage vor der Begegnung konnte ich kaum noch gehen, geschweige denn laufen und vor allem keine Treppen mehr steigen. Da half nur noch, was ein guter Freund mir in dieser Situation riet, ein Krankenhaus aufzusuchen, denn es ging nicht nur darum, eine treffende Diagnose zu erhalten, sondern auch darum, entsprechende Gegenmaßnahmen zu erfahren. Zumal die Zeit drängte. Mein drittes Länderspiel stand vor der Tür.

Kurzum, der Oberarzt gab sofort Order, mich in eines der Krankenhauszimmer einzuweisen. Bestellte Eis, viel Eis, und ein Gestell, um das rechte Bein hoch zu lagern. Er eröffnete mir mein Schicksal unumwunden: »Der Blindarm, mein lieber Freund, der Blindarm.« Und weiter: »Wenn bis Morgen keine Besserung eintritt, werden wir operieren.«

Ich fühlte, wie ich blass wurde, und der Oberarzt registrierte sicherlich auch sofort, wie enttäuscht ich reagierte und wie aufgewühlt ich war. Und damit erst gar keine Missverständnisse entstehen konnten, schob er ganz deutlich hinterher: »Und das Länderspiel gegen Italien, das können Sie vergessen, dazu ist die Zeit zu knapp.«

Ich musste mich mit dem Radio begnügen, und das war eigentlich das Schlimmste. Deutschland verlor 1:2 gegen Italien, und Erich Juskowiak, auch ein Fortune aus Düsseldorf, schoss ein Tor für Deutschland.

Es war eine schöne Zeit, die sechs Jahre in Düsseldorf. Wir hatten eine intakte Mannschaft mit sechs Nationalspielern und stets guten und erfahrenen Trainern wie Kuno Klötzer und Hermann Lindemann. Was fehlte, war allenfalls ein Quentchen Glück in den entscheidenden Spielen. Wir hätten sicherlich mehr als nur zweimaliger Vize-Pokalsieger (1957 und 1958) werden können. Selbst eine Meisterschaft in der Oberliga West wäre 1959 durchaus möglich gewesen, immerhin eine Spielklasse, die damals wohl die stärkste war in Deutschland. Dafür gab es eine Reihe von Angeboten – Schalke 04, 1. FC Köln, Feyenoord Rotterdam, PSV Eindhoven und auch aus der Schweiz.

Schweizer Jahre als Spieler und als Trainer

Eines Tages waren sie tatsächlich da, die Herren Jan-Pierre Fuchs und Francis Urfer. Sie suchten einen neuen Trainer, sie waren aus der Nationalliga B in die höchste Liga des Landes, in die Schweizer Nationalliga A, aufgestiegen, deren Mannschaften bei Fußballkennern einen guten Namen besaßen.

Dazu gehörten zum Beispiel Grashopper Zürich, Young Boys Bern mit Albert Sing als Trainer, ehemals Nationalspieler aus Stuttgart. Oder auch Servette Genf, FC Luzern mit Rudi Gutendorf als Trainer und noch der FC Zürich mit Klaus Stürmer, einst beim Hamburger SV und deutscher Nationalspieler.

Die beiden Herren sprachen beim ersten Treffen davon, dass ich »Spielertrainer« sein sollte. Zugegeben, ich war ein wenig irritiert, da ich mir zu dieser Zeit noch keine klare Vorstellung von einer solchen Rolle machen konnte. Spielertrainer, das war eine Aufgabe, bei der der Trainer nicht nur Trainer, sondern auch Spieler war. Ein Trainer also, der gleichzeitig noch selbst auf dem Platz stand, sich selbst aufstellen konnte und dann als Vorbild gute Leistungen, sehr gute sogar, zu bringen hatte. Ein Spielertrainer soll die Mannschaft während der Woche trainieren, sie während des Spiels auf dem Platz lenken und dirigieren, taktisch und spielerisch führen, um seine Strategie durchsetzen zu können, mitreißen – und, wenn möglich, auch noch gewinnen. Na denn.

Das Duo hatte sich regelrecht auf mich eingeschossen, und irgendwann sagte ich »ja«. Ich sollte es nicht bereuen. Der Präsident, ein Uhrenfabrikant, und der Spielausschuss-Obmann, der ihn begleitete und ehemaliger Spieler der Bieler Meistermannschaft 1946/47 war, bemühten sich, das möglichst Beste für ihre Mannschaft zu tun. Der eine, als Präsident zugleich der wichtigste Repräsentant des Klubs mit Verbindungen zur Wirtschaft. Und der andere, Francis Urfer, mit dem Gespür für exzellente Spieler, immer auf der Suche nach Talenten in der gesamten Schweiz. Ein Mann, der mir zu jeder Zeit Hilfestellung geben sollte.

Die beiden Kapitäne, Conny Koller und Fredy Kehrli, waren Spieler mit großem Verantwortungsgefühl für die Mannschaft. Erst recht, nachdem wir die ersten dreizehn Spiele in Folge nicht verloren hatten, gab es Anerkennung und Respekt für die Arbeit des neuen »Spielertrainers«.

Wir alle wurden richtige Freunde. Ob Gegéne Parlier, der Torhüter der Schweizer Nationalmannschaft bei der WM 1954, oder auch andere, junge oder ältere Spieler. Der Lohn nach dem Aufstieg 1958/59 war die Schweizer Vize-Meisterschaft mit einem einzigen Punkt hinter den Young Boys aus Bern und ein Jahr später das Endspiel im Pokalfinale gegen La Chaux de Fonds in Bern, das wir allerdings verloren.

Für uns alle war es beim FC Biel eine Zeit, die so schnell nicht zu vergessen ist. Seit nunmehr vierzig Jahren treffen wir uns jedes Jahr einmal, einfach so, mit unseren Frauen, wie eine große Familie, die nicht allein den Erfolg suchte, sondern sich auch mag. Und es ist immer schön. Wir freuen uns, uns zu sehen, reden über gemeinsame Erlebnisse und schöne Jahre. Die damals jungen Frauen sind zu fürsorglichen »Omis« gereift. Das alljährliche Wiedersehen in der Schweiz, immer im September, immer an einem Samstag (und immer pünktlich), lässt jedesmal neue Erinnerungen aufkommen.

Es war in der Winterpause des Jahres 1960/61, die in der Schweiz mehr als zwei Monate dauerte. Ich hatte unseren

Präsidenten, Jan-Pierre Fuchs, gebeten, den Spielern in dieser Zeit das Skifahren zu verbieten, damit sich keiner durch einen Sturz ernsthaft verletzen könnte. Unsere Ausgangsposition war durchaus geeignet, um über die Meisterschaft zumindest nachzudenken.

Ich selbst nahm an der Eidgenössischen Turn- und Sportschule in Magglingen oberhalb von Biel, im Jura, die Gelegenheit wahr, mein Diplom als Sportlehrer und gleichzeitig als Fußballlehrer zu erlangen, und hatte vom Direktor der Schule, Herrn Hirt, und dem Lehrgangsleiter, Dr. Caspar Wolff, die Empfehlung erhalten, den Skilehrgang hoch in den Bergen nicht mitzumachen. Dadurch sollte jedes unnötige Risiko, für mich selbst und auch für den FC Biel, ausgeschaltet sein.

Erfreut über diese Nachricht, ohne schlechtes Gewissen und mit dem Gedanken im Kopf, auch bei unserem Präsidenten Gehör zu finden, fuhr ich in sein Werk, um ihm für die Mannschaft ein Skiverbot abzuringen. Ich kam vielleicht zu drei Sätzen, die zwar gezielt waren, aber offenbar nur halb bei ihm, dem fast Gleichaltrigen, ankamen. Nach vorne gebeugt, damit ich ihn auch ja richtig verstehen konnte, sagte er in einem Tonfall, der keinen Widerspruch zulässt: »Herr Derwall, die Schweiz ist nicht nur eine Fußball-Nation, die Schweiz ist auch eine Ski-Nation.« Und weiter: »Ich werde den Spielern nicht verbieten, etwas zu tun, was seit vielen Jahren und Jahrzehnten das Recht eines jeden Schweizer Bürgers ist.«

Damit war das Thema erledigt, abgehakt und für alle Zeiten tabu. Leider aber für einen nicht, denn ich selbst glaubte mich nunmehr von allem entbunden, auch von den Empfehlungen der ETS, der Eidgenössischen Sportschule. Es war im Januar 1961, das zweite Jahr in Biel, und es ging mit dem Lehrgang der ETS in die Berge nach Mürren im Berner Oberland in die Skischule des Schweizer Militär-Departements, zu dem auch Magglingen gehörte. Wir hatten viel Spaß, waren glücklich, sorglos und motiviert. Allein schon die prächtige Landschaft vor sich zu haben, die tollen Skigebiete, die Sonne und den samtweichen Schnee, reichte uns.

An dem Lehrgang beteiligten sich nicht nur Schweizer, es waren Teilnehmer da, die aus ganz Europa und sogar aus der ganzen Welt angereist waren und aus Norwegen, Frankreich, Spanien, Südafrika, Schweden oder aus Deutschland kamen. Teilweise handelte es sich um hervorragende Skifahrer, aber auch um totale Anfänger, zu denen ich gehörte. Junge Menschen eben, die übermütig und ohne Angst waren, draufgängerisch und mit Freude bei der Sache, um neben anderen Dingen auch noch Skifahren zu lernen.

So war es auch an diesem einen Montag. Drei Skilehrer vorneweg schossen wir zwischen Schildgrat und Allmendhubel die Piste hinunter. Nicht besonders steil ging es bergab, aber doch mit einigen Tücken an diesem frühen Morgen. Über einer kleinen Holzbrücke war die Spur gefroren, hart und kaum zu erkennen. Das Tempo war entsprechend langsam, gedrosselt, unsere Skilehrer wussten schließlich ganz genau, wen sie da im Schlepptau hatten.

Plötzlich hörte ich einen lauten Knall wie von einem Geschoss oder dem Schlag einer Peitsche. Ich dachte sofort an meine Lederschnürsenkel. Es folgte ein Salto mortale, und schon waren sie da, meine Freunde und die am Ende der Gruppen fahrenden Skilehrer. Sofort wurde die Bergwacht benachrichtigt, ich wurde in einen Schlitten gehoben und behutsam ins Tal gefahren.

Ich wurde in Mürren geröntgt und versorgt und hatte sehr heftige Schmerzen. Schließlich saß ich auf der Terrasse der Sportschule, das rechte Bein in einen Eimer Schnee gepackt, und plötzlich stand jemand vor mir. Er fragte mich nach meinem Befinden, und es stellte sich heraus, dass es sich um einen Arzt handelte, um einen Professor des Krankenhauses in Biel, der mit unserem Mannschaftsarzt Dr. Hugo Wiess zusammenarbeitete. Nach einem kurzen Gespräch und einer weiteren Untersuchung wurde ich nochmals in Mürren geröntgt, diesmal wurde eine »weiche« Aufnahme vom Bein gemacht, damit der Arzt die Achillessehne sehen konnte. Mir wurde übel vor Schmerzen, als er die Sehne anfasste, selbst die kleinste Berührung war eine Strafe.

Die Diagnose hieß schließlich: Achillessehne gerissen, ab nach Biel ins Krankenhaus, am nächsten Tag Operation durch unseren Klubarzt, der auch Chirurg war, und die schlimme Nachricht, dass ich ein Jahr pausieren müsste, mindestens.

Natürlich war der Präsident nicht zu beruhigen. Er, der Befürworter von Ski und Fun, hatte kein Verständnis. Wir machten uns gegenseitig verbissen Vorwürfe, schrieben uns bitterböse Briefe und waren uns gegenseitig gram. Es hatte alles so gut angefangen mit meinem ersten Spielertrainer-Job, und jetzt berieten wir, wie es weitergehen sollte.

Herr Fuchs wollte mich schließlich nur noch als Coach, nicht mehr als Spieler. Ich selbst wollte abwarten, die Möglichkeit einer Gesundung im Auge behalten, einer hoffentlich schnellen Genesung, um wieder als Trainer und gleichzeitig als Spieler antreten zu können. Dasselbe hoffte auch die Mannschaft.

Es gab von allen Seiten Kompromissvorschläge. Was sollte man sonst auch erwarten? Jeder glaubte, das Beste für mich zu wollen. Und weil keine Seite schließlich eine zufriedenstellende Lösung parat hatte, verabschiedete ich mich letztlich, immerhin noch mit dem Titel eines Vize-Pokalsiegers der Schweiz, und ging am Ende der Saison 1961/62 zum FC Schaffhausen, der gerade versuchte, in einem Qualifikationsspiel gegen Lugano in die Schweizer Nationalliga A aufzusteigen.

Es war meine zweite Station in der Schweiz, wieder als Spielertrainer, und ich hatte das Gefühl, mich direkt ins kalte Wasser einer »Liga-Auswahl-Wette« geworfen zu haben, die gottlob im Fußball großen Seltenheitswert hat. Was war passiert? Im Qualifikationsspiel Lugano gegen Schaffhausen, das in Bern ausgetragen wurde, war es in der Verlängerung des Spiels zu einer Schlägerei gekommen. Eine umstrittene Spielszene hatte den Unmut der Luganer Zuschauer hervorgerufen. Die Tessiner stürmten daraufhin den Platz, belästigten massiv die Spieler des FC Schaffhausen und auch den Schiedsrichter. Der Linksaußen griff sogar Schaffhausens Torwart an, die Fans unterstützten dieses handfeste Gerangel mit Fahnenstangen.

Ich war live dabei, saß im Stadion. Als Nachfolger des Trainers Willi Macho, eines Österreichers, war es für mich interessant, die Spielstärke meiner neuen Mannschaft kennen zu lernen, und es war nicht zu erwarten, dass dieses Spiel einen solchen Ausgang nehmen würde. Die Begegnung wurde abgebrochen, und erst nach etwa drei Wochen wurde das Urteil – Wiederholung der Begegnung – bekannt gegeben.

Ein Aufschrei und zugleich eine Niedergeschlagenheit waren die ersten Folgen in Schaffhausen. Der gesamte Klub, seine Mitglieder und Mannschaften, Spieler und Vorstand, konnten es nicht fassen. Das Resultat von 2:1, so stand es beim Abbruch, sollte in ein Wiederholungsspiel umgewandelt werden. Der ganze Protest half nichts.

Die neu angesetzte Aufstiegsbegegnung sollte in Luzern stattfinden. Mein Kollege und Vorgänger Willi Macho war bereits in Wien als Trainer engagiert worden, und deshalb wurde ich gebeten, die Schaffhausener Mannschaft bis zum Spiel nicht nur konditionell vorzubereiten, sondern auch psychologisch wieder aufzurichten.

Vor dem Spiel lag »Feuer« in der Luft. Es gab besondere Vorsichtsmaßnahmen durch die Polizei und den Schweizer Fußball-Verband. Noch kurz vor dem Anpfiff kam ein Offizieller des Verbands zu mir und bat mich, unserem Torhüter zu sagen, dass er gegenüber dem Linksaußen von Lugano keine Revanchegelüste aufkommen lassen möchte – das habe er, so der Funktionär, auch dem Spieler und dem Trainer des FC Lugano deutlich mit auf den Weg gegeben.

Ich schaute ihn an und dachte über Naivität nach. Sicher war ja auch der Schiedsrichter entsprechend ausgewählt und informiert worden. Meine Antwort lautete, er solle bitte noch einmal in die Kabine der Luganer Mannschaft gehen und dem Linksaußen sagen, dass er einfach am besten nicht in den Strafraum der Mannschaft von Schaffhausen kommen solle, dann könne ihm gar nichts passieren.

Die Spieler des FC Schaffhausen waren jedenfalls ausreichend motiviert, ausgerechnet dieses Spiel zu gewinnen. Die Neuauflage dieser seltsamen Begegnung mag vielleicht mit den Paragraphen der Sportgerichtsbarkeit im Einklang stehen, aber praktisch gesehen war es ein Fehlurteil, das dem sportlichen Gedanken, der Fairness und der Gerechtigkeit in keiner Weise entsprach.

Wir gewannen das Spiel klar mit 4:1. Der damals mitschuldige Linksaußen von Lugano wurde noch vor der Halbzeit ausgewechselt. Eine vernünftige Maßnahme. Damit war bei den Zuschauern und den Mannschaften jegliche Aggression und Feindseligkeit frühzeitig gebannt.

Ende gut, alles gut. Das galt auch für mich persönlich. Mein Diplom als Sportlehrer schaffte ich trotz der Operation an der Achillessehne, zäh ringend zwar und mit dem Beistand meiner Studienkollegen, die mir in der Praxis, beim Schwimmen, bei Langläufen oder Sprints halfen, das Tempo zu halten oder sonstige Hilfestellungen gaben.

Für mich war die Schweiz der Beginn einer neuen beruflichen Orientierung, etwas gewagt sicherlich, aber letztlich ein guter Anfang, wie es bei jungen Trainern nicht immer der Fall ist. Doch dank einer wunderbaren Gemeinschaft und Freundschaft, für die ich mich zu bedanken habe, bescherte mir das Leben in dieser Zeit Dinge, die einem Menschen nur selten begegnen. Ob es mir damals gut ging oder ob es auch bittere Stunden und Tage waren – ich habe sie gerne festgehalten. Die Wiege meines sportlichen Lebens als Trainer stand in Biel.

Wieder zur Fortuna

Nach drei Jahren erfolgreicher Arbeit in der Schweiz als Spielertrainer und mit dem Diplom der Eidgenössischen Sportschule Magglingen in der Tasche erhielt ich 1962 ausgerechnet von meinem alten Verein Fortuna Düsseldorf ein Angebot als Trainer.

Der Reiz bestand darin, dass der Deutsche Fußball-Bund sich entschlossen hatte, aus den bestehenden regionalen Oberligen eine neue höchste bundesweite Spielklasse, die so genannte Bundesliga, zu schaffen. Es war die Idee Sepp Herbergers, eine Konzentration der besten Mannschaften herzustellen, um dadurch für die Nationalmannschaft einen besseren Überblick über die vorhandenen Leistungen und Stärken der Spieler, auch im direkten Vergleich, zu haben.

Im ersten Spieljahr 1963/64 sollte die Bundesliga aus sechzehn Mannschaften bestehen, später dann, ab der Saison 1965/66, aus achtzehn Vereinen, um die Spreu vom Weizen noch weiter trennen zu können und in jedem Jahr zwei Aufsteigern eine Chance zu geben, sich ebenfalls in der höchsten Liga zu etablieren. Mit einer solchen Auf- und Abstiegsregel sollten dann immer wieder Korrekturen in der Zusammenstellung des deutschen Spitzen-Vereinsfußballs vorgenommen werden können.

Eigentlich hätte sich mein Einstand als junger Trainer sehen lassen können. Die Mannschaft der Fortuna stand mit dem 1. FC Nürnberg am 29. August 1962 in Hannover im deutschen Pokalfinale. Das Spiel ging leider, durch Tore von

Haseneder und Wild für Nürnberg und Jupp Wolfram für Düsseldorf, mit 1:2 (1:1) in der letzten Minute der Verlängerung durch ein Missverständnis zwischen einem Abwehrspieler und dem Torwart vor 41 000 Zuschauern verloren. Insgesamt war es dennoch für die Fortuna ein erfolgreiches Jahr, auch wenn wir eine Berücksichtigung für die neu zu gründende Bundesliga verpasst hatten.

Für mich persönlich war jenes Jahr der Einstieg in eine andere Fußballwelt. So sehr man auch als Spieler im Spiel zu glänzen vermag, noch mehr wird man als Trainer an den Leistungen seiner Mannschaft gemessen. Es war für mich ein Glück, in meiner aktiven Laufbahn immer von ausgezeichneten Trainern betreut worden zu sein. In einer Trainerlaufbahn zählt in den ersten Jahren nur der Erfolg des Teams, sonst nichts. Er ist der wichtigste Gradmesser, um auch weiterhin in diesem Metier arbeiten zu können.

Ich hatte mir vorgenommen, mit dieser Mannschaft in der Saison 1962/63 ziemlich weit oben in der Tabelle zu landen. Es war wichtig, jede kleine Chance zu wahren und zu nutzen, sich durch gute Leistungen zu empfehlen, um vielleicht doch noch einen Platz in der ein Jahr später gegründeten Bundesliga zu erreichen. Am Ende landeten wir Düsseldorfer auf dem sechsten Tabellenplatz in der letzten Saison der Oberliga West.

Daran lag es aber nicht. Viel wichtiger für die Qualifikation war die große Tradition der Klubs, die nationalen und internationalen Erfolge in den vielen Jahren davor. Fortuna Düsseldorf hatte 1933 im Spiel gegen Schalke 04 zwar die Deutsche Meisterschaft gewonnen und wurde 1936 gegen den 1. FC Nürnberg Deutscher Vize-Meister. Das waren unbestreitbar große Erfolge, aber sie lagen auch schon lange zurück. Die Fortunen wussten am Ende selbst, dass die in der Nachkriegszeit gezeigten Leistungen nicht ausreichen würden, um in der Saison 1963/64 der neuen Bundesliga zugeordnet zu werden.

Ein Brief von Sepp Herberger

Noch bevor die Saison 1962/63 in Düsseldorf beendet war, beschäftigten sich meine Gedanken mit neuen Herausforderungen. Auf der einen Seite lag mir noch die Situation der Fortuna am Herzen, die das »Ziel Bundesliga« nicht erreicht hatte und auf Grund personeller Veränderungen in absehbarer Zeit kaum den Aufstieg schaffen würde. Auf der anderen Seite existierte die Idee, ins Ausland zurückzukehren, ein interessantes Betätigungsfeld, das einem jungen Trainer das Gefühl für eine neue Welt, für eine andere Atmosphäre und neue Perspektiven eröffnen kann.

Doch es kam ganz anders. Einige Tag später erhielt ich einen Brief von Sepp Herberger. Eigentlich nichts Ungewöhnliches, denn der Bundestrainer erkundigte sich immer wieder mal während der laufenden Saison bei den Vereinstrainern über die Form dieses oder jenes Spielers, dessen Name schon längst in seinem Notizbuch stand.

Diesmal ging es in diesem Brief allerdings nicht um einen Spieler, sondern um mich selbst. Sepp Herberger wollte von mir wissen, ob es richtig sei, dass ich meinen Vertrag am Ende der Saison bei Fortuna Düsseldorf als beendet betrachten würde, und fügte hinzu, dass der Saarländische Fußball-Verband einen Verbandstrainer suche und ob ich Interesse hätte, im Saarland zu arbeiten.

Sepp Herberger hatte schon seit vielen Jahren zu diesem Land an der Saar und vor allem zu Hermann Neuberger, dem damaligen Präsidenten des Verbandes, ein sehr enges, freundschaftliches Verhältnis. Schließlich spielte das kleine, aber sportlich große Saarland anlässlich der Qualifikation für die Weltmeisterschaft 1954 in der Schweiz mit der deutschen Mannschaft und mit Norwegen in einer Gruppe. Der damalige Trainer der Saarländer war übrigens Helmut Schön, der danach, ab 1956, die Assistenzstelle bei Sepp Herberger übernahm.

Das Saarland stand nach Kriegsende ja zunächst unter französischer Verwaltung, war sportlich weitestgehend autonom und gehörte nach dem »Saarabkommen« politisch erst ab Anfang 1957 zur Bundesrepublik Deutschland. Die Saar wurde natürlich auch sportlich dem deutschen Fußball wieder angegliedert. Bis dahin konnten die Saarländer überall, ob in der französischen Division oder ganz allgemein im Ausland, großartige und sehenswerte Erfolge aufweisen. Herbert Martin, Jockl Balzert, Theo Puff, Peter Momber und mein Freund Herbert Binkert – um wichtige Namen zu nennen – konnten sich mit jedem messen, und einige von ihnen, unter ihnen Herbert Martin, Kurt Clemens und Herbert Binkert, hätten damals, laut Aussage von Sepp Herberger, auch in der deutschen Nationalmannschaft ihren Platz finden können. Doch das war zu diesem Zeitpunkt noch nicht möglich.

Ich bin damals, 1963, dem Rat und dem Ruf Sepp Herbergers gefolgt, weil mich diese Aufgabe eines Verbandstrainers interessierte, der nicht nur in Theorie und Praxis den Spielern etwas beibringen sollte, sondern auch Trainer auszubilden, Vorträge vor Jugendleitern, Schiedsrichtern, Vereinsvertretern zu halten und darüber hinaus im Fach Fußball angehende Sportlehrer von der Universität und der Staatlichen Sportschule zu unterrichten hatte. Diese neue Tätigkeit und ein anderes, vielseitiges Arbeitsfeld schienen mir willkommen.

Von Düsseldorf aus fuhren meine Frau und ich nach Aachen, wo ich meine Schulzeit verbracht hatte, und weiter in

AUS FRÜHESTEN JAHREN

Vater Johann:
Obersekretär bei
der Reichsbahn

Im Brautkleid:
Mutter Maria

Die Eltern
notieren:
»Unser herziges
Bübchen mit
15 Monaten«

Einschulung in Würselen-Morsbach: Das »herzige Bübchen« steht oben in der Dreiergruppe (rechts von der Tür) rechts

Er ist der Größte von allen (vierter von links): Alle sind sie Jugendspieler von Rhenania Würselen

ALS DER KRIEG ZU ENDE WAR

Ein Kartengruß an die »Kameraden der Rhenania«: »Wir sind bald wieder bei Euch.« Rechts Mitspieler Jean Schöner

Würselen, St. Sebastian: Nur noch eine Ruine (linke Seite oben)

Alles in Schutt und Asche: Die Kaiserstraße in Würselen

ANFANG DER FÜNFZIGER

Der Reporter schreibt: »DFB-Auswahl gegen Auswahl Süddeutschland in Augsburg (3:5). Spielszene: Richard Gottinger (Mitte) köpft den Ball vor dem DFB-Angreifer Josef Derwall (rechts) weg; links Hans Bauer.« Das war am 4. Juni 1953

Im Dress der Alemannia auf dem Tivoli im November 1951: Das 3:1 gegen Rot-Weiß Essen. Nationalspieler Heinz Wewers und Torhüter Heinrich Kwiatkowski sind machtlos

Düsseldorfer Fortunen mit Karneval-Käppis auf Amerika-Reise 1954: Vordere Reihe von links: Kern, Juskowiak, Weyer, Müller, Risse, Trainer Kuno Klötzer; zweite Reihe v.l.: Hoßdorf, Krüger, Präsident Pontzen, Turek, Hofmann; dritte Reihe v.l.: Mauritz, Janes, Derwall, Fandel, M. Gramminger, Jäger, Borkenhagen, Bender, Conzen jun.

IN WEMBLEY 1954

Mit der Hand am Knopf: Gut gekleidet geht es Richtung England – mit »Copi« Beck, Jupp Posipal, Michael Pfeiffer und Gerhard Kaufhold (v.l.)

Beim Training vor dem ersten Länderspiel: Mit Gerhard Kaufhold, Michael Pfeiffer, Uwe Seeler und Alfred Beck (v.l.)

Einzug vor großer Zuschauerkulisse: Die Kapitäne Wright (rechts) und Posipal als Ballträger. Hinter dem deutschen Spielführer: Fritz Herkenrath und der Mann von Fortuna Düsseldorf

Am Ende 1:3 verloren: Posipal, Herkenrath, Derwall, Harpers, Liebrich, Pfeiffer, Erhardt, Kohlmeyer, Kaufhold, Seeler, Beck (v.l.) am 1. Dezember 1954

EINSATZ FÜR FORTUNA

Wieder mal gegen Essen: Und wieder einmal heißt der Gegenspieler Heinz Wewers (l.)

Aus der Kabine zurück: Mit Heini Jansen (l.) und Rainer Vigna

Gute Haltung: Mit Links ging's immer besser

IMMER AUF BALLHÖHE

Im Rheinstadion: Spielfreude vor vollem Haus

FC Biel, Schweizer Vizemeister 1960 und Vize-Pokalsieger 1961: hintere Reihe v.l. – Stäuble, Derwall, Hänzi, Parlier, Merlo, Turin, Studer, vordere Reihe v.l. – Manager Urfer, Graf, Kehrli, Moser, Allemann, Kohler, Präsident Fuchs

Endlich mal gemeinsam mit Fritz Walter in einer Mannschaft: Beim Hallen-Fußball mit Alt-Internationalen 1963; Walter, Herkenrath, Derwall, Liebrich, Mebus, Kobierski (v.l.)

Und noch einmal bei einem Alt-Internationalen-Treffen gegen die Schweiz in Bern: Mit von der Partie sind unter anderen Herkenrath, Sepp Herberger, Eckel, Fritz Walter, Schäfer, Erhardt, Kohlmeyer, Morlock, Turek, Derwall

GRUPPENBILDER OHNE DAMEN

Richtung Eifel zur »Himmelsleiter« (eine bekannte Straße) und schließlich zum idyllisch gelegenen Ort Monschau. Es ist eine wunderschöne Landschaft mit Tälern, Hügeln, Wäldern und Wiesen, mit schmucken kleinen Städtchen, neben Monschau auch Schleiden, Blankenheim und Stadtkyll. Schließlich fuhren wir entlang von Stauseen, dem Naturpark der Nordeifel und entlang der belgischen Grenze nach Trier, der Bischofsstadt an der Mosel.

Meine Frau Elisabeth, eine Schweizerin, war begeistert und glücklich. Ich selbst dachte immer wieder darüber nach, ob sie auch noch über das Saarland selbst, das Land an der französisch-luxemburgischen Grenze, so positiv sprechen würde. Ich hoffte es jedenfalls. Oberhalb von Mettlach, in der Nähe von Orcholz, bewunderten wir den Lauf der Saar, die man hier die Saarschleife nennt. Ein sehr seltenes Ereignis in der Natur, das das Herz meiner Frau höher schlagen ließ.

Die nächsten zwanzig Kilometer sollten uns das Bild vermitteln, das wir erwartet hatten, uns aber auch Respekt abringen sollte. Saarlouis und Völklingen mit seiner Stahlhütte imponierten nicht nur durch den bloßen Anblick, es war auch die Arbeit, die dahinter steckte und die diese Menschen zu verrichten hatten. Wir spürten sofort den professionellen, leistungsbezogenen Hintergrund dieser ungewöhnlichen Gegend, die nun wieder zu Deutschland gehörte.

Die Zeit nach dem Krieg, die das Saarland durch die Bindung an Frankreich und später als selbstständiges Mitglied der FIFA auch in sportlicher Hinsicht erlebte, hatte das Land und seine Sportverbände geprägt. Auch dafür waren der Präsident des Landessportverbandes an der Saar und des Saarländischen Fußball-Verbandes, Hermann Neuberger, und die Vorsitzenden aller Sportarten im Saarland angetreten, um die Ziele früherer Jahre nicht aus den Augen zu verlieren.

Als wir in Saarbrücken ankamen, stand gerade der Verbandstag auf dem Programm, und die obligatorischen Berichte der verschiedensten Gremien wurden vorgetragen;

sie mussten wie immer von der Versammlung gebilligt werden. Und es standen Neuwahlen an, in der Regel reine Formalitäten, da meistens keine größeren Beanstandungen auf den Tisch kamen. Veränderungen gab es allenfalls aus Altersgründen oder wegen irgendwelcher persönlicher Wünsche.

Währenddessen saß ich im Nebenzimmer mit Hans Zeimet zusammen, ehemals Leistungsträger des 1. FC Saarbrücken und nun Chef der Ausbildung und des Schiedsrichterwesens. Wir tauschten unsere Vorstellungen aus über die Jugendarbeit und sprachen über die Talentsichtung und -förderung. Jeder hatte seine eigenen Ideen. Es wurde ausführlich diskutiert – auch darüber, wie die Ausbildungslehrgänge für die Erlangung der Trainer-B- und der A-Lizenz verbessert werden könnten. Die Schiedsrichter waren natürlich ebenfalls ein Thema, und es ging zudem um die Unterstützung der saarländischen Vereine, die in der Bundesliga und der Regionalliga spielten oder in der höchsten Amateurliga.

Mir imponierten vor allem die Ziele, die angesprochen wurden, und wir waren uns einig, sogar sehr schnell, dass unsere Arbeit davon profitieren sollte. In diesem Reigen großer Vorhaben war es fast eine Selbstverständlichkeit, das Ausbildungszentrum der Staatlichen Sportschule des Saarlandes – die heutige Hermann-Neuberger-Sportschule – mit einzubeziehen. Mir schien, wir beide hatten ähnliche Gedanken, lagen auf einer Wellenlänge und stellten auf der Grundlage von Nachwuchsförderung auch für die Leistungsträger an der Saar einen Gesamtrahmen auf, den wir nicht aus den Augen verlieren wollten.

Es gab anschließend ein gemeinsames Essen mit Hermann Neuberger und seinen Vorstandskollegen, um dann nach Klärung kurzer, aber wichtiger Details zurück in unser Hotel am Deutsch-Französischen Garten zurückzukehren, von dem aus wir am nächsten Tag mit einem unterschriebenen Vertrag nach Düsseldorf zurückfuhren. Meine Frau und ich, wir waren beide zufrieden.

Ich hatte mich für das Saarland entschieden, und ich bereute es nie. Es war keine Arbeit, bei der die Uhr den Tag bestimmte. Die zahlreichen Lehrgänge schenkten mir sehr viel Freude, und so mancher Spieler schaffte es, vom Jugendauswahlspieler zur Jugend-Nationalmannschaft – und einige sogar zum Nationalspieler des Deutschen Fußball-Bundes aufzusteigen –, wie Karl Ringel von der Borussia aus Neunkirchen, der schon 1958 unter Sepp Herberger Nationalspieler wurde, oder Heinz Vollmar, ein Spieler des 1. FC Saarbrücken, ein begnadeter Fußballer, der 1959 in die Nationalmannschaft berufen wurde. Im Alter von 51 Jahren starb er viel zu früh beim Joggen im Wald an Herzversagen.

Von 1963 bis 1970, in meiner Zeit als Verbandstrainer des Saarlandes, waren es vor allem unsere Jugendspieler, die bei der Sichtung und der Talentförderung ganz besonders durch ihr fußballerisches Können glänzen konnten. Im Schülerlager in der Sportschule Duisburg wurde die Mannschaft der U 15 des Saarlandes von sechzehn Verbänden sogar Vize-Meister, und die Jugendtrainer des DFB bestimmten, dass gleich vier Talente des Saarlandes 1968 mitfahren durften, als die deutsche Jugend-Nationalmannschaft in London, im alten und ehrwürdigen Wembley-Stadion, vor 100 000 Zuschauern gegen England spielen konnte und zur Überraschung aller auch noch 2:1 gewann. Es war ein großes Erlebnis für uns alle.

Peter Geyer, Herbert Korst, Siegbert Schwinn und Gerhard Steffen hatten sich in ihrem Alter durchgesetzt, und für mich als Verbandstrainer des Saarlandes war es ein gutes Gefühl, und es machte mich stolz, denn ich selbst hatte 1954 mit der deutschen Nationalmannschaft dort mein erstes Länderspiel absolvieren dürfen. So konnte ich den Jungs ein wenig Stimmung, Atmosphäre und sonstige Dinge, die sie erleben würden, mit auf den Weg geben.

Eine ganz andere Begegnung ist mir ebenfalls unvergesslich geblieben. Auch er war noch ein junger Bursche, als er eines Tages aus Bliesen kam und bei mir zu einem Wochen-Lehrgang erschien. Nach dem Warmlaufen und dem eigentlichen Training wurde Fußball gespielt. Er, der als Mittelstürmer auftrat, ließ alle stehen und schickte sich an, der erfolgreichste Torjäger des Lehrgangs zu werden.

Ich fragte ihn, auf welcher Position er in seinem Verein spiele, und ich bekam die Antwort, die eigentlich zu seinem Gesamtbild zu passen schien. Er meinte: »Ich spiele da, wo ich gebraucht werde. Der Jugendleiter ist unser Trainer.«

Nach fünf Tagen, als der Lehrgang zu Ende war, kam er zu mir, um sich zu verabschieden. Ich fragte ihn, ob er wiederkommen wolle. Er lächelte und erzählte von seiner Familie mit einer Menge Kindern, von Schwestern und Brüdern also, von Mutter und Vater, und dass er jetzt noch drei Wochen Ferien hätte. So beiläufig meinte ich: »Na und, dann kommst du einfach zu mir und machst an der Sportschule Ferien.« Selten habe ich einen so glücklichen jungen Menschen gesehen.

Am nächsten Montag stand er wieder da mit seiner Tasche. Der Junge, der anschließend auch noch als Torhüter spielte und mich immer mehr in Erstaunen versetzte, war Bernd Franke, der einige Jahre später sogar das Tor der deutschen Nationalmannschaft hüten sollte. Leider wurde er so schwer verletzt, dass er ein ganzes Jahr pausieren musste. Mein Freund Otto Knefler, Trainer bei Saar 05 Saarbrücken, nahm ihn von dort aus mit nach Braunschweig zur Eintracht. Er wurde ein hervorragender Torwart, ein Mann der Extra-Klasse, doch leider stand schon jemand im Tor der Nationalmannschaft, der unbestritten die Nummer eins war – Toni Schumacher. Dieser meinte gegenüber einem Journalisten einmal, dass Bernd »ein prima Kerl« sei, denn »ich könnte mich als zweiter Torwart nie so ruhig verhalten«. Wir alle staunten über den charakterfesten Kumpel Bernd.

Aber auch andere lehrte der Alleskönner im Tor des DFB das Staunen. Als Erich Ribbeck bei der WM 1982 in Spanien auf dem Trainingsgelände in Mareo bei Gijon die Reservisten mit dem Ball am Fuß quer über den Platz laufen ließ, zeigte die Stoppuhr für den Torhüter Bernd Franke mit 50,4 Sekunden den besten Schnelligkeitswert an. Auch beim Torhüter-Training donnerte Bernd, wie früher schon als Junge an der Sportschule, einen Ball nach dem anderen unhaltbar für Toni Schumacher ins Netz.

Erich Ribbeck fragte ihn: »Warum bist du eigentlich Torwart geworden? Du gehörst doch nach vorne in die Sturmmitte.« Das meinte im Übrigen auch der Kolumnist von der »Bild-Zeitung«, Franz Beckenbauer, der von der enormen Schusskraft und der Treffgenauigkeit des Bernd Franke beeindruckt war. Ich weiß nicht, wie oft dieser tolle Torwart nur auf der Bank gesessen hat und im Stillen darauf hoffte, eingesetzt zu werden. Ich weiß nur, dass er mehr als nur sieben Länderspiele verdient gehabt hätte.

Zwischen 1974 und 1977 spielte Wolfgang Seel aus dem saarländischen Kirkel, damals bei Fortuna Düsseldorf unter Vertrag, sechsmal für Deutschland unter Bundestrainer Helmut Schön. In meiner Zeit als Bundestrainer ab 1978 spielte ein anderer Saarländer, Gerd Zewe, ebenfalls bei Fortuna Düsseldorf, viermal für die deutsche Nationalmannschaft. Der Glanzpunkt war sein Einsatz am 20. Dezember 1978 gegen den Vize-Weltmeister von 1974. Vor dem eigenen Publikum im Düsseldorfer Rheinstadion gewann die neu formierte deutsche Mannschaft 3:1 gegen die Niederlande.

Für mich als Trainer eines kleinen Verbandes des DFB waren diese vielen eigenen Talente ein Zeichen dafür, auf dem richtigen Weg zu sein. Von 1963 bis Anfang 1970 war ich nun mit meiner Familie im Saarland. Wir bewohnten direkt in der Staatlichen Sportschule einen Bungalow. Die Kinder besuchten bereits das Deutsch-Französische Gymnasium in Saarbrücken, meine Frau Elisabeth und ich rechneten fest damit, noch eine Reihe von Jahren im Saarland zu Hause zu sein. Doch es kam wieder einmal ganz anders.

Ungewöhnliche Frage an einem gewöhnlichen Wintertag

Der Dezember 1969 sollte eine besondere Überraschung für mich parat haben. Eines Tages schrillte das Telefon in meinem Büro des Saarländischen Fußball-Verbandes in der Sportschule, und es meldete sich Hermann Neuberger. Er bat mich um ein persönliches Gespräch ins Haus der Saar-Toto GmbH, deren Direktor er war. Normalerweise war es nicht üblich, dass Hermann Neuberger selbst zum Telefonhörer griff, um eine Verbindung zu mir in der Sportschule herzustellen. In der Regel ließ er einen Gesprächstermin einfach nur ausrichten. Frau Both, seine zuverlässige Sekretärin, war diesmal aber nicht am Apparat. Merkwürdig, dachte ich mir.

In seinem Büro angekommen, fragte mich Hermann Neuberger, damals auch Vize-Präsident des DFB, nach kurzer, aber sehr freundlicher Begrüßung und ohne große Überleitung, ob ich Lust hätte, Assistent des Bundestrainers, also von Helmut Schön, zu werden. Er tue dies, um nicht in ein »falsches Licht« zu geraten, im Auftrag des Präsidenten des Deutschen Fußball-Bundes, Dr. Hermann Gößmann, und natürlich auch im Namen von Helmut Schön.

Eine solch ungewöhnliche Frage hatte ich nicht erwartet, an diesem durchaus gewöhnlichen Wintertag in Saarbrücken, mit krachendem Eis und Unmengen von Schnee. Ich sah Neuberger verblüfft an, bekam zunächst kein Wort über die Lippen und fragte ihn nach einer kleinen Pause, die ich dringend brauchte, ob ich etwas falsch gemacht hätte und ob er mit mir nicht mehr zufrieden sei.

Hermann Neuberger lächelte und meinte dann: »Aber nein, Herr Derwall, wir alle hier an der Saar sind mit Ihnen und Ihrer Arbeit sehr zufrieden. Aber es ist eine Chance für Sie – und ich meine, Sie haben sie sich ehrlich verdient. Und vor allem ist dieser Wunsch von Helmut Schön, unserem Bundestrainer, persönlich ausgesprochen worden. Mehr steckt nicht dahinter.«

Man muss sich das trotzdem mal vorstellen, dachte ich, der Vize-Präsident des Deutschen Fußball-Bundes, Hermann Neuberger, fragt als Präsident des Saarländischen Fußball-Verbandes seinen Verbandstrainer, mich also, ob er gewillt sei, das Saarland zu verlassen. Das Saarland, in dem sich meine Frau, meine Kinder und ich mich selbst sehr wohl fühlten. Wo meine Arbeit offenbar anerkannt wurde, wo die Menschen von schwerer täglicher Maloche und von schwieriger politischer Vergangenheit und deren Folgen geprägt waren und wir dennoch aufrichtig zufrieden und glücklich waren. All das, was meiner Frau und mir so sehr gefiel und wir bewunderten.

Ich bat um Bedenkzeit, wollte mit meiner Frau und meinen Freunden darüber sprechen, um besser abwägen zu können, Vor- und auch Nachteile gegenüber stellen, obwohl ich selbst längst wusste, dass ich mir diese Chance nicht entgehen lassen sollte, den internationalen Fußball zu erleben und die Weltspitze. Außerdem stand die Fußball-Weltmeisterschaft 1970 in Mexiko bevor. Es war nicht einfach nur eine von vielen Chancen, mit denen man zu tun hat, es war ein einmaliges Angebot.

Innerlich hatte ich mich schnell entschieden, aber es mussten jetzt noch viele Gespräche geführt werden. Zu Hause angekommen, sahen wir uns an. In meinem Gesicht stand wohl ein tiefgründiges, kaum erkennbares Lächeln, und ohne die wirkliche Stimmung zu erkennen, meinte meine Frau schließlich, ohne ihren Blick abzuwenden: »Nun sag schon, was passiert ist – oder auch nicht.«

Diesmal ließ sie mich vollends ausreden und meinte dann, mit einem gewissen Schmunzeln, das aussah, als ob ich ihr auch einen Wunsch erfüllen müsse: »Du darfst, doch nur unter der Bedingung, dass wir im Saarland wohnen bleiben.«

Ich hatte alles erwartet, nur diesen einen Wunsch meiner Frau nicht. Nicht weil ich aus dem Saarland weg wollte, sondern, ganz im Gegenteil, weil ich auch für mich davon ausging, dass dies die Voraussetzung für einen Stellenwechsel sein musste: die Bedingung nämlich, dass ich mit meiner Familie hier wohnen bleiben konnte.

Besser können Gedanken, ohne miteinander gesprochen zu haben, nicht harmonieren. Diese spontane Übereinstimmung zeigte sehr deutlich, wie gerne wir, und das bis zum heutigen Tag, im Saarland zu Hause sind.

Einen Umzug gab es trotzdem. Wir zogen nämlich aus dem für uns gebauten Bungalow in der Sportschule aus und ließen uns am Rand der Stadt Saarbrücken nieder. Es gab dann noch einige weitere Stationen in unserem Leben, weil die Umstände dies einfach verlangen sollten. Die Kinder wurden größer, und wir brauchten mehr Platz für ihre Freunde. Und wir, meine Frau und ich, brauchten Räume für Gäste, für Journalisten und auch für liebe gute Freunde.

So ging es eigentlich in all den Jahren immer weiter voran: Von der Mietwohnung zur Eigentumswohnung und zu einem eigenen Haus, bis zum heutigen Tag. Aber immer im Saarland, dort, wo es auch mal ohne Stress und ohne Dienstbeflissenheit zugeht.

Jahre später, nachdem ich meine Laufbahn als Trainer abgeschlossen hatte, machte ich meiner Frau Elisabeth den Vorschlag, vielleicht zurück in ihre Heimat, in die Schweiz also, zu ziehen. Zur Auseinandersetzung bereit schaute sie mich an und meinte nur noch: »Das wird nur geschehen, wenn ich meine Saarländer mitnehmen darf.« So einfach war es, die Liebe zu einem kleinen wunderschönen Land und seinen Menschen zu zeigen. Und so ist es geblieben.

Erster Einsatz: Mexiko 1970

Der Saarländische Fußball-Verband bewies wieder einmal menschliche Größe und auch ein spezielles Gespür für eine Situation, die internationaler Art war. Insbesondere für den Deutschen Fußball-Bund, der anfragte, ob es möglich sei, mich nicht erst zum 30. Juni 1970 als neuen Assistenten des Bundestrainers freizugeben, sondern schon zum Ende des Jahres 1969, ein halbes Jahr früher also. Der Vorstand des Saarländischen Fußball-Verbandes zeigte Verständnis für das eilige Anliegen des DFB und von Bundestrainer Helmut Schön, der seinem bisherigen Assistenten ebenfalls einen dringenden Wunsch erfüllen wollte: Udo Lattek hatte sich für den FC Bayern München und die Bundesliga entschieden, er wollte diese Mannschaft auf dem schnellsten Weg übernehmen.

Wegen der Vorbereitung auf die anstehende Weltmeisterschaft 1970 im fernen Mexiko häuften sich beim DFB mehr und mehr die Termine. Viele kleine und große Probleme, allein schon organisatorischer Art, und ein kaum mehr zu überblickender Zeitaufwand waren die unmittelbare Folge. Helmut Schön und ich freuten uns deshalb über die Geste des Saarländischen Verbandes und ihres Vorsitzenden Kurt Ott, ein Ausdruck großer Verbundenheit.

Es war meine erste Weltmeisterschaft, und ich war ziemlich erstaunt über die organisatorischen Ausmaße, die eine WM auslöst, und die, wie ich festellen musste, nur mit großer Erfahrung und generalstabsmäßiger Planung erfolgreich zu bewältigen waren. Doch dem Organisationskomitee mit Hermann Joch und seinem Team gelang es, wie immer, diese Arbeit bravourös durchzuführen.

Für uns Trainer war es schon Anfang Januar 1970 an der Zeit, die Gesundheit, die körperliche Fitness und auch die Leistungsfähigkeit der Spieler zu checken. Erst recht aber, sich um die verletzten Nationalspieler zu kümmern und alles zu tun, sie für die nächsten Wochen und Monate wieder spielfähig zu bekommen.

Wie immer geschah dies bei Prof. Dr. Hollmann, dem Leiter des Sportmedizinischen Instituts der Sporthochschule Köln. Das besondere Problem: In Mexiko erwartete uns extreme Höhe und Hitze. Es ging also um körperliche Stabilität, und von überall her gab es gut gemeinte Rat- und Vorschläge zu diesen Themen.

Wir vertrauten den Ergebnissen von Prof. Hollmann und unserem Mannschaftsarzt, Prof. Dr. Hans Schobert, der den Spielern klar machte, dass Fußball eine Intervallsportart ist und die Fußballer nicht, wie bei der Dauerbelastung von Langstreckenläufern, permanent mit der so genannten »Sauerstoffschuld« konfrontiert werden. Der Puls steigt zwar sehr schnell an in großer Höhe und Hitze, manchmal bis zu 170 oder 180 Schlägen pro Minute, aber Fußballspieler können sich genauso schnell wieder erholen, und schon innerhalb von drei Minuten einen Pulsschlag von 100 bis 120 erreichen, im normalen Leistungsbereich also sein.

Wer allerdings nicht richtig austrainiert an den Start geht, hat durchaus mit großen Schwierigkeiten zu kämpfen. Nicht zufällig lagen während eines WM-Spiels in Mexiko an der Seitenlinie auch etliche Sauerstoffflaschen, die bei Bedarf sofort zum Einsatz kommen konnten. Der Sport hatte neue technische Dimensionen erreicht, mit denen wir uns beschäftigen mussten. Es tat sich für uns eine völlig neue Welt auf, die wir zu akzeptieren hatten.

Das Quartier, von Helmut Schön und Organisationschef

Hermann Joch ausgewählt, konnte besser, schöner und angenehmer nicht sein. Die Besitzer, eine Großfamilie namens Gabriel, bemühten sich rührend um uns und auch um die mitgereisten Journalisten, die im Haupthaus untergebracht waren. Die mexikanischen Gastgeber machten uns den Aufenthalt so angenehm wie möglich auf »Balneario de Comanjilla«, und bis auf einige Ausnahmen gab es in unserem mehrwöchigen »Zuhause« trotz der räumlichen Nähe mit den Journalisten niemals ernsthafte Probleme; es waren damals, 1970, auch nur vierzig Personen, die den gesamten deutschen Presse- und Medienstab ausmachten.

Bundestrainer Helmut Schön hatte mit den Journalisten im Garten einen Raum für die Interviews festgelegt, den alle Beteiligten akzeptieren konnten. Schließlich war sogar der Bereich um den Swimmingpool mit einbezogen, wo man dann vor oder nach den Spielen viele Möglichkeiten hatte, Spieler oder Trainer anzusprechen. Hinzu kam, dass Radio und Fernsehen damals noch keine alltäglichen Medien waren, sondern nur dann eingesetzt wurden, wenn etwas ganz Außerordentliches auf dem Tagesplan stand.

Es war eine Anlage, die viele Aufenthaltsräume, Speisesäle und sogar ein Billardzimmer hatte, dazu eine Bar, die auch im Wilden Westen hätte stehen können, mit Terrassen und einer Küche mit offenen Kamin, wo Hans Damker, unser Chefkoch, ein Mann, der in früheren Jahren die deutschen Radrennfahrer bei der Tour de France betreut und bemuttert hatte, nun seit Jahren auch die Fußball-Nationalmannschaft umsorgte und es in aller Welt möglich machte, seinen Spielern fast jeden kulinarischen Wunsch zu erfüllen.

Dem Haupthaus angeschlossen waren kleinere, aber gemütliche Bungalows für die Delegation des Deutschen Fußball-Bundes. Doppelzimmer mit Bad, Essecke, und neben der gepflegten Grasfläche befanden sich auch drei große Thermalbäder, aus deren Quelle das Wasser mit 45 Grad sprudelte, und dann, abgekühlt, mit 36 Grad in die Becken floss. Kein Wunder, dass die Spieler unserer medizinischen Abteilung keinen allzu großen Stress bereiten sollten: Verletzungen gab es nur wenige, die Bäder taten ihr übriges.

Im Training war es eine reine Schinderei und Quälerei, sich an die hohen Temperaturen zu gewöhnen, sich anzupassen und umzustellen. Selbst ein so durchtrainierter Weltklasse-Torwart wie Sepp Maier blieb nach wenigen Bällen liegen, weil er einfach nicht mehr konnte. Viele hatten uns geraten, möglichst frühzeitig, vielleicht sogar schon acht Wochen vor dem ersten Spiel, nach Mexiko anzureisen, um uns akklimatisieren zu können. Dadurch sei es möglich, sich völlig anzupassen, die Lebensbedingungen des Landes, die Art des Zusammenlebens der Menschen und die klimatischen Verhältnisse zu übernehmen. Aber das ist meiner Meinung nach nur blanke Theorie, denn für einen solchen totalen Gewöhnungsprozess würde man letztlich Jahre brauchen. Also reisten wir vierzehn Tage vor dem WM-Start in Mexiko an.

Als Assistent musste ich mich vor allem um das Training kümmern. Täglich war die Mannschaft in Bewegung. Wir versuchten, möglichst spielgerecht zu trainieren, was heißen soll, dass Intervalltraining angesagt war. Wir versuchten also, die Laufarbeit immer wieder auszudehnen oder die Pausen zu verkürzen. Manchmal mussten wir aber auch dem allgemeinen Stimmungsbild Rechnung tragen und das Training variabler gestalten. Wenig Schlaf, hohe Temperaturen während der Nächte, drückende und schwülwarme Luft waren für uns alle unangenehme Begleiterscheinungen. Wir bemühten uns immer wieder, die läuferische Arbeit stark in spielerische Formen einfließen zu lassen.

Trotz Murren und Knurren durfte das Pensum nicht zu gering sein, denn es musste einfach ein gewisses Maß an körperlicher Fitness vorhanden sein, um diese Spiele, die bereits um zwölf Uhr mittags bei vierzig bis fünfzig Grad in der Sonne angepfiffen wurden, ohne gesundheitliche Schäden durchzustehen. Mir war dabei klar, in welchem Licht die Spieler mich als Antreiber auf dem Trainingsplatz sahen, doch am Ende des Tages waren sie alle stolz auf sich und die geleistete Arbeit.

Für die meisten von uns war dieses Land eine völlig andere Welt, weil die Menschen dort, trotz der Armut und des keineswegs freiwilligen Verzichts auf die schönen materiellen Dinge des Lebens mit Fröhlichkeit und einem Lächeln auf uns zugingen. Schon mit kleinen Gesten, einem Gruß, zeigten sie uns, dass wir als Gäste willkommen waren.

Aber zurück nach Deutschland. Mexiko war nach der Winterpause der Saison 1969/70 noch Zukunftsmusik, die erst im Sommer gespielt werden sollte. Vorerst beobachteten wir die Meisterschaftsspiele der Bundesliga. Vor allem aber den Personenkreis, der für die Weltmeisterschaft vorgesehen war. Wie immer schon sollten ja auch noch Spieler, die durch gute Leistungen auffielen, kurzfristig eine Chance für die Nationalmannschaft bekommen.

Es ging uns Trainer jetzt um das Engagement, die Spielfreude und um die körperliche Verfassung. Die Frage nach Technik, Taktik, Schnelligkeit und Spielwitz war schon nach der ersten Auswahl der Spieler als erledigt angesehen worden. Das galt in gleicher Weise auch für das Kopfballspiel, die Zweikampfstärke und die Aggressivität auf dem Platz, die für ein hochklassiges Spiel unbedingt notwendig sind.

Es wurde Zeit, den Kreis der vierzig Männer, die in einer ersten Auswahl in Frage gekommen waren, weiter einzuengen. Wir mussten deshalb nun die Spieler gegenüber stellen und bewerten, die in der künftigen Turniermannschaft gleiche Positionen beanspruchten. Was sprach für den einen, was für den anderen? Es war keine leichte Aufgabe, vor allem für Helmut Schön, den Bundestrainer und Alleinverantwortlichen, waren es wahrlich schwere Entscheidungen, die getroffen und die mit größter Sorgfalt vorbereitet werden mussten.

Es waren die Tage der Klausur, an denen der gesamte Trainerstab des DFB versuchte, die richtigen Maßstäbe zu finden, um der engsten Auswahl von 22 Spielern, die zur WM mitfahren sollten, immer näher zu kommen. Es gab nicht nur sportliche Gesichtspunkte für diese Selektion. Gute menschliche Qualitäten der Spieler sollten mit dazu beitragen, damit es überhaupt möglich sein konnte, sechs lange Wochen miteinander auf engstem Raum zu leben, sich zu verstehen, zu einer guten positiven Stimmung beizutragen, egal wie groß der Erfolgsdruck auch sein würde. Das Können war wichtig, natürlich die Disziplin, aber auch der Wille, große sportliche Erfolge anzustreben.

Wie immer gab es lange Diskussionen bei solchen Personalentscheidungen, die natürlich auch für die einzelnen Spieler und ihre Karrieren sehr wichtig waren. Wer wollte in diesen Gesprächen schon »Ballast« hinterlassen und im Nachhinein als Spielverderber, Sympathisant oder gar Fürsprecher eines Abwehrmannes oder Stürmers hingestellt werden, der beim Turnier eine ganz andere Rolle spielen sollte, als es während solcher »Planspiele« gedacht war? Im positiven wie im negativen Sinne. Letztlich gibt es bekanntlich kein wirklich gutes Rezept, jemandem solche Entscheidungen abzunehmen. Sie müssen mit Überzeugung und großer Verantwortung zunächst von allen Beteiligten, dann aber als letzte und alleinige Entscheidung des Bundestrainers getragen werden. Und der hieß Helmut Schön.

Zur weiteren Beobachtung der vermutlich bei der WM zum Einsatz kommenden Spieler boten sich etliche Vorbereitungsspiele der deutschen Mannschaft im In- und Ausland an. Sie hatten den Zweck, die unterschiedlichen Mentalitäten, Spielarten und Systeme der Gegner mit ihren technischen und taktischen Merkmalen kennen zu lernen. Unsere Nationalspieler, die nicht alle große internationale Erfahrung haben konnten, sollten sich mit international bekannten Stars messen können, vor allem mit den Spielmachern und herausragenden Persönlichkeiten, sich mit ihnen beschäftigen, sie sehen, sie spüren. Unsere Spieler sollten die Möglichkeit haben, das Tempo anderer Teams im Spiel direkt zu erleben, ihre Technik, ihren Willen und ihre Zweikampfstärke. Nicht zuletzt wollten wir ihnen die Chance geben, sich in die eigene Mannschaft zu spielen und vielleicht sogar zum Stammpersonal aufzusteigen.

Spieler warten auf solche Herausforderungen. Denn es ist keine einfache Aufgabe, auf Anhieb in der Nationalmannschaft zu glänzen, keine großen Fehler zu machen unter Stress und Druck, zumal immer noch wichtige Spiele in der Bundesliga um die Meisterschaft, um UEFA-Cup-Plätze und den Klassenerhalt anstanden. Einfach war es nicht für unsere Nationalspieler, in jedem Vorbereitungsspiel bei gelungenen, vor allem aber auch bei nicht gelungenen Aktionen sich aufrechnen zu lassen, ob das für ein großes Turnier wie eine Weltmeisterschaft ausreichen würde. Auch dort wird alle vier, fünf Tage gespielt. Die Presse war natürlich immer dabei, lobte oder kritisierte die verschiedensten Mannschaftsteile, wollte wissen, ob ausreichend Harmonie, Zusammenspiel, Verständigung und Selbstvertrauen untereinander herrschte. Es wurde bald ernst.

Die »Pärchen-Bildung« war ein großes Thema. Dazu gehörte in der Abwehr ein Paar wie Karl-Heinz Schnellinger und Willi Schulz. Im Angriff sprachen alle von Uwe Seeler und Gerd Müller. Dann das Mittelfeld. Hier drehte sich sehr viel um Franz Beckenbauer und Wolfgang Overath. Hinzu kam ein weiterer Spieler, auf den man sich noch nicht festlegen wollte: Wir alle mussten mit einem wieder gesund gewordenen Günter Netzer rechnen.

Hinter dem Sturmpaar im Zentrum, hinter Uwe Seeler und Gerd Müller, stand vorerst ein großes Fragezeichen, wie auch hinter der Besetzung der Außenstürmer-Positionen, ohne die die beiden in der Mitte keine Chancen haben würden, sich in Szene zu setzen. Der Hamburger Uwe Seeler und der Münchner Gerd Müller ähnelten sich in fast allen Bewegungs- und Spielmerkmalen. Beide waren untersetzt und durch ihre überraschenden Drehmomente dem Gegner meist überlegen. Beide hatten die gleichen Ansätze in der Ballführung und beide waren sich auch im Anbieten und in den Laufwegen ähnlich wie Zwillinge. Konnte das gut gehen?

Jeder von ihnen verstand es glänzend, sich selbst auf engstem Raum durchzusetzen, um in Schussposition zu kommen. Eine Kunst, die vor Jahren allenfalls ein Juste Fontaine, der berühmte französische Mittelstürmer, beherrschte, der dribbelstark, wendig, schnell und schusswütig Tore am Fließband lieferte und kurzfristig, zwischen März und Juni 1967, auch französischer Nationaltrainer war. Wir erlebten ihn als Spieler zuletzt bei der Weltmeisterschaft 1958 im Spiel um den dritten Platz. Er erzielte gegen Deutschland beim 6:3-Sieg der Franzosen vier Tore und wurde mit insgesamt dreizehn Treffern Torschützenkönig dieser WM in Schweden. Selbst Gerd Müller konnte später diesen Rekord nicht brechen. Der »Bomber der Nation« sollte in Mexiko aber immerhin zehnmal treffen und damit der erfolgreichste Torjäger dieser Weltmeisterschaft werden.

Vor der Abreise nach Mexiko gab es aber auch noch andere Probleme, die eigentlich nur mir Kummer bereiteten. In der Sportschule des Niedersächsischen Fußball-Verbandes, wo wir uns zum letzten Vorbereitungsspiel gegen Jugoslawien in Hannover zusammenfanden, erschien plötzlich Helmut Schön in meinem Zimmer. Ich war gerade dabei, viele Kleidungsstücke in einen Riesenkoffer zu verstauen. Ich war immer noch erstaunt über so viele Anzüge, Schuhe, Hemden, Socken und Schlafanzüge; über Freizeit- und Trainingsausrüstung, Taschentücher, aber auch über so wichtige Dinge wie Unterwäsche, einen Pullover und einen Fotoapparat, Rasierzeug und vieles mehr, die von Sponsoren als freundliche Zugabe gespendet worden waren. Ich staunte nicht schlecht, an was da alles gedacht worden war.

Helmut Schön lachte, er wunderte sich keineswegs über die Unordnung in meinem Zimmer und lud mich dazu ein, auch seinen Koffer zu packen. Gut zu wissen, dachte ich mir, dass nicht nur ich diese Sorgen hatte mit der Packerei und entscheiden musste, was unbedingt mitzunehmen war oder auch nicht.

Dann sagte Helmut Schön völlig überraschend, er täte sich schwer, die Zimmerverteilung der Spieler für Mexiko festzulegen – und mit Nachdruck meinte er dann noch: »Ich habe das auch immer bei Sepp Herberger machen müssen, und jetzt mach du das mal schön.«

Ich wusste gleich, es würde eine sehr unruhige Nacht werden, ein ewiges Spiel mit Namen, letztlich aber mit leibhaftigen Personen, die ihre eigenen Wünsche hatten. Diskussionen und Zureden würden erforderlich sein, viel Überzeugungsarbeit eben, und ich würde auf Gegenargumente stoßen, die ich nicht ohne weiteres außer Acht lassen konnte.

Bis zum nächsten Morgen war mein Bett unberührt geblieben. Der Schreibtisch lag voller A4-Blätter, die ich mir zuvor bei der Sekretärin der Sportschule geholt hatte. Mir war klar, dass ich Zeit gewinnen musste für weitere Informationen und Gespräche, um eine halbwegs gute Lösung für die Spieler zu finden.

Die Blätter waren vollgekritzelt mit Namen, Fragezeichen, Halblösungen. Etliche leere Blätter verdeutlichten meine Ohnmacht. Der Morgen graute bereits, als ich die Dusche betrat. Heute war viel kaltes Wasser gefragt, um das Schlafbedürfnis zu beseitigen, einen klaren Kopf zu bekommen und die Sinne in die richtigen Bahnen zu lenken. Wer passt zu wem, war die Frage –, oder wer passt nicht zu wem?

Ich konnte nicht einfach die unterschiedlichsten Charaktere miteinander verbandeln. Die Sache war kompliziert. Wichtig waren zum Beispiel die Meinungen derer, die in der Bundesliga im selben Klub spielten, die sich zwar gut kannten, sogar befreundet waren und sich glänzend verstanden – und trotzdem nicht zusammenpassen mussten, weil sie Woche für Woche gemeinsam unterwegs waren und ihre Probleme nicht auch noch in der Umgebung der Nationalmannschaft ausbreiten und diskutieren sollten und wollten.

Bei vielen war, wenn auch im Stillen, der Wunsch vorhanden, einmal mit anderen Spielern zusammen zu sein, um bei einem solchen Turnier möglichst viel Neues kennen zu lernen und erfahren zu können. Raus aus dem Trott, hieß häufig die Devise. Ich hatte nichts dagegen, ganz im Gegenteil: So hatte es den Vorteil, ein neues Zusammengehörigkeitsgefühl in der Nationalmannschaft entwickeln zu können und auf die Spieler Rücksicht zu nehmen, die nicht spielten, die nicht der Stammformation angehörten und als Reservisten nur auf Abruf standen.

Zwei Tage hat es mich gekostet, Spieler anzusprechen, Vorschläge zu machen, Gegenvorschläge zu erhalten, Bitten zu erfüllen und dabei eine partnerschaftliche Konstellation bei allen herzustellen, die es leicht machte, am Ende zuzustimmen. Entweder stand einem das Glück zur Seite oder man bekam nach langen Gesprächen auch mal einen Korb. Ich hatte in Hannover das Glück, bei dieser schwierigen Prozedur einen guten Tag zu erwischen und sehr oft zu gewinnen, was Helmut Schön, dem ich zwischenzeitlich berichtete, mit Genugtuung aufnahm.

Die wichtigste Frage aber war: Was geschieht mit Uwe Seeler und Gerd Müller, die bis zuletzt offenbar Schwierigkeiten hatten, sich privat aber auch im Spiel zu finden und sich gegenüber der Presse und der Öffentlichkeit als klassisches »Sturm-Duo« zu präsentieren. Es wäre zu schön gewesen, den Medien ein Zeichen geben zu können und damit wieder einmal für positive Schlagzeilen zu sorgen.

Nach dem Mittagessen ließen meine Gedanken mich nicht zur Ruhe kommen. Schließlich bin ich losgezogen, wartete den richtigen Moment ab, wo beide guter Dinge waren und für alles ansprechbar schienen.

Zuerst habe ich mit Uwe Seeler geredet, den ich schon lange persönlich kannte und dem ich schon zu Oberligazeiten einige Male mit Fortuna Düsseldorf gegen den Hamburger SV in Pokalspielen gegenüber gestanden war. Und mit dem ich gemeinsam 1954 in Wembley mit der deutschen Nationalmannschaft gegen England gespielt hatte.

»Uwe, ich muss dir eine wichtige Mitteilung machen und dir dann eine noch wichtigere Frage stellen.« Er schaute mich an. »Nur mal los«, meinte er schließlich, »was hast du auf dem Herzen, wir beide können doch über alles reden.«

»Ich«, sagte ich etwas unschlüssig und stockte kurz, um noch einmal die Wichtigkeit der Frage zu unterstreichen, »ich habe den Auftrag von Helmut Schön, für Mexiko, für unser Quartier-Hotel Comanjilla in Leon, die Zimmereinteilung vorzunehmen. Und bis auf einige Ausnahmen hat da jeder seine Vorstellungen und Wünsche geäußert. Es gibt ja auch Absprachen zwischen den Spielern. Jetzt muss ich dich fragen, in einer Situation, wo die Medien und die Presse dich und den Gerd am liebsten auseinander dividieren möchten und auch niemand glaubt, dass ein Zusammenspiel zwischen euch beiden möglich sein könnte, weil ihr beide den typischen Mittelstürmer verkörpert, ob es nicht möglich wäre, wenn du und der Gerd in einem dieser Parterre-Bungalows zusammenwohnen würdet.«

Uwe schaute mich ungläubig und voller Erwartung an, grinste verstohlen und sagte dann plötzlich: »Also, wenn der Gerd das möchte, dann wäre ich sofort dabei, das ist überhaupt keine Frage.« So war er eben, »uns Uwe«, immer bereit, alles für die Mannschaft zu tun, und immer auf Harmonie und Erfolg bedacht.

Wie sollte es anders sein, nach wenigen Minuten schon war ich unterwegs zu Gerd Müller. Ich überlegte noch schnell, welche Argumente ich parat haben könnte und welche Alternativen und Möglichkeiten es geben würde, wenn er anderer Meinung sein sollte, oder wenn er sich Bedenkzeit wünschte, um besser abwägen zu können. Oder wenn er gar ablehnen würde.

Man muss wissen, dass ein Gerd Müller nicht nur Tore machen konnte, sondern auch menschlich gesehen ein großartiger Kerl war, der nicht nur an sich, sondern wie auch Uwe Seeler an die Mannschaft dachte, und der auf seine Art, als der jüngere von beiden, einen Uwe Seeler auf Grund seiner großen Leistungen für den deutschen Fußball in Wirklichkeit regelrecht verehrte.

Ich fand Gerd in seinem Zimmer in der Sportschule, wo er, wie jeder andere auch in diesen Minuten, seinen Koffer packte. Nach einem kurzen Gespräch über dies und jenes sprach ich mit ihm über unser neues Zuhause in Mexiko, über die Anlage und all die Annehmlichkeiten, die uns erwarteten.

So nebenbei kamen wir dann auch auf die Trainings- und Schlafmöglichkeiten zu sprechen, die Hitze und die Höhe, und dass wir in Leon bereits um zwölf Uhr mittags zu spielen hatten. Er reagierte kaum darauf, und ein wegwerfendes »Naja« sollte wohl heißen: Da kommen wir schon durch!

Mir ziemlich sicher, dass ich die richtige Spur gefunden hatte, sagte ich ihm ganz plötzlich, dass Uwe Seeler gerne mit ihm zusammenwohnen möchte. Er sprang sofort auf, lief einige Schritte hin und her, drehte sich um und sagte ungläubig:»Ist das wahr, ist das wirklich wahr?« Ich konnte das nur bestätigen und fügte hinzu, dass Uwe das nur machen würde, wenn auch er, Gerd Müller, damit einverstanden wäre.

Der Münchner Torjäger war ausgelassen wie selten und gebrauchte Worte wie »einmalig«, »wunderbar« und »toll«, fragte dann erneut, ob der Uwe das auch wolle und so etwas tatsächlich gesagt hätte. Ich nickte. Gerd Müller hatte es die Sprache verschlagen, und es war zu schön anzusehen, wie zufrieden er auch ohne Worte war; und ich war sicher, dass er schon die überraschten Gesichter derjenigen sah, die den »Krieg« zwischen den beiden erwartet hatten.

Diese Episode stand unter dem Motto »Geheime Kommandosache«. Nur Helmut Schön und unser damaliger Pressechef Dr. Wilfried Gerhard waren von mir eingeweiht worden. Niemand sonst wusste von dieser Aktion, die Folgen haben sollte. Die beiden spielten wie Teufelskerle, und sie besaßen den Respekt aller in Mexiko und auch in Deutschland, weil es einfach wunderbar war, sie im Rausch ihrer Freundschaft Tore für Deutschland schießen zu sehen.

Probleme gab es schon immer in Mannschaften oder Gruppen, zwischen Paaren und einzelnen Spielern. Doch meist wurden wir Trainer bei bestimmten Entscheidungen von den Spielern unterstützt. Dafür war die Bindung letztlich zu eng und die Aufgabe zu vielschichtig, als dass das menschliche Verständnis hätte vernachlässigt werden können.

Der deutsche Fußball hat den beiden Spielern, Uwe Seeler und Gerd Müller, vieles zu verdanken. Bis heute bringen sie dem Fußball Wohlwollen und Anerkennung entgegen. Sie haben nie Freundschaften und Gemeinsamkeiten in Frage gestellt, von denen sie Zeit ihres Lebens umgeben waren und die sie glücklich machten. Mehr noch aber waren sie die großen Vorbilder für Generationen junger Spieler. Man kann den Beiden nicht genug danken.

Die deutsche Mannschaft spielte bei der WM 1970 in Mexiko in der Gruppe vier, in Leon, im Süden des Landes, gemeinsam mit den Mannschaften aus Marokko, Bulgarien und Peru, und gewann alle drei Begegnungen (2:1, 5:2 und 3:1). Als Gruppen-Erster zogen wir schließlich ins Viertelfinale ein und sollten dort auf den amtierenden Weltmeister treffen, auf den Titelverteidiger, auf England.

Die wirklichen Qualen warteten jetzt erst auf uns. Nicht nur auf die Spieler, auch auf die »Bankdrücker«. 35 Grad im Schatten waren angesagt, die Trainer und Reservisten saßen, wie in den Spielen der Vorrunde, voll in der Sonne. Der einzige Schutz war ein Sonnenkäppi oder irgendeine Mütze mit möglichst großem Schild, ansonsten gab es um diese Zeit, um zwölf Uhr mittags bei 45 bis 50 Grad in der Sonne, kein Entrinnen.

Helmut Schön meinte einige Tage zuvor noch, ich solle mit Gabriel junior, dem Sohn des Hotelbesitzers, in dessen Sportflugzeug nach Guadalajara fliegen, wo nach unserem Spiel gegen Peru einen Tag später England gegen die Tschechoslowaken anzutreten hatte. Doch am Abend korrigierte er diesen Plan und sagte mir, dass er doch selbst dorthin fahren wolle, denn England würde in der Gruppe drei hinter Brasilien und vor Rumänien und der ČSSR wahrscheinlich Zweiter werden. Helmut Schön wollte diesen kommenden Gegner nun selbst sehen. Und er wollte die Engländer hier in Leon, in »unserem« Stadion, haben, dort wollte er sie schlagen, unbedingt, um sich für das unglücklich verlorene Finale von 1966 zu revanchieren.

Ich bestärkte ihn in seinem Vorhaben, obwohl sein Magen ihm immer wieder Kummer bereitete. Später, als er nach dem Turnier wieder zurück in Deutschland war, musste Helmut Schön nach einem Zusammenbruch im Flur eines Arztes im Eiltempo in ein Krankenhaus gebracht und operiert werden. Im Nachhinein sicherlich ein Glücksfall, dass es nicht schon in Leon passierte. Dort hätten die Menschen improvisieren müssen und viel Zeit gebraucht, ihn in ein Hospital nach Mexico City zu bringen, um einen solchen Eingriff vornehmen zu können.

Von Guadalajara zurückgekehrt, glaubte ich einen anderen Helmut Schön zu erkennen. Seine Skepsis war verflogen. Voller Optimismus sprach er in der Mannschaftsbesprechung davon, vor den Engländern bloß keine Ehrfurcht zu zeigen. Es gäbe absolut keinen Grund dazu. Helmut Schön sagte deutlich, wir sollten nicht überheblich sein, aber wir dürften auf unser Können vertrauen.

In der Stadt Leon war die Stimmung für die deutschen Schlachtenbummler großartig. Die Einheimischen verbrüderten sich mit ihnen, nette Gesten wurden ausgetauscht, und über Lautsprecher ertönte sehr oft mexikanische und auch deutsche Musik. Sogar die Zeitungen versuchten, in deutscher Sprache uns in rührender Weise ihre Freundschaft anzubieten und uns auch für die nächsten Spiele viel Glück zu wünschen.

Die Begegnung gegen England an diesem 14. Juni 1970 im Stadion Guanajuato war die erste große Herausforderung, die wir bei diesem Turnier zu bestehen hatten. Und es wurde ein wirklich ungewöhnliches Duell auf dem Platz. Die Briten zeigten von der ersten Minute an ein hohes Tempo, kamen mit schnellen direkten Pässen und mit voller Wucht aus der Tiefe ihrer Abwehr, als wollten sie uns erdrücken, nicht ins Spiel kommen lassen und die Mittellinie als absolute Endstation betrachten.

Es war unendlich schwierig, ihren Rhythmus zu durchbrechen und, wie vor dem Spiel besprochen, rationell zu spielen, Kräfte zu schonen und sich zunächst etwas abwartend zu verhalten. Die englischen Verteidiger schalteten sich immer stärker in das Angriffsspiel ein, und es dauerte nicht lange, ehe der schnelle Verteidiger Newton in eine Lücke unserer Abwehr stieß und Mullery zum 1:0 für England traf.

In der Halbzeitpause wirkte die deutsche Mannschaft keineswegs geschlagen, ganz im Gegenteil, sie zeigte eine positive Einstellung. Es gab weder gegenseitige Schuldzuweisungen noch Resignation. Willi Schulz und Jürgen Grabowski wurden für Horst Höttges und Reinhard Libuda eingewechselt, die Spieler erhielten neue Anweisungen und wussten sehr wohl, dass es ein hartes Stück Arbeit geben würde, dieses Spiel noch herumzureißen.

Zunächst folgte ein einziger Sturmlauf der Engländer, die in Newton einen großen Antreiber besaßen, der immer wieder versuchte, eine schnelle Entscheidung herbeizuführen.

Eine seiner Flanken landete schließlich bei Peters, dem schlaksigen Dribbler, mit dem Berti Vogts alle Mühe hatte an diesem Tag. Eine schnelle Drehung – und es stand 2:0 für die englische Mannschaft.

War das das Ende einer Dienstreise nach Mexiko?

Plötzlich war es wieder da, dieses große Selbstvertrauen, aber auch der Mut und die Risikobereitschaft, das engagierte Spiel nach vorne bei einer deutschen Elf, die nicht nur technisch und kämpferisch guten Fußball bot, sondern jetzt auch läuferisch versuchte, die Engländer in die Knie zu zwingen. Unsere Mannschaft spürte ganz deutlich, dass die englischen Spieler nicht mehr die Kraft der ersten Halbzeit besaßen und das hohe Tempo nicht mehr mitgehen konnten.

Franz Beckenbauer überlief, aus dem Mittelfeld kommend, drei, vier Gegner und erzielte das 1:2.

Die Engländer schienen nun völlig ausgelaugt zu sein und auch nervös zu werden. Alf Ramsey, der Coach der englischen Nationalmannschaft, wechselte seinen Kapitän Bobby Charlton in der 71. Minute aus. Helmut Schön und ich fragten uns, ob dies ein Zeichen von Verletzung oder Erschöpfung war oder eine Maßnahme, durch einen weiteren Abwehrspieler das Resultat bis zum Schluss zu halten.

Nach Bobby Charltons Ausscheiden zeigten unsere Spieler jedenfalls immer weniger Respekt vor dem großen Gegner. Schließlich war der Kapitän der Engländer die Seele ihres Spiels, eine absolute Führungspersönlichkeit.

Die deutsche Mannschaft ließ nicht locker, drängte weiter auf den Ausgleich. Und tatsächlich: Wir schafften in der 82. Minute nach Flanke von Karl-Heinz Schnellinger durch Uwe Seeler mit einem unnachahmlichen Kopfball das verdiente 2:2. Eine Sensation schien sich anzubahnen.

Unsere Spieler gaben in der Verlängerung mehr, als man eigentlich hätte erwarten können. Das »Wunder von Leon«, wie es später hieß, nahm seinen Lauf und wurde wahr. Hannes Löhr spielte nach einer Flanke von Jürgen Grabowski den Ball zu Gerd Müller, und der setzte aus kurzer Entfernung in seiner typischen Art den Ball in die Maschen des englischen Tores. 3:2 für die deutsche Elf – unglaublich, der Weg ins Halbfinale gegen Italien war frei.

Schon am nächsten Tag packten wir unsere Koffer, um mit dem Flugzeug in Richtung Mexico City und Puebla zu starten. Denn schon drei Tage später hatten wir gegen Italien anzutreten. Puebla, eine etwas kleinere Stadt, bot uns die besten Bedingungen, uns ein wenig zu erholen und den Spielern nach aufreibendem Kräfteverlust und starker nervlicher Anspannung eine kurze Pause zu gönnen.

Das danach angesetzte Spiel gegen Italien wird wohl für immer unvergessen bleiben. Wer erinnert sich nicht an dieses berauschende Halbfinale, an ein Schauspiel von Hingabe und Aufopferung, das kaum seinesgleichen mehr finden kann? Es war das Spiel des Jahrzehnts, voller Dramatik, bitterer Erfahrung und eben unauslöschlich in der Fußball-Historie. Es entstand eine Begeisterung für Fußball, die noch Jahre anhalten sollte.

Wieder musste die deutsche Mannschaft nach neunzig Minuten und einem Resultat von 1:1 gegen eine groß aufspielende italienische Mannschaft in die Verlängerung, und das drei Tage nach dem England-Spiel. Doch der Reihe nach: Boninsegna hatte die Italiener im Azteken-Stadion von Mexico City an diesem denkwürdigen 17. Juni 1970 bereits in der siebten Minute in Führung geschossen. Unser Libero hieß Karl-Heinz Schnellinger, den ich von alten Oberliga-Zeiten her gut kannte. In der Halbzeitpause, es stand immer noch 0:1, meinte Schnellinger, der sich vor allem um die Abwehr kümmern musste, plötzlich leise zu mir: »Jupp, sag mir Bescheid, wenn ich nach vorne gehen darf.«

Ich war zwar nicht der Bundestrainer, aber als es am Ende der regulären Spielzeit Schnellinger hinten nicht mehr hielt und er zu mir schaute, habe ich einfach genickt und kurz mit der Hand ein deutliches Zeichen gegeben. Helmut Schön bekam das mit und wollte auf seine typische Art von mir wissen, mit wem ich da »telefoniere«. Doch die nächsten Spielszenen sollten ihn schnell auf andere Gedanken bringen. Der Ball kommt von der linken Seite zu Schnellinger, und in dem Moment, in dem der Ball aufspringt, hält unser Libero im Fallen seine Sohle hin – Tor, 1:1, und das alles in der 90. Minute!

In der Verlängerung ging es Schlag auf Schlag: Gerd Müller traf zunächst zum 2:1 (94.), dann folgten sechzehn hochdramatische Minuten. Burgnich glich fünf Minuten später aus, Riva (102.) erzielte das 3:2 für Italien, und wieder war es Gerd Müller, der mit seinem zweiten Tor in der 109. Minute für neue Hoffnungen im deutschen Lager sorgte. Aber es sollte anders kommen: In der 112. Minute machte Rivera das 4:3, die Entscheidung zugunsten der Italiener war gefallen.

Sicher war es eine große Enttäuschung nach so großartigem Spiel und einer erneuten Steigerung, das Finale gegen Brasilien nicht erreicht zu haben. Die Italiener waren große Gegner gewesen, und sie schafften es mit viel Glück und nach zähem Ringen, gemeinsam mit der deutschen Mannschaft Fußball-Geschichte zu schreiben. Die Squadra Azzurri hatte unseren Respekt und unsere Anerkennung.

Talente fördern

Bereits vor der WM 1970 in Mexiko hatte für mich der Neuaufbau einer Amateur-Olympia-Mannschaft begonnen. Auch das war die Aufgabe eines Assistenten des Bundestrainers. Diese Mannschaft, die bisher von Udo Lattek betreut worden war, verabschiedete sich von ihm am 25. Februar 1970 mit einem Spiel gegen eine holländische Auswahl in Meppen (1:1).

Die Begegnung mit den Holländern war ein durchaus gelungener Einstand, ich war jedenfalls zufrieden, mein Vorgänger mit seinem Ausstand ebenfalls. Den anschließenden Abend haben wir dann beide »gewonnen«, Udo und ich. Denn im Emsland ist Karneval ein schweres »Spiel«. Am frühen Morgen brachte uns niemand mehr zum Bahnhof. Wir alle denken noch heute gerne an diesen Tag zurück.

Mit diesem Holland-Spiel hatte auch die eigentliche Aufbauphase für die Olympischen Spiele 1972 in München begonnen. Während vor allem die Ostblock-Staaten mit ihren A-Nationalmannschaften antraten, sahen wir uns gezwungen, mit jungen Bundesliga-Spielern, die in ihren Vereinen noch keinen Profi-Vertrag hatten, eine neue Mannschaft zu bilden, die noch nicht eingespielt war und so kaum eine Chance gehabt hätte gegen die starken Teams aus Polen, Russland oder Ungarn. Am Ende musste es also eine Mischung sein aus den Jüngsten der Bundesliga und den Besten des Amateurbereichs.

Zunächst flogen wir in den Süden. Eine Einladung aus Afrika konnte uns fußballerisch zwar nicht weiterbringen.

Sie lohnte sich dennoch, diese Reise nach Nigeria, Togo, Ghana, an die Elfenbeinküste, nach Liberia, Sierra Leone und Senegal zu unternehmen, da gerade bei einer solch bunt zusammengestellten Mannschaft das Zusammengehörigkeitsgefühl erst noch wachsen musste.

Über eine Vorrunde erreichten wir die Teilnahme an den Olympischen Spielen. Sportgeschichte wurde geschrieben mit der Begegnung gegen die DDR. Meine Mannschaft gab ihr Bestes, war jedoch dieser erprobten, »richtigen« Auswahlmannschaft der besten Spieler aus dem Osten Deutschlands nicht gewachsen, obgleich die westdeutsche Elf eines ihrer besten Spiele bot. Wir unterlagen 2:3, und dennoch war es für uns ein großes Ereignis.

Olympiasieger wurde schließlich die Mannschaft aus Polen, die Ungarn 2:1 schlug. Die DDR-Auswahl und Russland trennten sich nach Verlängerung 2:2. Ein Elfmeterschießen gab es nicht, beide Mannschaften erhielten die Bronze-Medaille. Wir selbst hatten damit, wenn man so will, sogar einen vierten Platz in der Gesamtwertung erreicht. Unter diesen Umständen ein glänzendes Resultat.

Es waren durchaus interessante Namen dabei. Ich denke nur an den Frankfurter Wienhold oder an Manni Kaltz vom HSV. Unser Kapitän und Libero war Egon Schmitt von Kickers Offenbach, ein Vorbild für alle anderen Spieler und für den Trainer ein verlässlicher Partner. Dann gab es auch Spieler, die besonders viele Begegnungen zu absolvieren hatten und deshalb auch immer wieder pausieren mussten, wie Walter Sohnle, Dieter Mietz, Friedhelm Häbermann, Ewald Hannes, Jürgen Kalb und Bernd Nickel, Uli Hoeneß, Klaus Wunder, Hartwig Bleidick, Ottmar Hitzfeld (damals beim FC Basel), Nikolaus Semlitsch, Rudi Seliger, Jupp Koitka. Und ich denke an Erhard Ahmann aus Gütersloh, der sich große Verdienste für den Amateursport erworben hatte und mein Assistent für die nächsten Jahre werden sollte.

Es gab damals sogar eine Europameisterschaft der Amateur-Nationalmannschaften, die alle zwei Jahre ausgetragen wurde. In der Qualifikation gewannen wir gegen die englische Amateurauswahl daheim 3:1 und verloren auf der Insel 0:1, um dann nach zwei Siegen gegen Malta (4:0 und 3:0) den Gruppensieg zu erringen mit der Teilnahmeberechtigung an der Endrunde in Rijeka in Jugoslawien.

Das Finale erreichten am Ende die Mannschaften aus Jugoslawien und Deutschland. Im Vorfeld hatten wir Holland nach Elfmeterschießen geschlagen, ein hart erkämpfter Sieg auf einem schweren Boden, denn das Wetter war eine einzige Katastrophe. Kurz vor Ende der Verlängerung holte ich unseren Torwart Jürgen Muche vom FC Saarbrücken vom Platz und wechselte ihn gegen Jupp Koitka aus Wattenscheid aus. Der Grund: Jürgen Muche hatte auf dem schwierigen Boden hervorragend gehalten, aber ich dachte bereits ans Elfmeterschießen, und da wusste ich, dass Jupp Koitka ein Keeper mit »Nase« war.

Und Koitka hatte mal wieder Witterung aufgenommen. Er reagierte zweimal ganz hervorragend, hielt zwei Elfmeter – und wir hatten das Finale gegen die Jugoslawen erreicht. Was dann passierte, dürfte im internationalen Fußball höchsten Seltenheitswert besitzen: Die Bodenverhältnisse waren so schlimm geworden, dass kein Spiel mehr ausgetragen werden konnte. Der Endspieltermin wurde zunächst um einen Tag verlegt – es half nichts, der Dauerregen nahm kein Ende. Schließlich wurden beide Mannschaften zu Europameistern erklärt.

Später reisten wir mit der Amateur-Nationalelf noch nach Asien, nach Hongkong, China, Singapur und Bangkok. Es ging dabei natürlich auch um Goodwill-Aktionen, um Sportpolitik und um Kontakte der deutschen Wirtschaft in diesen Ländern. Fußball hat ja schon so manches »Türchen« geöffnet.

Aber es gab zu meiner Zeit nicht nur eine Amateur-Nationalmannschaft, sondern auch eine B-Nationalmannschaft.

Dort spielten weniger die jungen Talente als erfahrene, clevere Profis, die schon sehr weit in ihrer Entwicklung waren – in der Regel keine Spieler von morgen, sondern jederzeit auch in der A-Mannschaft einsetzbar.

Diese B-Mannschaft wurde schließlich durch eine zukunftsträchtige U 23 ersetzt. Diese jungen Spieler »unter 23 Jahre« waren vorgesehen für den Neuaufbau der A-Nationalelf. Hier sollten spätere Stars wie der Bremer Torwart Dieter Burdenski oder Rainer Geye, Horst Köppel, Rolf Rüßmann, Rainer Bonhof, Wolfgang Seel und natürlich auch viele, die in der Olympiamannschaft gespielt hatten, den Durchbruch schaffen. Insgesamt waren es immerhin 26 spätere A-Nationalspieler, die bei mir entweder in der Amateurmannschaft, in der Olympia-Mannschaft oder in der U 23 eingesetzt worden sind.

Die Zeiten haben sich gewandelt. Heute werden viele Talente nicht nur von den Verbänden, sondern von den Vereinen selbst entdeckt, das Sichtungssystem der Scouts wird immer dichter, um bei den jungen Spieler möglichst frühzeitig »die Rechte« unter Dach und Fach zu bekommen. Jugendinternate sind in Deutschland mittlerweile bei den Profi-Klubs vorgeschrieben, aber das allein wird nicht reichen, um unseren Fußball wieder an die Weltspitze führen zu können. Zu häufig versauern heute die Talente auf der Bank oder gar auf der Tribüne, erst später merken viele, dass sie mit Geld nur geködert wurden. Versprechungen werden dabei nur selten gehalten. Allzu oft wird eine Karriere durch einen falschen Verein nicht gefördert, sondern regelrecht behindert, weil die Einsätze fehlen, die die jungen Spieler gerade in diesem Alter benötigen, um reifen zu können.

Hier müssen noch viele Ideen entwickelt und auch umgesetzt werden. Die Jugendinternate von heute hätten viel mehr Gewicht, wenn wir unseren größten Talenten einfach mehr Zeit geben würden. Sowohl in der Theorie, als auch in der Praxis.

Glücksfälle für den deutschen Fußball

Nach dem erfolgreichen Abschneiden bei der WM 1970 in Mexiko, wo die deutsche Mannschaft durch einen 1:0-Sieg über Uruguay im »kleinen Finale« Dritter wurde, stieg für die Fußballfreunde in Deutschland die Euphorie einem absoluten Höhepunkt entgegen. Wer erinnerte sich nicht gerne an die Spiele gegen England, in der heißen Sonne von Leon? Oder an das Spiel gegen Italien, in Mexico City, in fast 2300 Meter Höhe? In beiden Spielen fehlte es weder an Dramatik noch an spielerischer und kämpferischer Hingabe.

Diese Mannschaft gehörte genauso wie jene von 1966 zu den Glanzlichtern einer neuen Fußball-Epoche. Ein Glücksfall, den sich jeder Bundestrainer zwischen Weltmeisterschaft und Europameisterschaft wünscht.

1971 und 1972 waren Jahre, in denen es vor allem um die Qualifikationsspiele und schließlich um die Teilnahme an der Europameisterschaft 1972 in Belgien ging. Mit Polen, Albanien und der Türkei hatte die Mannschaft in der Qualifikationsrunde kaum Probleme. Wir wussten aber, dass wir im Viertelfinale gegen eine selbstbewusste englische Mannschaft zu spielen hatten.

Doch an starken und namhaften Gegnern ist fast jede deutsche Mannschaft gewachsen, und so flogen wir, leider mit einer durch Verletzungen geschwächten Mannschaft, nach London, um die Revanche für das WM-Spiel 1970 in Mexiko zu verhindern.

Auch dieses Spiel ist in die Annalen des DFB eingegangen. Denn es gehörte zu den besten, schönsten und großartigsten Spielen, die eine deutsche Mannschaft in einem der stimmungsvollsten Stadien der Welt absolvierte. Dieses erste Viertelfinalspiel für die EM 1972 gewann die deutsche Elf nach Toren von Uli Hoeneß, Günter Netzer und Gerd Müller. Das war eine echte Sensation: Zum ersten Mal gewann eine deutsche Mannschaft auf dem »heiligen Rasen« von Wembley gegen die Nationalmannschaft Englands.

Dieses Spiel, teils mit bewährten Kräften, teils aber auch mit einer neuen Formation, war ein guter Anfang, um die Endrunde zu erreichen. Im zweiten Viertelfinalspiel gegen England, in Berlin, kam es zu einem 0:0-Unentschieden. Damit stand die deutsche Mannschaft mit den Ländern Belgien, Ungarn und der Sowjetunion im Finale der EM 1972.

Wir gewannen gegen den Gastgeber Belgien im Halbfinale 2:1 durch zwei Tore von Gerd Müller und drei Tage später im EM-Finale gegen die Sowjetunion in Brüssel mit 3:0. Wieder hatte der unvergleichliche Gerd Müller zweimal zugeschlagen, den dritten Treffer erzielte Hacki Wimmer. Die deutsche Nationalmannschaft war damit durch große spielerische Qualitäten zum ersten Mal Europameister geworden.

Trotz des Elans und der großen Erfolge im Rücken sahen wir nicht gerade gelassen unserem neuen Ziel, der Weltmeisterschaft 1974 im eigenen Lande, entgegen, denn viele Spieler hatten ihren Rücktritt angedeutet. Und doch hatte dieser Sieg bei der Europameisterschaft eine positivere Signalwirkung, als Helmut Schön und ich uns das gedacht hatten.

Wie manchmal oft, manchmal aber auch über Jahre hinweg selten, meldeten sich plötzlich alte Spieler mit erstaunlichen Leistungen in ihren Vereinen zurück, hinzu kamen jüngere Spieler, die immer mehr auffielen und ins Rampenlicht rückten. Sie alle riefen bei den Vereinstrainern und bei uns DFB-Trainern große Aufmerksamkeit hervor. Etwas Schöneres konnten Helmut Schön und ich nicht erwarten. Einmal aus dem Vollen schöpfen. Einmal die Qual der Wahl haben zu dürfen. Einmal im deutschen Fußball von der »Crème de la Crème« sprechen zu können – das hatten wir uns schon immer gewünscht.

Da gab es zum einen die »Alten und Erfolgreichen«: Sepp Maier, Berti Vogts, Karl-Heinz Schnellinger, Willi Schulz, Klaus Fichtel, Horst-Dieter Höttges, Franz Beckenbauer, Wolfgang Overath, Reinhard Libuda, Jürgen Grabowski, Hannes Löhr, Siggi Held, Uwe Seeler und Gerd Müller. Alles Spieler, die über viele Jahre hinweg Großes geleistet hatten für den deutschen Fußball.

Und dann die »Jungen«, die viel mitbrachten an Können und Klasse, die aber auch den Ehrgeiz, das Stehvermögen und den großen Willen hatten, zwanzig Jahre nach dem Triumph von Bern Weltmeister zu werden. Und zwar hier in Deutschland, vor heimischen Publikum. Eine größere, eine schönere Chance konnte man nicht bekommen als Spieler.

Man könnte auch sagen: Innerhalb von zwei Jahren gab es plötzlich zwei Nationalmannschaften, die sich zwar vom Alter und von der Zusammenstellung her unterschieden, aber gleiche Züge aufzuweisen hatten, deren Stil nicht unbedingt miteinander zu vergleichen war, die aber auf beiden Seiten das Spiel nach vorne suchten. Mannschaften, die nicht nur gewinnen, sondern Fußball auch kreativ und schöpferisch zelebrieren wollten.

Die Spieler dieser Zeit waren ein Glücksfall für den deutschen Fußball, darunter auch große Persönlichkeiten, die nach der WM 1970 und der EM 1972 auch für die WM 1974 noch einiges zu bieten hatten. Um nur einige Namen zu nennen: Beim WM-Finale 1974 gegen Holland standen immerhin sechs deutsche Spieler auf dem Platz, die bereits in den beiden »Klassikern« von 1970 gegen England und Italien mitgespielt hatten: Sepp Maier, Berti Vogts, Franz Beckenbauer, Wolfgang Overath, Jürgen Grabowski und Gerd Müller.

Hinzu kam, ohne die fußballerischen Qualitäten anderer Spieler in Frage zu stellen, dass wir vor allem mit Beckenbauer, Overath, Seeler, Netzer und Müller derart souveräne Persönlichkeiten besaßen, die sich in der Spielgestaltung teilweise wunderbar ergänzten und die auch Tore am Fließband erzielten.

Der eine, Franz Beckenbauer, war ein geborenes Fußballgenie mit großer Ausstrahlung und Charisma. Er war mit niemandem auf der Welt zu vergleichen, wie er dem Fußball Eleganz und Glanz schenkte. Einer, der führen, dirigieren konnte und in heiklen Situationen klaren Kopf behielt. Der mit Recht als Weltklassespieler bezeichnet wird. Der sich nach seiner aktiven Zeit immer noch dem Fußball verbunden fühlt, sei es als Präsident des FC Bayern München, als Vize-Präsident des DFB oder als Mann, der Deutschland für das Jahr 2006 als Austragungsland für die WM überzeugend darstellen konnte und schließlich mit seinem Bewerbungsteam den Zuschlag erhielt. Eine sensationelle Leistung und ein Beweis dafür, wieviel Sympathie und Freundschaft ihm und dem DFB mit seinem damaligen Präsidenten Egidius Braun in der ganzen Welt entgegengebracht wird. Deutschland sagt: Danke, Franz!

Wolfgang Overath war ein Mann der Perfektion. Einer, der gradlinig und ohne Kompromisse seinen Mitspielern und Freunden die Richtung zeigte, seine Richtung. Er schlug Pässe wie Günter Netzer, zeigte sich aber im Gegensatz zu seinem Freund als ein Spieler, der immer wieder hinterherspurten konnte, um angespielt zu werden und Tore zu erzielen.

Als junger Mann von zwanzig Jahren stand er bereits in der Mannschaft des 1. FC Köln und wurde 1963/64, in der Saison, als die Bundesliga gegründet wurde, mit Georg Knöpfle als Trainer Deutscher Meister. Noch heute höre ich die Rufe »Wolfgang, Wolfgang!« während der Weltmeisterschaft 1974 im Spiel gegen die Schweden im Rheinstadion von Düsseldorf in der zweiten Finalrunde. Die Skandinavier führten 1:0, Overath hatte den Ausgleich geschafft und damit der deutschen Offensive neuen Schwung gegeben. Wolfgang Overath zeigte den Schweden die Zähne und dem heimischen Publikum seine kämpferischen Qualitäten, um dann aber vor Erschöpfung keinen Schritt mehr nach vorne laufen zu können. Er wurde bei unserem 4:2-Sieg zum »Matchwinner«, zum »Mann des Tages«.

Es war am Schluss des Spiels, als er langsam zum Publikum schritt und sich mit Tränen in den Augen bedankte. Es war für uns alle eine so wunderbare Geste, die man einfach nicht vergessen darf. Durch diesen Sieg gegen die Schweden hatten wir den vorletzten Schritt getan.

Günter Netzer blieb seiner Linie immer treu. Er war der »Rebell« im Fußball seiner Zeit – auch später noch. Seine Bälle waren nicht nur lange Bälle auf die Flügel oder in den Lauf der Stürmer. Es war auch dieses Zeitgefühl und das Gespür, den Gegner aus dem Rhythmus seines Spiels zu bringen, das Tempo der eigenen Mannschaft zu verlangsamen oder auch schnell zu machen. Er war einer, der sich beim Pokalfinale 1973, im Spiel der Gladbacher gegen den 1. FC Köln, vor 69 600 Zuschauern in der Verlängerung des Spiels von der Trainerbank weg selbst einwechselte und nach wenigen Minuten das entscheidende Tor zum 2:1-Sieg für den neuen Deutschen Pokalsieger 1973, Borussia Mönchengladbach, erzielte.

Und er war es auch, der in einem Länderspiel in Norwegen, als es einen Freistoß für die deutsche Mannschaft in der Nähe des norwegischen Strafraums gab, etwas Ungewöhnliches tat, das typisch war für ihn. Als Franz Beckenbauer und Wolfgang Overath, der Kapitän, sich bemühten, den Ball optimal hinzulegen und den Schützen unter sich ausmachen wollten, schlich sich Günter an die beiden von hinten heran, nahm nur wenige Schritte Anlauf und zirkelte den Ball zum Erstaunen der beiden und aller im Stadion in die obere Ecke des Tores. Für den norwegischen Torwart völlig überraschend und unhaltbar.

Lachend drehte sich Günter ab – zu seinen Freunden, die

ihn zunächst mit versteinerten Mienen in Empfang nahmen. Aber dann lachten sie doch, weil man dem Kerl einfach nicht böse sein konnte. Am nächsten Tag war in den Zeitungen von einem »gestohlenen« Freistoß zu lesen. Es war nur eines von sieben deutschen Toren an diesem Tag, erzielt von Gerd Müller, der wieder dreimal zuschlug, von Franz Beckenbauer, Wolfgang Overath, Siggi Held und eben von diesem »Dieb«, von Günter Netzer; 7:1 haben wir schließlich an diesem 22. Juni 1971 in Oslo gewonnen.

Gerd Müller gehörte mit seinen 62 Länderspielen und 68 Toren neben Rudi Völler (90 Spiele/47 Tore), Uwe Seeler (72/43) und Klaus Fischer (45/32) zu den großen Torjägern der siebziger und achtziger Jahre. Ich habe nie einen solchen Spieler erlebt, der auf solche Weise zu jeder Zeit bereit war, seine Chancen zu suchen. Dorthin zu gehen, wo es wirklich weh tut, in den Strafraum. Sich zu behaupten gegenüber ein, zwei, drei Gegenspielern auf engstem Raum. Der immer bemüht war, der harten Manndeckung zu entkommen und zum Torschuss anzusetzen.

Ich habe diese Torjäger ja alle bewundert, ihren Mut, ihre Courage, ihre läuferische, kämpferische und technische Filigranarbeit, egal wo sie auch auftauchten und ihre Tore machten. Ob per Fuß, links oder rechts, mit dem Knie, dem Kopf oder der Brust oder mit welchem Körperteil auch immer. Zwei Spieler aber hatten die Sympathie aller, und es geizte niemand mit echter Anerkennung für diese beiden großen Sportler, die tolle Vorbilder waren und an die ich hier kurz erinnern möchte.

Damals (heute viel seltener) gab es oft den spielenden, hängenden Mittelstürmer. Alfredo di Stefano, der mit Real Madrid von sechs Europapokal-Endspielen fünf gewinnen konnte, war so einer. Oder auch Nandor Hidegkuti, der Mittelstürmer der ungarischen Nationalelf, einer Mannschaft, die mit Recht zwischen 1950 und 1954 als die beste Mannschaft Europas bezeichnet wurde, dann aber doch nach einer 2:0-Führung im Weltmeisterschaftsfinale gegen Deutschland in Bern noch 2:3 verlor.

Einer der letzten wirklich großen Mittelstürmer dieser Art, sich zurückzuziehen und aus dem Raum hinter den Sturmspitzen das Spiel zu ordnen, anzukurbeln und trotzdem torgefährlich zu sein, war der Holländer Johan Cruyff, der 1974 gegen die deutsche Elf glücklos im WM-Finale stand. Das waren Weltklasse-Leute, Führungspersönlichkeiten und Spielmachertypen mit Offensivgeist, die mit allen technischen und taktischen Raffinessen ausgestattet waren. Um nicht zu sagen: mit reichlich Cleverness und Schlitzohrigkeit. Ungewöhnliche Spieler mit ungewöhnlichen Eigenschaften, die leider viel zu selten zu sehen sind und deren außergewöhnliche Fähigkeiten beim Wechsel der Generationen nicht automatisch weitervererbt werden können.

Damals, vor der Weltmeisterschaft 1974, war die entscheidende Frage: Was hat unsere deutsche Nationalmannschaft zu bieten? Was können wir erwarten, jetzt, bei der WM im eigenen Land? Seit der Erringung des ersten WM-Titels 1954 gab es für alle deutschen Spieler, die später jemals bei Weltmeisterschaften dabei waren, einen klaren Wunsch: Wir wollen es zumindest versuchen, Weltmeister zu werden. Auch das war ein Verdienst und eine Folge von Sepp Herberger und seiner Sieger-Elf von Bern. Aber diesmal war es noch etwas anderes. Wir spürten dieses Ziel wie nie zuvor, der Wille zum Erfolg war größer denn je.

1954 war es Sepp Herberger, der den Menschen hierzulande, dem deutschen Fußball und auch der Politik nach dem schrecklichen Zweiten Weltkrieg und in der schwierigen Zeit danach diese Weltmeisterschaft schenkte. Sie führte dazu, dass eine Wiederkehr von Anerkennung, Achtung und Menschenwürde stattfinden konnte, und ermöglichte die wunderbare Erfahrung, dass das Gefühl von Nähe, Freude und Frieden mit allen Ländern dieser Welt möglich sein würde.

Im Dunkel der Nacht

Deutschland, das für die Organisation und Austragung der Weltmeisterschaft 1974 den Zuschlag erhielt, hatte den Vorteil, dass sich die Nationalmannschaft zwei Jahre auf dieses Turnier im eigenen Land in Ruhe vorbereiten konnte. Wir brauchten uns als Gastgeber nicht zu qualifizieren. Bekanntlich sind der amtierende Weltmeister und das austragende Land als Teilnehmer gesetzt.

Was der deutsche Fußball in dieser Zeit an Qualität aufzubieten hatte, konnte sich sehen lassen. Helmut Schön hatte eine Vielzahl an Spielern zur Verfügung, die den Erwartungen einer Weltmeisterschaft gerecht werden würden. Es wäre aber schade gewesen (und auch nicht sinnvoll), diese Zeit im Terminkalender der Nationalmannschaft nicht zu nutzen. In den zwölf Monaten bis zum Beginn der WM 1974 absolvierte die Nationalmannschaft sechzehn Länderspiele. Für die damalige Zeit ein absoluter Rekord.

Ob gewonnen oder nicht – erst in der Endphase der Vorbereitung zeigten sich die positiven Auswirkungen. Als es darum ging, dass sich beizeiten eine Mannschaftsaufstellung für das Turnier abzeichnen könnte. Empfehlungen gab es in großer Menge. Vorschläge, bei denen man auf Seiten der Presse Fußball-Kompetenz entdeckte, mehrfach gab es aber auch regional motivierte Forderungen, die viele Leser nicht verstehen konnten. Andere wiederum malten die Zukunft der Mannschaft und den Verlauf der Weltmeisterschaft in düsteren Farben.

Erst ging es um Höttges oder Vogts, dann – etwas später – um Höttges oder Breitner, Grabowski oder Heynckes, Erwin Kremers oder Hölzenbein, aber auch um Netzer oder Overath, Cullmann oder Bonhof, um nur einige Beispiele zu nennen. Diskutiert wurde viel und überall, stand doch eine ganze Palette von überragenden Spielern zur Verfügung, wie sie ein Fußballkader nur ganz selten aufweisen kann.

Deutschland hatte in der ersten Finalrunde gegen Chile, Australien und die DDR zu spielen. Das oberste Ziel war, in dieser Gruppe eins, die ihre Spiele in Berlin und Hamburg austrug, den ersten Tabellenplatz zu belegen.

Unser Fahrer, der uns während der gesamten Vorbereitungszeit und der WM zur Verfügung stand, hatte mich frühzeitig nach Hamburg gebracht, damit ich möglichst viel über die gegnerischen Mannschaften in unserer Gruppe eins erfahren konnte. Helmut Schön hatte mich beauftragt, die Begegnung DDR gegen Australien zu beobachten. Ein Spiel, das im Übrigen unsere deutschen Nachbarn nach einem Eigentor von Curran und einem weiteren Treffer von Streich 2:0 gewannen.

Mit beiden Mannschaften hatte es bisher keine sportlichen Berührungspunkte gegeben. Es ging darum, Meinungen, Stimmungen und Gedankengänge von zwei Mannschaften zu erfahren, die zum ersten Mal dabei waren, eine Weltmeisterschaft zu erleben. Noch wichtiger aber waren die Aufstellungen beider Teams, die verletzten Spieler, und wer auf der Bank saß. Außerdem wollten wir wissen, wer die Spielmacher, wer die Torjäger und die Torgefährlichen im Mittelfeld waren. Wer waren die Organisatoren des Spiels, in welchem System würden sie antreten? Versuchten diese Mannschaften, bereits im ersten WM-Spiel die entscheidende Grundlage für ein erfolgreiches Weiterkommen zu schaffen? Verhielt man sich abwartend oder suchte man umgekehrt die Offensive und ein hohes Tempo? Oder beschränkte man sich darauf, nur bei Gelegenheit zu kontern?

Es gab viele Fragen, die für die Vorbereitung auf ein Spiel wichtig waren und beantwortet werden wollten. Jede Mannschaft wird ihre Taktik nach dem jeweiligen Gegner ausrichten müssen, aber man weiß auch, dass jede Mannschaft zugleich versuchen wird, ihr Spiel zu spielen, ihre eigenen Vorteile zu nutzen und umzusetzen.

Wie immer haben die ersten Spiele eines großen Turniers einen ganz eigenen Charakter. Jeder, der auf dem Platz steht, will einen Stammplatz in der Mannschaft haben und sich möglichst positiv zeigen. Ein Sieg ist Pflicht, um sich eine gute Ausgangssituation zu schaffen. Die DDR gewann gegen Australien verdient, die Mannschaft von Georg Buschner bestimmte jederzeit Tempo und Spielgeschehen.

Die Rückfahrt war wie immer unterhaltsam. Das Thema Fußball wurde zwar wieder aufgenommen, aber es galt auch, Privates zu besprechen und den Tag friedlich und mit guten Gedanken ausklingen zu lassen.

Es war schon spät, als wir nach Malente in unser Quartier zurückkehrten. Es brannte nirgendwo mehr Licht, und wir durften das Eingangstor schnell passieren. Die Lichter des Wagens zeigten uns den Weg bis zum Portal der Schule, und ich freute mich schon auf ein kühles Bier, denn es war ein heißer Sommertag, der uns zugesetzt hatte. Wir verabschiedeten uns.

Unsere Sportschule lag friedlich im Dunkel der Nacht, Stille war eingekehrt. Das Portal war offen. Keine Polizei war zu sehen, keine Wache, die seitlich vom Eingang ihre Kommando-Zentrale hatte.

Ich ging die wenigen Treppen hoch, niemand meldete sich. In den Fluren brannte kein Licht, kein Laut war zu hören, und weiterhin herrschte totale Finsternis. Plötzlich sah ich, nachdem sich meine Augen an die Dunkelheit ein wenig gewöhnt hatten, zwei helle Punkte inmitten der großen Diele des Hauses. Ich konnte mir kein Bild machen, was es sein könnte, und versuchte ein leises Hallo, um mich bemerkbar zu machen, ein kurzes Husten, ein Räuspern, folgte. Irgendwie war mir nun seltsam zumute.

Als nächstes unternahm ich einen kleinen Schritt nach vorne. Diese Bewegung, so klein der Schritt auch war, hätte mich fast umgeworfen. Ich hörte plötzlich deutlich ein Brummen, ein bösartiges Brummen.

Da fiel mir ein, es schoss mir regelrecht durch den Kopf, dass die Polizei ja auch Hunde dabei hatte. Schöne, prächtige Schäferhunde. »Kerle«, die sehr wohl wussten, wer in diesem Haus zu Hause war. Zumindest meistens. Man durfte sie den ganzen Tag über – natürlich im Beisein eines Hundeführers – sogar streicheln. Aber ihre Aufgaben vergaßen sie offenbar nie.

So auch bei meinem Manöver, nach links oder auch nach rechts auszuweichen. Selbst ein kleiner Hilferuf konnte den Hund offenbar nicht sonderlich beeindrucken. Der Vierbeiner reagierte auf meine Bewegungen sofort mit einem Konter, nach links oder rechts. Ich sah keine Chance für mich, diese Nacht in meinem Bett zu verbringen.

Ich machte mich klein, ging auf die Knie, um die Rolle des Hundes mitzuspielen. Sein Part war es, sich auf die Hinterpfoten zu setzen und seinen Körper lang – und angriffsbereit – auf den Boden zu drücken, um mir zu sagen: »Auch wenn du dich noch so klein machst, für dich gibt es kein Entrinnen.«

Ich war schwer beeindruckt. Mehr als eine Stunde ging dieses Spiel hin und her. Den Weg zurück gab es auch nicht, denn bei jedem Schritt, den ich in Richtung Haustür versuchte, kam der Bursche mit der großen Schnauze hinterher und mir arg nahe. Welch ein reizender Abend, dachte ich mir.

Plötzlich waren Geräusche zu hören, Schritte an der Treppe zur Küche hin. Und dann kam einer, der mit einem etwas lauteren Brummen und Knurren begrüßt wurde. Er rief mich an, schaltete das Licht ein im Flur, bog um die Ecke und sah mich, wie ich verzweifelt auf den Knien lag, müde wie offenbar kein Hund, sondern wie ein Mensch nur sein kann.

Er lachte lauthals und stellte seine Kanne ab, um mich zu begrüßen. Ich nahm einen Tee und aß etwas Brot, bevor ich ins Bett ging, denn der Morgen graute schon. Ich mag sie, diese intelligenten »Banditen«. Wir hatten zu Hause immer Hunde, und unser Sohn Patrick liebte seinen Schäferhund Chicco, der gut erzogen und gehorsam war und wie ein Mensch behandelt werden wollte.

Am nächsten Tag begegnete ich jenem Aufpasser aus dem Dunkel der Nacht. Er bellte und jaulte zugleich. Vielleicht hätten wir sogar noch Freunde werden können, vielleicht. Ich bin jedenfalls nie mehr zu so später Stunde in die Sportschule zurückgekommen, am Ende hätte er ja doch irgendwann zu seinen ureigenen »Waffen« greifen können.

Eklat in Malente und eine fußballhistorische Niederlage

Die erste Begegnung gegen Chile endete im Berliner Olympiastadion durch ein Tor von Paul Breitner mit 1:0 für die deutsche Mannschaft. Das nächste Spiel, in Hamburg gegen Australien, wurde 3:0 durch Tore von Wolfgang Overath, Bernd Cullmann und Gerd Müller gewonnen. Alles schien nach Plan zu laufen. Doch im letzten Spiel dieser ersten Runde scheiterten wir an dem niemals nachlassenden Willen, der Kraft und der Einsatzbereitschaft der Spieler aus dem Osten Deutschlands.

Es war etwa zwölf Minuten vor Schluss des Spiels, als Jürgen Sparwasser sich durchtankte und das Tor des Tages erzielte. Der Stürmer der DDR-Mannschaft machte uns damit deutlich, dass auch wir, obgleich wir immer das Publikum im Rücken hatten, mehr bieten mussten als Schöngeist und technische Zauberei auf dem Platz. Unsere Nachbarn aus dem Osten hatten uns klar aufgezeigt, dass es ohne aufopferungsvollen Einsatz nicht gehen würde. Wir waren in der Gruppe nur Zweiter geworden, hinter der Auswahlmannschaft der DDR, die danach in der zweiten Finalrunde den Spielern aus Holland und Brasilien den Vortritt lassen musste und ausschied.

Schuld an unserer Niederlage im deutsch-deutschen Duell war sicher nicht der Streit um die Prämienerhöhung, die die Mannschaft für den Gewinn der Weltmeisterschaft gefordert hatte, auch wenn der Poker sich mehrere Tage hinzog hatte und nervenaufreibend war. Machtdrang und Geldgier hatten auch in den Jahren zuvor schon Überhand genommen. Diesmal waren es die »jungen Wilden«, die in der Sportschule Malente den DFB zur Kasse baten.

Der Konflikt hatte sich schnell zugespitzt, Helmut Schön wollte sogar abreisen. Der Präsident, Hermann Neuberger, und die Herren der Delegation blieben hart. Die Pokerrunde zerschliss sich in vollem Maße im Streit um Sponsorengelder und DFB-Prämien. Jemand nannte mich »Linkmichel«, nur weil ich bei vielen Sitzungen der Mannschaft dabei war und von den Spielern akzeptiert wurde, obwohl selbst die kleinsten Angestellten und selbst der Platzwart, der Koch und auch die im Hause wohnende Polizei längst kapiert hatten, dass es die Jungstars um Paul Breitner und Uli Hoeneß waren, die die Revolte angezettelt hatten. Auch im Fußball hatte ein neues Zeitalter begonnen.

Der DFB hatte vor Wochen ein Angebot gemacht, und die Spieler hatten ihr Einverständnis gegeben. Davon war nun keine Rede mehr. Bei anderen Mannschaften ging im Übrigen ein ähnlicher Virus um. Vor allem beim späteren Endspielgegner Holland, wenn auch auf andere Weise. Dort schien plötzlich alles anders zu sein, auch in den Geldangelegenheiten, nachdem die Niederländer die erste Runde so glänzend überstanden hatten.

Die Frauen besuchten die Spieler. Es ging bei den Niederländern zu wie auf einem Sommernachtsfest. Sie wohnten gemeinsam im Hotel, und viele befanden sich regelrecht in einem berauschten Zustand, einer Mischung aus Freude und Ausgelassenheit – erst recht, nachdem die Holländer die erste und zweite Finalrunde ohne Niederlage und mit nur einem Gegentor (beim 4:1 gegen Bulgarien) überstanden hatten. Das Finale war für diese Spieler zu einer Selbstverständlichkeit geworden.

Und wir? Nach dem verlorenen Spiel gegen die DDR sah ich Helmut Schön, wie er über den Zuschauerdamm der Nordkurve zur Pressekonferenz ging. Bedrückt, die Schultern hochgezogen, von allen verlassen und sicher auch nach Argumenten suchend, dieses Malheur zu kommentieren. Er, Helmut Schön, der ursprünglich in Dresden zu Hause war, der mit dem großen Richard Hofmann in einer Mannschaft gespielt hatte, dann aber im Saarland wirkte und später als Assistent von Sepp Herberger eine Nationalmannschaft von Format aufgebaut hatte – damit hatte er nicht gerechnet, von seinen ehemaligen »Genossen« eine solche Demütigung zu erhalten, obgleich sie diesen Sieg verdient hatten. Einfach deshalb, weil diese DDR-Spieler enorme fußballerische Fähigkeiten besaßen, weil sie alles gaben, sich abrackerten und kein Weg ihnen zu weit war, sich anzubieten, steil zu gehen und jede Chance nutzten, vor allem dieses Spiel zu gewinnen.

Unsere Mannschaft kam am nächsten Tag mit dem DFB-Bus in Kamen, in der Sportschule des Westfälischen Fußball-Verbandes, an. Die Stimmung war gedämpft, das konnte man spüren. Die Spieler waren, ohne laut zu sein, in einem seelisch guten, aber auch sehr nachdenklichen Zustand.

Nach der langen Fahrt von Malente in Schleswig-Holstein war es angebracht, sich etwas zu bewegen, locker zu werden und, was ich mir zumindest vorgenommen hatte, negative Gedanken oder Schuldgefühle nach einer solchen peinlichen Niederlage zu verscheuchen und die Moral neu aufzupolieren. Helmut war mit zahllosen Pressegesprächen so ausgefüllt, dass er einfach vom Training wegblieb und seinen eigenen Gedanken nachging. Das war auch gut so.

Zu Beginn des Regenerationstrainings sagte ich ein paar Worte über das Vergessen, über einen Neuanfang und dass die Spieler nun erst recht den Beweis schuldig seien, eine gute Mannschaft zu sein, die ein großes Ziel habe. Aber das wussten sie alle viel besser, es handelte sich doch um Persönlichkeiten, gestandene Männer und Leistungssportler, die sich alle an die bittere Niederlage der deutschen Elf im WM-Finale 1966 gegen England erinnerten. Die 1970 in

Mexico City einem WM-Triumph so nahe waren und doch durch das dramatische 3:4 gegen die Italiener nicht das Finale gegen Brasilien erreichten.

Nichts war nach der Niederlage gegen die DDR verloren, ganz im Gegenteil: Jeder, der die Zusammensetzung der beiden Gruppen der zweiten Finalrunde betrachtete, stellte fest, dass wir keinen Grund hatten, traurig zu sein. Wir durften zufrieden sein. Während in der Gruppe A die Mannschaften Hollands, Brasiliens, Argentiniens und der DDR aufeinander treffen würden, musste Deutschland in der Gruppe B gegen die Mannschaften von Jugoslawien, Schweden und Polen spielen. Das waren keineswegs Mannschaften, die mit der »linken Hand« zu schlagen waren, aber deren Stil, Tempo, Härte und fußballerische Fähigkeiten besser einzuschätzen waren – das konnte man zumindest annehmen. Sicher war man sich in großen Turnieren natürlich nie. Manchmal wuchsen Spieler und auch Mannschaften über sich hinaus, was den Fußball ja so schön, so lebendig, voller Überraschungen und unvorhersehbar machen kann.

An diesem ersten Abend in der Sportschule Kamen war Laufen, Laufen und nochmals Laufen angesagt. Die Bälle ruhten unberührt im Netz neben dem Tor. Die Spieler, und auch ich, drehten Runde um Runde im gleichen Tempo ohne große Anstrengung. Man hörte keinen Ton.

Es wurden fünfzehn Minuten, dreißig Minuten und mehr. Es fing an zu regnen – und vorne, in der Spitze der Gruppe, machte man plötzlich die Pace, mehr Tempo also. Wolfgang Overath kam mit kleinen Protesten wie: »Blöde Lauferei!« Und Günter Netzer brummelte und murrte. Er hatte sich immer noch nicht von seiner Verletzung erholt, er tat sich schwer, zeigte aber großen Willen und Stehvermögen bis zum Schluss.

Wir liefen, bis niemand mehr fluchte und schimpfte und es jedem Spaß machte, frei zu sein von allem. Man fühlte förmlich, wie gelöst sie weitermachten. Der Kopf war wieder bereit, ein jeder hatte wieder klare Vorstellungen von dieser WM 1974 in Deutschland, ihrem Land.

Im Stillen dachte ich, unsere Gegner werden es schwer haben gegen diese Spieler.

Nach einer kurzen Pause gab es Atemübungen, ein wenig Stretching und eine kurze Verschnaufpause, um dann auf zwei kleine Tore zu spielen. Wie die Kinder hetzten sie über den nassen Rasen. Die Rufe, angespielt zu werden, wurden immer lauter, eindringlicher und fordernder. Es war bereits dunkel, aber niemand dachte daran, aufhören zu wollen.

Der nächste Tag startete ohne Stress und Ärger, es wurde wieder gelacht und gescherzt, wie immer schon, wenn man Dinge abgehakt und ad acta gelegt hatte. Es begann eben nicht nur ein neuer Tag, sondern wir hatten die alten Ziele zu neuen umfunktioniert. Dass es die gleichen waren, spielte keine Rolle mehr.

Das Spiel ist aus, Deutschland ist Weltmeister

Nach der bitteren Niederlage, ausgerechnet gegen die Auswahl der DDR, wurde unserer Mannschaft erst im Trainingslager, in der Sportschule des Westfälischen Fußball-Verbandes in Kamen, ihr sportliches Auftreten in diesem innerdeutschen Duell richtig bewusst. Den Spielern war klar geworden, dass sie speziell ihrem Trainer Helmut Schön nun wirklich keinen Gefallen getan hatten. Da konnte auch die Tatsache nicht weiterhelfen, gegenüber der Gruppe A mit der Gruppe B vielleicht das günstigere Los gezogen zu haben. Es war allenfalls ein schwacher Trost. Auf dem Papier waren es »lösbare« Aufgaben, hinzu kam unser »Heimrecht« – keine Frage: Ob wir es wollten oder nicht, galten wir schon jetzt als wahrscheinlicher Endspiel-Teilnehmer. Blieb nur die Frage, welche sportliche Antwort unsere Mannschaft auf dem Platz auf diese Favoritenstellung geben würde.

Im ersten Spiel dieser zweiten Finalrunde, gegen Jugoslawien, dachte Helmut Schön keineswegs daran, allen Spielern eine Chance für eine Wiedergutmachung zu gewähren. Die Prioritäten wurden nun eindeutig gesetzt: Jeder wusste schließlich selber, dass die nächsten drei Spiele darüber entscheiden würden, im Finale der Weltmeisterschaft zu stehen – oder eben nicht. Und die Leistungen im Spiel gegen die DDR in Hamburg entsprachen nun in keiner Weise den Zielen, die sich Trainer und Mannschaft vor Beginn der WM gesetzt hatten.

Es gab also personelle Veränderungen. Bernd Hölzenbein,

Rainer Bonhof, Dieter Herzog und Hacki Wimmer liefen diesmal auf und brachten wie erhofft Schwung und Tempo ins Spiel. Die Jugoslawen kamen im Düsseldorfer Rheinstadion einfach nicht dazu, ihre spielerische Klasse zu beweisen. Uns ging es vor allem darum, Zweikämpfe zu gewinnen und Druck nach vorne zu machen. Die beiden Tore von Paul Breitner und Gerd Müller deuteten an, dass die deutsche Mannschaft wieder zu ihren Tugenden zurückgefunden hatte, nämlich zu spielen und gleichzeitig auch zu kämpfen. Wir gewannen 2:0, ein neuer und auch wichtiger Anfang war gemacht. Es war noch rechtzeitig genug, denn unser Publikum hatte begonnen, wie auch die Presse und andere Medien, die WM-Stimmung in Deutschland immer stärker anzuheizen.

Wie wichtig Fans im eigenen Land sein können, zeigte schon das nächste Spiel gegen die Schweden, das erneut im Rheinstadion stattfand. Seit meiner Zeit als Düsseldorfer Spieler und Trainer wusste ich, wie sehr dieses Publikum immer wieder aufs Neue jeden Angriff der eigenen Mannschaft unterstützte, wie sehr es seine eigene Fortuna nach vorne peitschen und den Gegner mit Pauken und Trompeten irritieren konnte.

Doch nicht wir, sondern die groß gewachsenen Schweden schossen durch Ralf Edström das erste Tor. Schon in der 26. Minute nahm er einen von der deutschen Abwehr zu kurz abgewehrten Ball mit dem Spann und beförderte so das Leder unhaltbar für Sepp Maier von der Strafraumlinie aus ins Netz. Es war ein Tor, das uns bestärkte, noch effektiver zu spielen, möglichst jede Chance zu nutzen. Doch unsere Mannschaft wurde nicht für ihr gutes Spiel in der ersten Halbzeit belohnt, etliche großartig herausgespielte Tormöglichkeiten wurden leider vergeben.

Schließlich war es Wolfgang Overath, der in dieser Situation zeigte, dass mit ihm bei solchen Turnieren zu rechnen war. Der Kölner Spielmacher gab auch diesmal alles, um fünf

Minuten nach dem Wiederanpfiff das wichtige Tor zum 1:1 selber zu machen, dem zwei Minuten später ein Treffer von Rainer Bonhof folgte. Endlich führte unsere Elf, nun wollten wir selbst das Spiel bestimmen und – wenn möglich – das Resultat noch verbessern.

Roland Sandberg war da anderer Meinung, er erzielte, wiederum nur zwei Minuten später, das 2:2. Aber die Skandinavier mussten sich schließlich doch noch geschlagen geben: Zwei Tore von Jürgen Grabowski und Uli Hoeneß, der einen Elfmeter verwandelte, drehten das Spiel endgültig. Die deutsche Mannschaft hatte gegen die physisch und psychisch starken Schweden erbittert um den Sieg gekämpft und die Oberhand gewonnen. Es war ein gutes Zeichen. Nun gab es nur noch einen Gegner, der geschlagen werden musste, um das große Finale im Münchner Olympiastadion erreichen zu können: die polnische Elf.

Unsere Mannschaft war also rechtzeitig in Schwung gekommen. Wir spürten die Rückendeckung der Zuschauer, nicht nur in Düsseldorf im Stadion, auch auf den Straßen Deutschlands, in den Zeitungen, im Fernsehen und in den Radiosendungen gab es nur noch ein Team in unserer Gruppe, das fürs Endspiel in Frage kam. Die deutsche Elf hatte endgültig allen Respekt abgelegt, sie hatte sich in den Spielen doch noch gefunden, die »Hackordnung« stimmte in der Mannschaft plötzlich, und der gemeinsame Wille war da, im eigenen Land unbedingt Weltmeister zu werden. Dies wollte sie sich nicht mehr nehmen lassen.

Der nächste und damit vorletzte Schritt vor dem WM-Triumph musste im Frankfurter Waldstadion getan werden, doch es wartete eine schwere Aufgabe. Die polnische Mannschaft war stark, konnte von den Spielern her nicht besser besetzt sein. Und ihr Torwart Tomaszewski überragte in seiner Größe die gesamte Abwehr. Für ihn konnte keine Flanke hoch genug sein, er verstand es glänzend, den eigenen Strafraum und damit die gegnerischen Stürmer zu beherrschen.

Beide Mannschaften lebten in diesem Halbfinale, wenn man überhaupt von einem geordneten Angriffsspiel in diesen unglaublichen neunzig Minuten sprechen darf, von langen, hohen Pässen und von der Kunst, den Ball noch in der Luft direkt weiter zu leiten.

Denn Petrus spielte diesmal auch mit.

Drei Tage lang hatte es in Frankfurt schon geregnet und obwohl der Rasen im Waldstadion völlig neu gelegt worden war, waren die Bedingungen einfach katastrophal. Ein Wolkenbruch kurz vor dem Anpfiff hatte den Platz in eine Seenlandschaft verwandelt. Wasserwalzen wurden eingesetzt, um eine Spielabsage zu verhindern. Am Ende wurde mit einer halbstündigen Verspätung doch noch angepfiffen.

Nun waren vor allem die großartigen Techniker, die leichten und doch schnellen Spieler gefragt. Sie konnten noch am ehesten den Gegner auf diesem schwierigen Boden überlaufen, den Ball aus dem Morast sowie aus den zahllosen Pfützen spitzeln und nach vorne spielen, vieles war unberechenbar geworden. Den Ball flach zu halten war sinnlos geworden.

Aber es waren nicht nur irgendwelche Zufälle im Spiel, auch wenn das Glück auf dieser Seenplatte eine entscheidende Rolle spielte. Die Frage, ob Polen oder Deutschland im Finale stehen sollte, hing auch von anderen Faktoren ab. Wie sich herausstellen sollte, waren die eigentlichen Helden dieser »Frankfurter Wasserschlacht« die beiden Torhüter. Auch sie wussten sicherlich, wie schwer es war, ein solches Spiel anzugehen. Schönheitspreise gab es an diesem 3. Juli nicht zu gewinnen, es ging darum, sich auf vielleicht etwas primitive, aber wirkungsvolle Mittel beschränken zu können, mit »kick and rush« nach vorne zu spielen, ohne Schnörkel, mit unerhörtem Einsatz, unsagbarer Kondition und hoher Konzentration. Nur mit Mut und großer Bereitschaft war es überhaupt möglich, in des Gegners Strafraum einzudringen und irgendeine Torchance zu erhalten.

Das ungewöhnliche Spiel nahm seinen Lauf. Bernd Hölzenbein wurde plötzlich in die Zange genommen, strauchelte, fiel hin und versank im Morast zwischen irgendwelchen Spielern. Schiedsrichter Erich Linemayr aus Österreich, der das Spiel trotz großer Bedenken angepfiffen hatte, war sofort zur Stelle und zeigte auf den berühmten Punkt. Er schritt diese elf Meter langsam ab, aus der Mitte des Tores kommend mit dem Ball in der Hand, legte dann persönlich das Leder auf den matschigen Boden und deutete an, dass er daran nichts mehr verändert haben möchte.

Ob das Uli Hoeneß irritiert hat? Der Münchner, der gegen die Schweden noch getroffen hatte, schoss diesmal zu schwach, Torwart Jan Tomaszewski erahnte zudem die Seite und war in der richtigen, in der linken Ecke, um den Ball ins Aus drehen zu können. Das »Tor des Tages« fiel dann aber doch noch, und wer sollte es auch anders sein als Gerd Müller, der seine einzige Chance, die er in diesem Spiel haben sollte, nutzte. Siebzehn Minuten vor dem Abpfiff erzielte der deutsche Torjäger seinen zweitwichtigsten Treffer dieser Weltmeisterschaft. Eine Bilderbuch-Kombination, die über Hölzenbein und Bonhof lief, war diesem 1:0 vorausgegangen.

Gerd Müller war wirklich unvergleichlich, doch diesmal war es mehr noch sein Münchner Vereinskollege Sepp Maier, der die Mannschaft ins Finale dieser WM brachte. Es war unglaublich, was der Sepp an diesem Tag alles aus den Ecken seines Tores herausfischte, bevor die klitschnassen Bälle ins Netz einschlagen konnten. Die Regengüsse hatten sogar während des Spiels wieder eingesetzt und prasselten auf die Mannschaften nieder. Der knappe Vorsprung wurde vom heutigen »Bundestorwarttrainer« festgehalten, und am Ende gab es keinen, der diesem Torwart seine starke Leistung nicht gegönnt hätte. Weltklasse pur!

Um sich neu konzentrieren zu können und der nervlichen Belastung gewachsen zu sein, zogen wir um in die Sportschule des Bayerischen Fußball-Verbandes, die in München-Grünwald liegt. Wir versuchten uns körperlich und geistig aufzurichten. Immerhin lag die gesamte Vorbereitung hinter uns, zudem sechs schwere WM-Spiele in einem Turnier, das am 13. Juni eröffnet worden war und für uns einen Tag später mit dem ersten Spiel gegen die Mannschaft aus Chile in Berlin begonnen hatte. In vier Tagen, am 7. Juli 1974, sollten wir zum letzten Mal antreten, im Endspiel dieser Weltmeisterschaft gegen Holland.

Die holländische Mannschaft hatte in den letzten Tagen und Wochen genügend Selbstbewusstsein bewiesen und ging selber davon aus, diese Weltmeisterschaft zu gewinnen. Uns war klar, dass wir weder Angst noch allzu großen Respekt zeigen durften. Im März 1966 hatten wir in Rotterdam zum letzten Mal gegen Holland gespielt und 4:2 gewonnen.

Auch als Gastgeber hatten wir keinen Grund, grenzenlos optimistisch zu sein, denn die holländischen Vereinsmannschaften hatten in den Jahren zuvor spielerisch hinzugewonnen, waren in der Abwehr und auch im Angriffsspiel nicht mehr so schnell aus dem Gleichgewicht zu bringen. Dazu zeigten die Spieler der Niederlande ein großartiges individuelles Können. Es wurde viel gedribbelt, schnell und direkt gespielt, und wer glaubte, dass darunter das mannschaftsdienliche Spiel gelitten hätte, der sah sich schnell getäuscht.

Schon nach neunzig Sekunden überraschte uns Hollands großer Spielmacher Johan Cruyff, als er durch die Reihen der deutschen Mannschaft »marschierte« und trotz eines festen Gegenspielers, Berti Vogts, einfach mit dem Ball bis in den deutschen Strafraum eindringen konnte, ehe er im letzten Moment von Uli Hoeneß gebremst wurde – allerdings auf Kosten eines Strafstoßes.

Johan Neeskens drosch den Elfmeter in seiner typischen Art ohne langes Brimborium knallhart ins Netz des deutschen Tores. Diesen Auftakt im Münchner Olympiastadion hatte niemand erwartet, zumal Helmut Schön lange darüber nachgedacht hatte, wie man vor allem Cruyff, Neeskens und Van Hanegem am besten »an die Kette« legen könnte, um deren Gefährlichkeit bändigen zu können.

Berti Vogts war dafür auserwählt worden, gegen Johan Cruyff zu spielen, und Vogts selbst wusste in diesem Augenblick: Noch so ein überraschender Antritt seines Gegenspielers und noch eine solche Unachtsamkeit, dann würde niemand das Konzept der deutschen Mannschaft verstanden haben. Es wäre ein verschenktes WM-Finale geworden, Trainer und Spieler hätten sich zu Recht den Vorwurf eines disziplinlosen Spiels und auch einer gewissen Überheblichkeit gefallen lassen müssen angesichts der Erfolge und des Auftretens deutscher Teams seit 1966. Welch ein Malheur bahnte sich da an!

Doch es wären keine Spieler mit großer Kampfkraft, mit Mut, mit einem ungebrochenen Willen gewesen, wenn sie sich nicht gesagt hätten: Jetzt erst recht! Sie taten das einzig Richtige, brachten Tempo ins Spiel und zeigten damit dem Gegner, dass die deutsche Mannschaft zu allem bereit ist.

Nach 25 Minuten stand es 1:1. Bernd Hölzenbein hatte auf der linken Seite eine Lücke erkannt. Der Frankfurter, immer einer der Schnellsten und Wagemutigsten in der Mannschaft, wurde aus dem Rhythmus gebracht, versuchte zwar am Ball zu bleiben, um dann aber doch über fremde und vielleicht auch eigene Füße zu stolpern und nach harter Bedrängnis eines gegnerischen Spielers bäuchlings im Strafraum zu landen.

John Taylor, der Schiedsrichter aus England, schritt zur Tat und verhängte einen Elfmeter gegen Holland. Eine gerechte Entscheidung, die allerdings nicht von allen Zuschauern akzeptiert werden konnte. Doch der Unparteiische stand sehr nahe am Ort des Geschehens, und er wartete erst gar keine Diskussionen ab.

Paul Breitner holte sich den Ball, obwohl er für die Ausführung des Strafstoßes gar nicht vorgesehen war. Er muss von sich selbst absolut überzeugt gewesen sein. Dies wird auch dadurch dokumentiert, dass er nur zwei Schritte Anlauf nahm, ehe er schoss. 1:1 – jetzt wussten alle im Stadion, dass der Kampf um den WM-Sieg erst begonnen hatte.

Zuschauer und Spieler haben normalerweise ein sehr feines Gespür dafür, welche Auswirkungen Freistöße, Eckbälle oder Elfmeter für eine Mannschaft haben können, wenn sie vor dem eigenen Tor zur Durchführung kommen. Der Elfmeter hätte die Holländer aus dem Konzept bringen können, aber wir wussten auch, dass die niederländische Nationalmannschaft zu kämpfen verstand, dass sie selbstbewusst war und sich mit diesem Resultat nach der Halbzeit nicht zufrieden geben würde. In vielen Spielen hatten wir die Erfahrung mit diesem Gegner machen können und auch in diesem Turnier, in dem sie Argentinien und Brasilien nach Hause geschickt hatten, spürten wir den Biss und den Willen der holländischen Elf, dieses Finale unbedingt gewinnen zu wollen.

Letztlich konnte niemand voraussagen, wie, wann, warum und für wen dieses Spiel kippen könnte. Wir auf der Bank hofften natürlich, wir würden die Sieger sein, auch wenn der Gegner keineswegs irritiert war, wie sich in den folgenden Minuten herausstellte, und dies aus einem guten Grund: In diesem Team standen einfach zu viele großartige Spieler, alte Haudegen, Weltklasseleute wie Johan Cruyff, Jan Jongbloed oder Johan Neeskens. Auch Mittelfeldspieler wie Willem Jansen oder Arie Haan sowie die gesamte Abwehr mit Ruud Krol als Organisator hatten vor dem Spiel geschworen: »Nur wir werden Weltmeister.« Vielleicht etwas laut, aber für jeden in einer sehr deutlichen Sprache.

Es war in der 43. Minute, als Jürgen Grabowski auf der rechten Seite sich von der Mittellinie aus durchsetzen konnte und von der Torlinie aus Gerd Müller anspielte. In seiner ihm eigenen Art zog Gerd seinen Gegenspieler Krol mit hin zum Tor, stoppte dann aber ab, setzte zwei Schritte zurück und schoss den Ball plötzlich nach einer schnellen Drehung direkt durch die Beine von Krol in die lange Ecke des Tores. Jongbloed streckte sich nach den Ball, der, wie so oft bei Gerd Müller, wie an einer Schnur gezogen im holländischen Tor landete.

In der Halbzeit sagten wir uns, dass wir die Mannschaft nicht verändern sollten, auf keiner Position (es sollte bis zum Abpfiff auch so bleiben). Sie hatte bis dahin hingebungsvoll gekämpft, unsere Spieler kannten nun die Gegenspieler mit ihren typischen Bewegungen, ihr Zusammenspiel und deren taktischen Spielzüge. Warum also sollte personell etwas geändert werden? Die Abstimmung in unserem Spiel konnte nicht besser sein. Und: Wir führten!

Natürlich geriet die deutsche Mannschaft nach dem 2:1 so kurz vor dem Seitenwechsel nach Wiederanpfiff sofort unter Druck. Die Holländer machten nun das Tempo, sie wurden offensiver, gewannen mehr Zweikämpfe und lieferten unserer Abwehr gefährliche Strafraumgefechte, in denen erneut Sepp Maier seine Klasse bewies.

Ich hatte noch nie in einem Spiel so oft auf die Uhr geschaut, noch nie so wenig mit Helmut Schön gesprochen, und umgekehrt war es genauso. Wir auf der Bank trauten uns kaum zu atmen noch Schiedsrichter Taylor anzusehen, der eine unheimliche Laufarbeit leistete, um ständig auf Ballhöhe zu sein und keinen Fehler zu begehen. Wir wollten von außen keine unnötigen Irritationen ins Spiel bringen, in keinster Weise. Beide Mannschaften spielten das Spiel ihres Lebens, und nur eine konnte gewinnen. Und dann:

Aus, vorbei! Deutschland war Weltmeister! Der Schlusspfiff des Schiedsrichters wurde natürlich im deutschen Lager mit unbändiger Freude bejubelt. Dass wir alle zuvor schon fünf bis sechs Meter auf dem Spielfeld standen, hatte nicht mal er bemerkt, und wir selbst auch nicht. Man kann sich nicht vorstellen, mit wieviel Anspannung dieses Finale, besonders in der zweiten Halbzeit, ausgetragen wurde, nach den vielen Gruppenspielen und den Finalrunden. Mit einem Schlag hatten sich drei Wochen Turnierstress in reinste Freude verwandelt. Wir hatten verdient gewonnen. In der entscheidenden Phase hatte unsere Mannschaft immer noch genügend Kondition, Stehvermögen, Nervenstärke und den Glauben an sich selbst bewiesen, das hatte den Ausschlag gegeben.

Ich verstand deshalb auch die deutschen Spieler, die enttäuscht darüber waren, dass ihre Frauen beim Abschiedsbankett und bei der Überreichung der Medaillen nicht unmittelbar dabei sein durften, während die Funktionäre von FIFA und DFB ihre »besseren Hälften« dabei hatten und zufrieden an gedeckten Tischen saßen. Eine Entscheidung, die nach fünf langen Vorbereitungswochen und nach den vielen aufreibenden WM-Spielen keiner der Spieler und der Trainer nachvollziehen konnte. Die holländischen Spieler ließen sich das sowieso nicht bieten, ihre Frauen nahmen einfach Platz, weil sie eine solche Praxis nicht akzeptieren konnten, auch wenn sie vielleicht früher einmal üblich gewesen sein mag. Wir waren alle sehr verärgert, und viele Spieler verließen deshalb den Ort der Ehrung unmittelbar nach der Verleihung der Medaillen.

Aber das war nicht der einzige Stress nach diesem Endspielsieg in München. Dass die deutschen Spielerfrauen für die Zeit der Ehrung auf den Olympia-Turm abgeschoben worden waren und dort warten sollten, war nur die eine Seite: Der DFB hatte es nämlich versäumt, in München für die WM-Nacht passende Hotelzimmer in ausreichender Menge zu bestellen. Die gebuchten »Etablissements« waren in der Tat nicht zu akzeptieren. Also standen die auswärtigen deutschen Spieler und die Trainer am Ende teilweise ohne Unterkunft da, nachdem die Mannschaft nach der missratenen Ehrung sowieso auseinander gelaufen war. Ich selbst landete zu später Stunde mit meiner Frau im Sheraton-Hotel. Kein Zufall, denn Horst Schmidt, der Sekretär der Mannschaft, hatte viel dazu beigetragen und mir geholfen, eine gute Bleibe zu finden.

Helmut Schön dagegen hatte nach dem siegreichen Finale Freunde aus München getroffen. Seine Frau Anneliese – vielleicht hatte sie es schon geahnt – war erst gar nicht mitgefahren, sondern zu Hause geblieben. Die Freunde ließen »ihren« Helmut nicht mehr los, so ein Erlebnis musste schließlich ausgiebig gefeiert werden. Der »Zug des Bundestrainers« dauerte länger, führte durch Restaurants und Kneipen, und erst früh am Morgen suchte Helmut Schön sein Hotel, dessen Namen er unglücklicherweise überhaupt nicht wusste.

Im Sheraton konnte er nun auch nicht mehr bleiben, schließlich, nach mehreren Anfragen in den verschiedensten Hotels der Stadt, in denen er persönlich und leibhaftig immer wieder erfolglos nachfragte, wurde er schließlich in den Morgenstunden doch noch fündig. Es wäre wohl nahezu unmöglich gewesen, ein anderes Zimmer zu finden, da durch die WM alles restlos ausgebucht war. Helmut hatte sich nach dem Auszug der Mannschaft aus der Sportschule Grünwald einfach nicht darum gekümmert, wie das Hotel hieß, er hatte ja schließlich auch andere Aufgaben am Finaltag zu erledigen.

Pleiten, Pech und Pannen. Als Helmut Schön nach der sehr kurzen Nacht aufstand, musste er sich mit dem nächsten Problem auseinander setzen: Sein Reisegepäck war irgendwo deponiert, nur nicht in seinem Hotel. Als praktisch veranlagter Mensch lieh er sich schließlich vom Nachtportier einen Rasierapparat, rasierte sich im Pförtnerzimmer und fuhr dann, offenbar immer noch in bester Stimmung, mit einer Blaskapelle, die ihn schon die halbe Nacht begleitet hatte, gegen neun Uhr morgens mit zwei Taxis zum Flughafen. Dann wurden noch einmal die »schweren Geschütze« ausgepackt und zum Abschied ein zackiger Marsch gespielt, ein imponierendes Stück, das gar nicht aufhören wollte.

Im Flugzeug erzählte mir Helmut Schön diese Geschichte, die für ihn irgendwie bedauerlich, aber auch lustig war. Der Weltmeister und die Blaskapelle – fast hätte er sie mit nach Frankfurt genommen. Seine neuen Freunde hatten am Ende aber doch in bester Laune und mit geschwollenen Lippen den Weg nach Hause eingeschlagen.

Der Empfang am Flughafen in Frankfurt und der Weg zum Rathaus waren überwältigend. In den offenen Wagen konnten die Spieler und wir Trainer die vielen Blumen gar nicht in unseren Armen halten. Die Menschen ließen die Mannschaft hochleben, und der Gesang dröhnte weit über die Main-Metropole hinaus. Und selbst die Oberen der Stadt hatten Mühe, Glückwünsche loszuwerden. Alle, die dabei waren und mitgeholfen hatten, diese zweite Weltmeisterschaft nach 1954 zu erringen, die Spieler und die Trainer, erhielten vom großen Auto-Konzern aus Wolfsburg quasi als Extra-Prämie noch ein grünes VW-Cabriolet. Zum Corso und anschließend zur glückseligen Heimreise bereit wurde an diesem Tag Frankfurt zur Fußball-Hauptstadt der Welt erkoren. Zumindest für vier Jahre.

Das unglaubliche Debüt

Nach vielen erfolgreichen Jahren, nach der WM 1966 in England, der WM 1970 in Mexiko, der EM 1972 in Belgien und nach dem Höhepunkt dieser Jahre, nach der Weltmeisterschaft 1974 im eigenen Land, waren einige Spieler nicht mehr für die Nationalmannschaft zu motivieren. Sie waren teilweise bei vier erfolgreichen Turnieren dabei gewesen, sie waren älter geworden, wollten mehr Zeit für ihre Familien haben, in ihren Vereinen vielleicht noch ein, zwei Jahre spielen und eine Chance finden, beruflich auf eigenen Beinen zu stehen in der »Zeit danach«. Helmut Schön gab sich viel Mühe, Spieler wie Wolfgang Overath, Jürgen Grabowski, Günter Netzer, Paul Breitner oder Gerd Müller zu überzeugen, dieses eine Turnier, die EM 1976 in Jugoslawien, noch mitzumachen.

Der Bundestrainer redete mit allen, die ihm lieb und teuer, vor allem aber besonders wichtig waren. Es waren ja überragende Fußballer, Weltklassespieler, vor denen jeder Respekt haben musste. Aber die Erfolge der deutschen Mannschaft und erst recht das persönliche Können der Spieler, ihre Ausstrahlung, wurde natürlich von den großen Klubs des Auslands nicht übersehen, und die Angebote waren verständlicherweise eine neue große Herausforderung für diese bekannten Spieler, der sie sich stellen wollten.

So wechselten Günter Netzer (bereits 1973) und Paul Breitner (1974) zu Real Madrid, Gerd Müller wollte nach dem WM-Finale auch nicht mehr, auch wenn er erst 1979 nach

Florida, zu Fort Lauderdale ging, während Franz Beckenbauer bis zu seinem Abschiedsspiel im Februar 1977 in Paris noch zögerte, um anschließend dann doch den Sprung über den großen Teich nach Amerika zu Cosmos New York zu wagen.

Für uns Bundestrainer waren das traurige Zeiten. Der DFB hatte beschlossen, auf seine im Ausland beschäftigten Spieler zu verzichten. Die permanenten Fragen der Journalisten, ob dieser oder jener aus Spanien oder Amerika schon da sei und ob man überhaupt damit rechnen könne, dass die Spieler über eine längere Zeit, über Jahre hinweg, daran interessiert sein könnten, diese Doppelbelastung durchzustehen, hatten diese Entscheidung sicherlich auch forciert. Was heutzutage selbstverständlich ist, war in der damaligen Zeit eben keineswegs so. »Fußball-Legionäre« waren damals noch ein schwieriges und komplexes Kapitel, vor allem im Zusammenhang mit Nationalmannschaften.

Fakt war, dass sich in der Qualifikationsrunde für die EM 1976, die mit Hin- und Rückspielen ausgetragen wurde, neben der deutschen Mannschaft und neben Gastgeber Jugoslawien noch Holland und die Tschechoslowakei für die Endrunde qualifizieren konnten. Wiederum war es ein kurzes Turnier mit nur vier Mannschaften, erst vier Jahre später sollte ein neuer Modus folgen. Seit der Europameisterschaft in Rom 1980 wird das Turnier in zwei Gruppen mit jeweils vier Mannschaften ausgespielt, eine Veränderung, die diese europäische Endrunde durch die Gruppenspiele sicherlich interessanter machte und auch in kommerzieller Hinsicht die Veranstaltung belebte. Später wurde das Teilnehmerfeld noch weiter ausgedehnt.

1976 wurde es der deutschen Mannschaft bei der Turnierauslosung nicht gerade leicht gemacht. Wir hatten im ersten Spiel gegen Gastgeber Jugoslawien anzutreten und mussten zudem auf einige wichtige Spieler verzichten. Neben Franz Beckenbauer waren von der Endspiel-Mannschaft 1972

(3:0 gegen die UdSSR) nur noch Torwart Sepp Maier, »Katsche« Schwarzenbeck, »Hacki« Wimmer und Uli Hoeneß dabei und bereit, zum zweiten Mal in vier Jahren Europameister zu werden; hinzu kamen von der »alten Garde« Spieler wie Berti Vogts, Rainer Bonhof, Bernd Hölzenbein und Heinz Flohe. Der Rest musste sich seine Sporen bei einem solchen internationalen Turnier erst noch verdienen.

Die deutsche Mannschaft hatte den Europameistertitel zu verteidigen, den sie vier Jahre zuvor in Belgien gewinnen konnte. Wir hatten dabei in den beiden letzten Spielen des Turniers gegen den Gastgeber und im Endspiel gegen die UdSSR grandiose Vorstellungen geboten.

Jugoslawien, das wussten wir, war eine perfekte Mannschaft, gegen die wir uns oft schwer getan hatten. Die Spieler verstanden es, mit ihren hohen technischen Fertigkeiten den Ball laufen zu lassen. Es war ihre Spezialität, Technik in Bewegung umzusetzen, also hohes Tempo anzuschlagen und mit langen oder auch kurzen Pässen schnell und direkt zu spielen.

Obwohl Helmut Schön die Mannschaft darauf aufmerksam gemacht hatte, lagen wir nach 32 Minuten Spielzeit 0:2 zurück und sahen vorerst keine Möglichkeiten, dies schnell zu ändern. Wir hatten enorme Schwierigkeiten, eine klare Aufteilung zu finden zwischen Mann- und Raumdeckung.

Ich erinnere mich, wie wir auf der Trainerbank, wie immer, nebeneinander saßen. Helmut Schön stieß mich an, schaute mit einem Auge dem Spiel zu und meinte, mit dem anderen Auge zu mir blickend: »Jetzt sag doch mal, fällt uns gar nichts ein – so stark waren die noch nie, die Jugoslawen.«

Die Frage war also: Wen sollen wir einwechseln, wen auswechseln, wer könnte dieses 0:2 noch herumreißen?

Ich selbst hatte mir natürlich meine Gedanken gemacht, wollte aber nicht vorgreifen. »Nun sag doch schon«, sagte Helmut Schön erneut, diesmal etwas leiser, aber er schielte weiter verstohlen zu mir herüber. Man hätte glauben können, er habe die Lösung möglicherweise schon längst parat.

Ich sagte genau das, was ich mir in den vergangenen zehn Minuten gedacht hatte. Ich fragte Helmut Schön also, mit einer etwas gedeckten Stimme: »Warum haben wir eigentlich den Dieter Müller mitgenommen?« Das war zu diesem Zeitpunkt ein Torjäger, der für den 1. FC Köln zwar regelmäßig seine Tore schoss, aber zum ersten Mal der Nationalmannschaft angehörte. Ein Debütant also, ohne jegliche Turniererfahrung.

Helmut Schön drehte schnell den Kopf, schaute mich an, so als wollte er sagen: »Wieso bist du damit nicht schon früher gekommen?« Er sprang auf, ging die wenigen Schritte zur Spielerbank auf Dieter Müller zu, der ihn verdutzt anschaute: »Komm, Dieter, mach dich fertig. Lauf dich warm und geh vorne rein. Lass dich anspielen, komm dem Ball entgegen und versuch das Spiel schneller zu machen.«

Schneller? Dieter Müller hatte verstanden. So schnell wie er hatte sich noch kein Spieler warm gelaufen. Nach nur wenigen Minuten stand er für die Einwechslung bereit. Dieter Müllers Gesicht wurde dabei ernst durch die plötzliche Verantwortung, die auf ihm lastete, er wirkte konzentriert, aber irgendwie auch locker.

Es war schließlich so weit, Schiedsrichter Alfred Delcourt aus Belgien hatte die Zeichen seines Assistenten an der Linie erkannt, die Auswechslung wurde durchgeführt, und Hacki Wimmer, der wie in jedem Länderspiel wie kein anderer gerannt war und gekämpft hatte, wurde in der 79. Minute rausgenommen. Dieter Müller, den ich von meiner Amateur- und U-23-Mannschaft her gut kannte, machte plötzlich sein erstes großes Länderspiel.

Mittelstürmer wissen sehr wohl, was los ist. Wenn das Resultat nicht stimmt, und wenn ausgerechnet sie eingewechselt werden, ist das meistens eine typische Notsituation für die Mannschaft, zumindest vom Spieler aus gesehen.

Trainer sehen das meistens genauso – aber auch etwas anders. Für uns sind solche Wechsel oft der Versuch, beim Gegner für Unruhe zu sorgen, da dort nach einer solchen personellen Veränderung häufig die Orientierung etwas verloren geht, weil eine Mannschaft durch einen neuen Spieler insgesamt ein anderes Gesicht bekommen kann. Eine gezielte Einwechslung kann also vieles bewirken, nicht nur die Torgefahr erhöhen, allein schon deshalb, weil dem neuen Mann gegenüber häufig auch die Frische, die Kraft, die Konzentration und die Schnelligkeit fehlt, die zu Beginn einer Begegnung noch vorhanden war.

Dieter Müller sollte in die Fußball-Geschichte eingehen. Er gab dem Spiel eine völlig neue Wendung durch eine unglaubliche Aufholjagd, die er einleitete und vorantrieb. Seine Aufgabe: Er sollte sich im Strafraum den erhofften Respekt verschaffen. Er sollte ständig unterwegs sein und vor allem eins machen: Tore! Dieter Müller hatte absolut verstanden. Er nahm sein Herz in beide Hände und erzielte in einem großen Spiel nach einem 0:2-Rückstand drei Tore in Folge. Heinz Flohe brachte mit einem vierten Treffer die deutsche Mannschaft endgültig ins EM-Finale.

4:2 für Deutschland – bei unserem Gegner herrschte großes Schweigen. Aus einem guten Grund: Erst hatte Dieter Müller in der regulären Spielzeit die beiden Ausgleichstreffer erzielt, dann war es in die Verlängerung gegangen. Und nach 120 Minuten hatten wir es tatsächlich geschafft, diesen schwierigen Gegner im eigenen Land zu besiegen.

Die beiden Kölner, Dieter Müller und Heinz Flohe, wurden natürlich nach dem Abpfiff im deutschen Lager besonders gefeiert, hatten sie doch das Spiel auf den Kopf gestellt. Aber nicht nur das, es gab darüber hinaus noch die kleine Hoffnung, in der Sturmspitze ein neues erfolgreiches »Pärchen« gefunden zu haben. Wir standen gegen die damalige ČSSR im Finale. Und in uns stieg die Hoffnung, auch dieses Spiel gewinnen zu können.

kicker sportmagazin

2,— DM
Nr. 46/24.
9. 6. 1980

DEUTSCHLANDS GRÖSSTE SPORTZEITUNG

EUROPAMEISTERSCHAFT:
Start am Mittwoch in Rom mit dem Spiel Deutschland gegen Titelverteidiger CSSR

Auf nach Italien!

EUROPA '80

Großer Farb-Sonderteil

Auch am Ende der EM möge Jupp Derwall noch so strahlen!
Foto: Horst Eißner

Harald Schmid: Ein Leichtathletik-Star klagt

Ausnahmsweise selber mit Mütze: Gerd Müller wird behandelt, ehe er in der Verlängerung des WM-Viertelfinales 1970 gegen England das 3:2 erzielt

Historisch wertvoll: Die deutsche Elf, die am 29. April 1972 in England das EM-Viertelfinalspiel 3:1 gewann, der erste Sieg einer deutschen Mannschaft auf englischem Boden; von links: Beckenbauer, Maier, Schwarzenbeck, Netzer, Wimmer, Müller, Held, Grabowski, Höttges, Breitner, Hoeneß

UNVERGESSLICHE SPIELE

Unendlich viel Erfahrung: Helmut Schön, acht Jahre lang mein »Chef«

Ein Ohr für die Spieler: Max Lorenz, Uwe Seeler, Horst-Dieter Höttges, Siggi Held (von links)

UNGEWÖHNLICHE TYPEN

*Zeigte bei großen Turnieren sein großes Können:
Wolfgang Overath, hier geehrt für sein 50. Länderspiel*

Trainierte später viele Bundesliga-Klubs: Felix Magath

Spielte die schönsten Pässe: Günter Netzer (linke Seite oben)

*Wurde ein großer und erfolgreicher Trainer: Ottmar Hitzfeld,
hier als Spieler der Olympiaelf von München 1972. Strahlender
Beobachter: DFB-Präsident Hermann Neuberger*

AKROBAT SCHÖÖÖN

Feinabstimmung während eines Lehrgangs 1974 in Hamburg: Mit Franz Beckenbauer, Horst-Dieter Höttges und Gerd Müller (v.l.)

Oh wie ist das Schön! Freude auf der deutschen Bank; rechts Trainerassistent Herbert Widmayer

Linke Seite oben: Das Spiel ist aus, Deutschland ist Weltmeister: Zum zweiten Mal, nach 1954

Unten: Die Weltmeister von 1974 (hintere Reihe von links): Neben mir Deckert, Höttges, Maier, Flohe, Müller, Grabowski, Breitner, Schwarzenbeck, Heß, Cullmann, Dahn; vordere Reihe von links: Nigbur, Hoeneß, Heynckes, Bonhof, Schön, Beckenbauer, Hölzenbein, Vogts, Overath, Deuser, Widmayer

NEUE ÄRA

*Der eine geht, der andere kommt: Nach der
WM 1978 hört Helmut Schön auf*

Nur einer bekommt nichts mit: Meine Assistenten Berti Vogts (r.) und Erich Ribbeck

LANGE LEINEN

Am Strand von Rio:
Krafttanken vor dem
Test gegen Brasilien
im Juni 1977

Spieltrieb: Ein Leibchen für Günter Netzer

Lerne und lehre:
Während der Trainings-
arbeit mit Nationalspielern
im Oktober 1983

SPASS MUSS SEIN

Glückwunsch: Torwart Sepp Maier nach seiner Wahl zum Kapitän der Nationalmannschaft

Erfolg macht locker: Mit Uli Stielike nalch dem 4:1-Sieg gegen Chile während der WM 1982

Wieder guter Dinge: Mit Bernd Schuster vor dem EM-Qualifikationsspiel gegen Albanien im März 1983

Kurz vor dem Abpfiff - die Entscheidung: Horst Hrubesch (4.v.l.) hat in der 89. Minute zum 2:1 getroffen, der Sieg im EM-Finale 1980 gegen Belgien

DER TRIUMPH VON ROM

Die EM-Trophäe: Hansi Müller, Bernard Dietz und Peter Briegel (v.l.)

Die Europameister von 1980: hintere Reihe von links – Rummenigge, Schumacher, Cullmann, Schuster, Briegel, Hrubesch, Stielike (verdeckt), vordere Reihe von links – K. Allofs, Kaltz, Dietz, Kh. Förster, H. Müller

Helmut Schön ging leise murmelnd zur Pressekonferenz. Ich sah, wie er den Kopf schüttelte. Offenbar konnte er es selbst nicht glauben, dass er es wieder einmal geschafft hatte, ein solches Endspiel zu erreichen. Ins Hotel zurückgekehrt, wurden wir von unseren »Freunden der Nationalmannschaft« in bester Stimmung empfangen. Auch die Journalisten hatten ein Lächeln im Gesicht, wahrscheinlich deshalb, wie ich im Spaß mutmaßte, weil unser Bundestrainer wieder einmal eine seiner Glossen verkauft hatte. Aber nein, es sollte anders sein, die meisten Journalisten kamen diesmal auf mich zu, und ich hatte zunächst keineswegs ein gutes Gefühl dabei.

Die Reporter kamen gleich »zur Sache«, fragten mich, ob es wirklich stimme, dass ich es war, der Helmut Schön den entscheidenden Tipp gegeben hatte, Dieter Müller einzuwechseln, der bei seinem unglaublichen Debüt gleich drei Tore erzielt hatte. Ich war erstaunt, dass dies bekannt war, und begriff nicht, warum Helmut Schön das erwähnt haben sollte. »Jupp Derwall war es«, hatte Helmut Schön mit einem zufriedenen Gesicht gesagt, »der mir den Dieter Müller aufgeschwatzt hat.«

Ich fühlte mich nicht nur geehrt, ich war auch innerlich sehr berührt, weil der Chef sich selbst nach einer solchen Aufholjagd, die durch eine optimale Einwechslung erst möglich geworden war, so in den Schatten stellte und damit auch deutlich machte, wie sehr wir miteinander verbunden waren.

Das Endspiel um die EM 1976 wurde leider zu einer Angelegenheit, die für uns glücklos ausging. Nach der Verlängerung stand es gegen die Tschechoslowaken 2:2. Ich hatte den Auftrag, die Elfmeterschützen und die Reihenfolge beim Schiedsrichter anzumelden. Es hagelte nur so von Absagen, die Spieler waren kraftlos, unkonzentriert, nervlich angeschlagen und ohne Mumm, die Entscheidung selbst in die Hand zu nehmen.

Es waren lediglich Bonhof, Flohe und Bongartz, die trafen. Und es waren Bernd Hölzenbein sowie Uli Hoeneß, die beide eine lange Verletzungspause hinter sich gebracht hatten und trotzdem die Bereitschaft zeigten, auch diese Verantwortung nicht von sich zu schieben.

Die Tschechoslowaken hatten das Glück und die Nervenstärke auf ihrer Seite und gewannen das Elfmeterschießen um den EM-Titel. Deren Trainer, Josef Venglos, ein guter alter Freund, mit dem ich auf vielen Fortbildungslehrgängen für die FIFA, die UEFA und den Bund Deutscher Fußball-Lehrer unterwegs war, hatte keinen Neid verdient. Es gab, wie immer schon, nur Anerkennung für ihn von Helmut Schön und von mir für diese großartige Leistung.

Herbe Enttäuschung in Argentinien

In der Sportschule des Schleswig-Holsteinischen Fußball-Verbandes, in Malente, hatten wir schon 1970 und 1974 ein ideales Quartier für die beiden Weltmeisterschaften gefunden. Hier fühlten wir uns zu Hause, geborgen und ungestört. Vor allem aber fanden wir hier passende Trainingsmöglichkeiten mit zwei Rasenplätzen und dem nahe gelegenen Wald, um unsere Kräfte aufzubauen, Trainingsspiele zu absolvieren, die Abstimmung innerhalb der Mannschaftsteile und auch in der gesamten Mannschaft zu verbessern.

Wie Sportschulen nun einmal sind, war auch die in Malente ein wenig spartanisch eingerichtet, aber es war die beste Möglichkeit, unter dem Schutz von Polizei und Grenzschutz in der Abgeschiedenheit des hohen Nordens unsere Ruhe zu finden.

Noch vor unserer Abreise zum WM-Endturnier in Argentinien 1978 stellte unser Mannschaftsarzt Prof. Dr. Heinrich Heß nach dem ersten Training fest, dass sich die Rückenschmerzen, die ich seit langem mit mir herumschleppte, zu einem Bandscheibenvorfall ausgeweitet hatten. Wie er glaubte und mir auch klar zu machen versuchte, hätten die Ärzte schon viel zu lange an mir herumgedoktert. Und er meinte schließlich, ohne mich anzusehen: »Du hast nur noch eine Chance: Du musst dich operieren lassen. Und zwar sofort.«

Eine Stunde später saßen wir in seinem Auto und fuhren

in Richtung Saarland nach Saarlouis in die Orthopädie des Elisabeth-Krankenhauses, deren Chef er seit vielen Jahren war und die bei Leistungssportlern einen außergewöhnlich guten Ruf genoss. Seit acht Jahren war es meine Aufgabe gewesen, das Training der Nationalmannschaft zu leiten, und auch diesmal musste ich fit sein für fünf lange Wochen, körperlich, aber auch seelisch, und hier vielleicht sogar topfit. Außerdem sollte ich bei dieser Weltmeisterschaft Helmut Schön als ein zuverlässiger Partner zur Seite stehen.

Glücklicherweise war die Bundesliga-Saison 1977/78 bereits beendet, so dass wir schon jetzt auf Erich Ribbeck zurückgreifen konnten, der bis dahin als Trainer des 1. FC Kaiserslautern gearbeitet hatte. Es war ja bereits beschlossene Sache, dass er nach dem Turnier und nach dem vorgesehenen Wechsel zwischen Helmut Schön und mir als Bundestrainer meine Funktion als Assistent übernehmen sollte.

Insgesamt war es nun für uns alle eine sehr hilfreiche Konstellation. Denn wie immer schon sollten unsere Spielgegner während des Turniers beobachtet werden, um interessante Aussagen hinsichtlich Mannschaftsaufstellung, taktischen Aufgaben der Spieler, der Spielerpersönlichkeiten und Spielmacher sowie anderer besonderer Merkmale zu erfahren. Jetzt sollte und konnte Erich dem Bundestrainer in allen Belangen helfen und ihn unterstützen, um die Zeit bis zu meiner Rückkehr zur Mannschaft zu überbrücken.

Es war bitter und deprimierend zugleich, sich noch vor der Abreise der Mannschaft nach Argentinien für eine derart schwierige Operation entscheiden zu müssen. Trotzdem war ich zu guter Letzt dankbar und froh, den ständigen Schmerzen durch eingeklemmte Nerven nicht mehr ausgesetzt zu sein.

Ich gehöre eigentlich zu jenen Menschen, die bei Anzeichen geringster Besserung alles versuchen, wieder selber auf den Beinen zu stehen und zur Tagesordnung überzugehen. Doch dieses Gefühl stellte sich in den ersten Tagen nach der

Operation überhaupt nicht ein. Auch mein Freund und Operateur, Professor Heini Heß, war sich nicht sicher, wie der Eingriff letztlich verlaufen war, als er mich nach drei oder vier Tagen immer noch bewegungslos und so ganz ohne Mut daliegen sah. Immerhin war es nach elf Jahren die zweite Bandscheibenoperation an gleicher Stelle.

Es war deshalb für uns alle sehr erstaunlich, als es nach drei weiteren Tagen plötzlich bergauf ging. Schon eine Woche später, zwar noch etwas staksig, unbeholfen und für eine lange Reise mit einem Korsett ausgerüstet, aber in viel besserer Laune, marschierte ich in Frankfurt durch den Flughafen, um meine dritte Weltmeisterschaft mit Helmut Schön zu erleben. Ein Wunder war es zwar nicht gleich, aber man konnte diesen Eingriff durchaus als gelungen bezeichnen.

Nach achtzehn Stunden Flug landete die Maschine in Buenos Aires, um zwei Stunden später dann in Cordoba, der Stadt unserer Gruppenspiele und unseres Quartiers Ascochinga, anzukommen. Unser neues »Zuhause«, eine Offiziersschule der argentinischen Streitkräfte, lag aus Sicherheitsgründen weitab der Zivilisation, versteckt hinter riesigen Dornenhecken und Stacheldrahtzäunen, in denen sich die Bälle während des Trainings immer wieder verfingen. Es war nicht gerade ideal.

Schon am Flughafen in Cordoba erkannte ich in der Nähe der Gepäckausgabe einige deutsche Journalisten. Keine ungewohnte Situation bei einer Weltmeisterschaft, dachte ich mir spontan. Journalisten benötigen tagtäglich Berichte, Storys oder Ankedoten, um ihre Leserschaft rundherum zu informieren und aktuell zu sein.

Der Fahrer nahm mein Gepäck, und wir schlenderten durch die Halle zur Passkontrolle und dem Ausgang entgegen. Dort wurde ich auch schon angesprochen. Höflich kam ein »Guten Tag, Herr Derwall«, um dann gleich Fragen hinterher zu schicken, die mir die Sprache verschlugen.

Ich war erstaunt, Dinge zu hören, die mich selbst betrafen und die unser Präsident Hermann Neuberger angeblich gegenüber der Presse hatte verlauten lassen. Es hieß, er habe gesagt, dass auch Franz Beckenbauer in die Arbeit mit der Nationalmannschaft einbezogen werden solle. Nicht als Spieler, wohlgemerkt, da der Franz bekanntermaßen seinen Abschied von der Nationalelf bereits am 23. Februar 1977 in Paris gegen Frankreich gegeben hatte, ein Spiel, das mit 0:1 verloren ging. Nein, der Weltklassespieler war nun offenbar für ganz andere Aufgaben im DFB vorgesehen. Viele Gedanken schossen mir in diesen Sekunden durch den Kopf: Was war daran wahr? Und: Hatte dies etwas mit mir, mit meiner Arbeit zu tun?

Ich konnte und wollte nicht darauf antworten und bemerkte nur, dass ich zunächst ein Gespräch mit dem Präsidenten suchen müsse, um derartige Aussagen zu kommentieren. Für mich persönlich blieb einfach nur, abzuwarten und Hermann Neuberger zur Rede zu stellen.

Mein wichtigster Weg war jetzt, Helmut Schön zu finden – und mein Zimmer. Für beide Ziele gab es den gleichen »Kurs«. Schon seit Jahren wohnten wir bei Länderspielen und großen Turnieren Tür an Tür, und das freundschaftlich gute Verhältnis hatte immer noch dieselben verständnisvollen Züge. Helmut Schön kam von seinem morgendlichen Spaziergang zurück, ohne den es kein Frühstück gab. Draußen, allein und in der Frische des beginnenden Tages hatte er immer die besten, reinsten und überraschendsten Gedanken und Ideen. Wir trafen uns in seinem Zimmer, er sah mir in die Augen, verstand sofort und half mir, darüber hinwegzukommen, indem er sagte: »Ich jedenfalls bin froh, dass du wieder hier bist.«

Aus meiner Sicht hatte Helmut Schön es gewünscht und begrüßt, dass ich nach meiner Operation wieder in den Kreis der Nationalmannschaft zurückkehren würde. Und so beschreibt es auch Helmut Schön in seinem Buch, das er zum Abschied seiner großen Karriere als Fußballer, Vereins-, Verbands- und Bundestrainer des DFB schrieb. Wie mir meine Frau dagegen per Telefon verriet, war in deutschen Zeitungen schon zu lesen, dass ich mit gewissen Nationalspielern »nicht könne«. Ein Teil der Presse sagte mir sogar voraus, »es würde eine nur kurze Karriere« für mich »als Bundestrainer geben«.

Doch noch sind wir in Argentinien, und das Endturnier sollte am 1. Juni 1978 starten. Ich war stark irritiert. Warum dies alles zu einem solchen Zeitpunkt? Immerhin hatte ich bis dahin bereits seit acht Jahren im Sinne von Helmut Schön und des DFB dazu beigetragen, dass unsere Nationalmannschaft bei der WM 1970 in Mexiko einen dritten Platz erringen konnte, dass sie 1972 in Belgien Europameister wurde, bei der WM 1974 in Deutschland erneut Weltmeister und 1976 immerhin Vize-Europameister wurde.

Erst nach dem Erscheinen des Buches von Helmut Schön nach dem Turnier in Argentinien war der Sachverhalt für mich deutlicher geworden. Er schrieb: »Angeblich sah es DFB-Präsident Hermann Neuberger gar nicht gern, dass Jupp Derwall uns überhaupt nach Argentinien nachgereist war.« Und weiter: »Jupp Derwall hat mich sofort weitgehend und wertvoll unterstützt. Er konnte im Verlauf unseres Aufenthalts das Training wieder leiten, wenn Erich Ribbeck, wie üblich und auch vorgesehen, andere Spiele beobachtete. Ich brauchte Jupp Derwall«, so schrieb Helmut Schön, »um mit ihm über die Entscheidungen zu reden. Das habe ich immer für besser gehalten, als einsame Entschlüsse zu wählen. Ich wunderte mich, dass bestimmte Personen und Kreise Antipathien oder Aversionen gegen Jupp Derwall haben könnten. Für mich ist er ein sehr sachverständiger Fußballtrainer, man muss ihm nur endlich einmal Vertrauen schenken.«

Damals in Cordoba wollte ich immer noch glauben, natürlich auch hoffen, dass der Präsident so etwas nicht wirklich gesagt haben könnte, dass es möglicherweise anders formuliert oder aus anderem Zusammenhang heraus wiedergegeben worden war. Gegenüber Presse und Medien sind Gedanken oft vorschnell ausgesprochen. Erst nach mehreren Tagen fand sich eine Gelegenheit für ein solches Gespräch mit dem Präsidenten, doch Neuberger ließ sich nicht festlegen und meinte nur, dass man sich nach der WM darüber vielleicht besser unterhalten könnte.

Ich jedenfalls war zunächst, als die Journalisten mich am Flughafen in Cordoba informierten, sehr betroffen und dachte, dass derartige Formulierungen allenfalls Wolkengebilde sein konnten, eine hingezauberte Kolumne eines unter Druck geratenen Zeitungskritikers, der täglich eine große und möglichst grobe Schlagzeile zu präsentieren hatte. Menschlich gesehen handelte es sich dabei um eine kalte Präsentation ohne Gefühle, Gespür und Anstand. Aber war es am Ende wahr?

Es stellte sich schließlich heraus, dass die Aussagen angeblich in Verbindung mit dem Werdegang von Franz Beckenbauer standen, den Helmut Schön bei der WM 1978 in Argentinien noch gerne als Spieler dabei gehabt hätte. Trotzdem: Für mich war das keine befriedigende Antwort. Die Presse würde, wie ich aus Zeitungskommentaren und Rundfunkbeiträgen erfahren konnte, auch in den nächsten Jahren bereit sein, sich zu erinnern, Andeutungen zu machen, um einen unserer größten und beliebtesten Spieler auch nach seiner aktiven Zeit mit in das Geschehen des deutschen Fußballs einzureihen.

Wer sollte auch etwas dagegen haben? Franz Beckenbauer ist heute der größte Repräsentant des Fußballs in aller Welt. Nur der Zeitpunkt schien mir damals äußerst fragwürdig. Es war kurz vor Beginn einer Weltmeisterschaft und in einem Moment, als die Übernahme des Bundestrainer-Jobs schon längst geklärt war und damit weitere große personelle Entscheidungen für die nächsten Jahre nicht anstanden. Ein erstes Gespräch über eine spätere Tätigkeit als Cheftrainer war mit mir ja bereits 1974 geführt worden. Der Vertrag wurde schließlich am 8. Juli 1978, zwei Wochen nach der WM in Argentinien, unterzeichnet. Franz Beckenbauer wurde 1984 nach der Europameisterschaft in Frankreich mein Nachfolger, und mit ihm als »Teamchef« wurde die deutsche Mannschaft sechs Jahre später in Italien Weltmeister.

Franz Beckenbauer und ich sind bis heute immer noch gute Freunde. Ich weiß, wie sehr er sich wehrte, diesen Job zu übernehmen. Auch wenn sein Name immer wieder ins Spiel gebracht wurde, war es am Ende eine spontane Entscheidung, die deutsche Nationalelf als Teamchef zu übernehmen. Mein Abschied 1984 war genauso wie bei Sepp Herberger und Helmut Schön: Auch ich konnte meine Karriere nicht mit einem Triumph beenden. Und wie sagt Helmut Schön am Schluss seines Buchs ganz richtig: »Wie immer auch in diesem Job sind es neue Generationen, die für neuen Aufschwung sorgen müssen, weil Trainer allein, zwischen Europa- und Weltmeisterschaften, nur über bestimmte Jahre eine Mannschaft formen können und ihnen neuen Elan und Begeisterungsfähigkeit vermitteln.«

Für mich als Bundestrainer sollte es ein doppelter Schub sein, nach der WM 1978 noch intensiver darauf hinzuarbeiten, für die Folgejahre eine starke neue Nationalmannschaft aufzubauen, gute Spiele abzuliefern und Erfolge zu haben. Ansonsten fühlte ich mich nach meiner Ankunft in Argentinien mit viel Wut im Bauch hintergangen, verraten und gedemütigt.

Das Turnier selbst verlief für uns alles andere als erfolgreich: Für den Titelverteidiger aus Deutschland war in Argentinien nach der zweiten Finalrunde, nach zwei Unentschieden gegen Italien und die Niederlande sowie nach einer bitteren Niederlage gegen Österreich in Cordoba, die WM beendet. Im Finale setzten sich die Gastgeber gegen Holland durch, allerdings erst in der Verlängerung.

Helmut Schön, der Fußball-Ästhet

Helmut Schön war ein Fußball-Ästhet mit realistischen Zügen. Seine Lebensweisheiten entstanden nicht aus der Phantasie heraus und waren kein Produkt komplizierter Experimente. Er vertraute seiner Vorstellungskraft, seinem Gedächtnis und seinen Erfahrungen, die er sich als Sohn eines Dresdner Kunsthändlers und später im Fußball erworben hatte. Er kannte weder Verschlossenheit noch Träumereien, obwohl sich seine Sensibilität, seine Empfindsamkeit – besser gesagt: seine Wahrnehmungsfähigkeit – oft auf eine ganz besondere Art zeigte. Er war meistens in der Lage, ein Bild positiver Handlungen gegenüber der Mannschaft zu zeichnen, er versuchte, die Leistung der Spieler mit Gefühl und noch mehr mit Gespür zu verbessern.

Jeder Trainer weiß von sich selbst, wie wichtig es ist, im richtigen Moment das Richtige zu tun. Er weiß aber auch, dass er auf die Mitarbeit der Spieler angewiesen ist. Es waren oft einsame Nächte, wenn man auf die richtige Idee wartete, wie der Gegner vor unverhoffte Probleme gestellt werden kann. Es ging darum, Erfahrungen auszuschöpfen und auszuspielen, nicht um den Erfolg zu erzwingen, sondern ihm näher zu kommen.

Blieb er aus, dann besprach Helmut Schön mit mir die Situation und die Möglichkeiten der Veränderung. Bei Verletzungen von Spielern beriet er sich mit dem Arzt oder mit dem Physiotherapeuten. Natürlich waren die Spielbeobachter für ihn wichtig, er schaute aber auch in sein eigenes

»schlaues« Buch, wo er mehr als hundert Mannschaftsaufstellungen der Gegner aufgelistet hatte, alle mit den Namen, Stärken und Besonderheiten der Spieler in vielen Details.

Und weil das so war, gab es hin und wieder mit der Presse und anderen Medien harte Diskussionen, weil Helmut Schön für alles, aber auch wirklich alles, worauf er angesprochen wurde, Belege und Beweise hatte und es selbst erlebt hatte. Seine Analysen des Spiels waren stets überlegt und treffend, manchmal in sehr freundlicher und offener Form, aber auch in zurückhaltender, vorsichtiger Art und mit ironisch-lustigem und etwas hintergründigem Humor, den die Journalisten mit Aufmerksamkeit, aber auch mit einem Schmunzeln registrierten.

So antwortete Helmut Schön bei der WM 1970 in Mexiko nach dem unglaublich dramatischen Spiel gegen Italien, in dem es um den Einzug ins Endspiel gegen Brasilien gegangen war, in der Pressekonferenz auf die Frage eines englischen Journalisten, was er denn zu Herrn Yamasaki, dem mexikanischen Schiedsrichter der Begegnung, meine, ruhig und gelassen, aber innerlich brodelnd, aufgebracht, voller Wut und Ohnmacht: »Ich sage nie etwas über Schiedsrichter – und über den schon gar nicht.«

Er erntete damit großen Applaus und hatte allen, auch den italienischen Journalisten, aus der Seele gesprochen. Ich glaube, dass alle etwa vierhundert Journalisten eine scharfe Kritik an dem »Mann in Schwarz« erwartet hatten. Nach diesen Worten stand Helmut Schön auf, verließ das Podium der Trainer und kehrte zurück in die Kabine, nicht nur, um seine Tasche zu holen, sondern um allen Beteiligten zu danken.

Es war eine schöne Zeit, mit ihm zu arbeiten und gemeinsam Pläne zu schmieden. Bei ihm hatte keiner Bedenken, den eigenen Gedanken freien Lauf zu lassen. Wir beide hatten Vertrauen zueinander, auch wenn seine Kinnlade manchmal ein wenig tiefer sank, wenn irgend etwas falsch gelaufen war.

So wie damals in Mexiko 1970, als wir im ersten Gruppenspiel gegen Marokko mit einem knappen 2:1-Sieg nicht gerade Erfreuliches geleistet hatten. Sicher hätten auch andere Mannschaften bei vierzig Grad und mehr in der Sonne ihre Probleme gehabt, ganz abgesehen von der psychischen Belastung, an der Außenlinie Sauerstoff-Flaschen in Warteposition zu sehen. Die Afrikaner waren also rundherum im Vorteil, denn Fußballspielen konnten sie auch noch. Wir gewannen, wie gesagt, 2:1, hatten aber Lehrgeld bezahlen müssen.

Nach dem Spiel wurde auch ich über meine persönlichen Eindrücke des Spiels von Journalisten befragt. Am nächsten Tag schon sah ich die Schlagzeilen, die Helmut Schön auf die Palme brachten. Zu mir sagte er, diesmal nicht besonders leise: »Wie kannst du sagen, dass wir anders spielen müssen, am besten so wie Brasilianer, wie die Südamerikaner? Das ist nicht unser Spiel. Man kann niemanden kopieren. Jede Mannschaft hat ihren eigenen Stil, und dem wollen wir treu bleiben. Der Erfolg gibt uns Recht – was hast du dir eigentlich dabei gedacht?«

Etwas beschwichtigend meinte ich, wir hätten hier andere Verhältnisse, als wir es in Deutschland gewohnt seien. Da ist die Höhe, die dünne Luft, die Spieler könnten in den Trainingsspielen nur vierzig bis fünfzig Minuten gute Leistung bringen, fühlten sich anschließend völlig ausgelaugt und überfordert. Vielleicht sollten wir die Kräfte ein wenig besser aufteilen, weniger direkt spielen, dafür aber genauer im Zuspiel sein, um damit auch weniger Ballverluste zu haben und Kräfte zu sparen.

Wir begannen, wie immer schon, das eine gegen das andere abzuwägen, versuchten auch andere Mannschaften zu analysieren, die weder aus Südamerika noch aus Afrika kamen, die den Aufbau des Spiels präziser und sicherer vortrugen, guten Fußball also spielten. Nach einem Whisky, der bei den Temperaturen beruhigte, aber auch den Kreislauf in Schwung brachte, war wieder Friede eingekehrt. Das Thema und das Spiel gegen Marokko waren abgehakt, der Ärger vorbei, die Kinnlade wieder oben.

Es war eigentlich selten, dass wir beide grundverschiedener Meinung waren. In solchen Fällen galt natürlich letztlich die Entscheidung des Verantwortlichen. Warum auch nicht? Wir kannten seine große Erfahrung von mehr als hundert Länderspielen in der ganzen Welt, sein großes Gespür und seine Intuition waren unschlagbar. Jeder wusste es, und wieso sollte man dann mehr als nötig Widerspruch einlegen? Kontrovers wurde in der Sache trotzdem diskutiert, kühl und möglichst ohne Emotionen, und wenn eine Entscheidung gefallen war, war keiner auf der Strecke geblieben. Zwischen uns war ein anderes Verhältnis, als es Sepp Herberger mit seinem Assistenten Helmut Schön pflegte, der ihn ja schon als eigenen Spieler erlebt hatte. Mir imponierte, dass Helmut Schön mir und auch vielen anderen gegenüber seine Überlegenheit nie als Waffe benutzte.

Als Helmut Schön mich 1974 fragte, ob es mir etwas ausmachen würde, wenn er seinen Vertrag als Bundestrainer für weitere vier Jahre verlängern würde, habe ich ihn sofort ermuntert, es zu tun. Es waren schöne, erfolgreiche und gute Jahre, weil er es verstand, jeden sein Leben auf seine Weise führen zu lassen. Er war ein Mensch, der seinem Vater gleich sich der Kunst hätte widmen können. Er liebte das Schöne, das Friedliche und auch das Spielerische, das Leichte. Ich sehe immer noch das strahlende, zufrieden schmunzelnde Gesicht, wenn Franz Beckenbauer seine fußballerischen Register zog und Wolfgang Overath oder Günter Netzer Pässe schlugen, die man mit der Zunge hätte annehmen können. Sie waren Ästheten und Künstler, die uns Trainer wunderbare Stunden schenkten.

Helmut Schön wurde schließlich am 15. November 1978

bei einem Spiel der deutschen Nationalmannschaft gegen Ungarn im Frankfurter Waldstadion verabschiedet. Es war mein zweites Länderspiel als Bundestrainer, und die Mannschaft wollte für meinen Vorgänger eine besonders gute Leistung zeigen. Leider musste die Begegnung nach sechzig Minuten durch den französischen Schiedsrichter Wurtz wegen zu starken Nebels abgepfiffen werden. Doch es war Zeit genug, Helmut Schön durch den Präsidenten des DFB, Hermann Neuberger, den Präsidenten der UEFA, Jacques Georges aus Frankreich, und den Generalsekretär der FIFA, Sepp Blatter, zu ehren und zu verabschieden. Als ich das Podium betrat, nahm Helmut Schön mein Gesicht in seine großen Hände, bedankte sich für die lange Zeit gemeinsamer Arbeit und wünschte mir viele gute Jahre. »Lass dich nicht unterkriegen«, meinte er noch zu mir und lächelte.

Der große Chor der Fußballfans sang ihm zum Abschied das Lied, das Udo Jürgens geschrieben und ihm gewidmet hatte, in voller Lautstärke und auch ein wenig mit Wehmut: »Der Mann mit der Mütze geht nach Haus ...«

Helmut Schön bedankte sich mit Tränen in den Augen und wollte nur noch weg. Weg von dem Ort, der eigentlich sein Zuhause war. Nach einem bewegenden Abschied im Kreis guter Freunde präsentierte er sein Buch. Er schilderte dort seine Erlebnisse als Spieler, Trainer, Verbands- und Nationaltrainer im Saarland, seine Zeit als Assistent von Sepp Herberger und als alleinverantwortlicher Bundestrainer der deutschen Nationalmannschaft. Ich kann diesen Band jedem Freund des Fußballs, gleich welchen Alters, nur empfehlen.

Ich selbst erinnere mich gerne an die letzten Seiten seines Buches, wo er schreibt: »Ich bin überzeugt, dass Jupp Derwall seine Aufgabe erfüllen wird. Er war selbst ein sehr guter Spieler. Hat Länderspiele gemacht, also weiß er, wovon die Rede ist.« Und weiter: »Er hat eine gute Trainerausbildung, ist ein beredter Mann, der es versteht, die Spieler einzustellen. Er hat einen guten Blick für Begabungen. Ich hatte keine

Bedenken, dass er in Mexiko mein Assistent wurde – und ich habe auch keine Bedenken, dass er meine Nachfolge antritt. Allerdings könnte er in Zukunft Schwierigkeiten bekommen. Das wiederum hängt von der Entwicklung des Fußballs ab. Meine große Sorge ist, dass mehr und mehr sportfremde Einflüsse auf den Fußball einwirken. Darunter hätte dann auch die Nationalmannschaft zu leiden. Die Kommerzialisierung ist weit genug fortgeschritten. Je mehr der Fußball durch Attraktionen aufgepäppelt wird, die mit dem Sport nichts mehr zu tun haben, um so bedenklicher wird es.«

Helmut Schön schrieb dies, ich betone es hier noch ein Mal, schon im Jahre 1978. Diese Sätze beeindrucken noch heute. Es waren die Schlussworte eines Mannes, der am 26. Mai 1956 Assistent von Sepp Herberger geworden war – und am 12. Mai 1964 dessen Nachfolger wurde. Bis dahin waren es acht lange Jahre, die von Bereitschaft, Zuarbeit und vor allem Respekt und Anerkennung getragen waren. So wie auch ich es acht Jahre lang getan hatte.

Alleinverantwortung

Am 11. Oktober 1978 begann eine neue Ära. Ich machte mein erstes Länderspiel als Bundestrainer der Nationalelf in Prag gegen die damalige Tschechoslowakei. Wir gewannen mit einigen neuen Spielern durch Tore von Rainer Bonhof (2), Rüdiger Abramczik und Hansi Müller mit 4:3. Zum Einstand also ein Wunschresultat und ein erster Schritt mit einer Mannschaft, die anschließend in 23 Länderspielen in Folge ungeschlagen bleiben sollte.

Mein Einstand als Bundestrainer war also gelungen. Kein Grund zum Jubeln, aber doch zum Freuen angesichts eines ersten Erfolgs. Acht Spieler waren aus dem Kader der WM 1978 in Argentinien übrig geblieben, und ich gab ihnen die Gelegenheit, nach schwachen und oft mutlosen Spielen, die wir alle noch in Erinnerung hatten, neues Selbstvertrauen aufzubauen. Schon bei Halbzeit führten wir gegen die technisch starke ČSSR-Mannschaft, den amtierenden Europameister, mit 3:0. Ein Zwischenstand, den weder unsere Spieler noch wir Trainer erwartet hatten.

Es gab deshalb keinen Grund, andere, neue Order für die zweite Halbzeit zu geben. Die Spieler waren von sich aus bereit, ein hohes Tempo zu gehen, auf Offensive zu setzen und – wo die Chance da war – nicht nur ein gutes Spiel zu zeigen, sondern auch das Resultat zu verbessern, Tore zu schießen. Wir gewannen dieses für uns alle wichtige Spiel am Ende zwar nur knapp mit einem Tor Vorsprung, hatten aber auswärts vier Treffer erzielt und waren mehr als nur zufrieden.

Die deutsche Presse bemühte sich zwar, die Leistung der Mannschaft anzuerkennen, aber von Euphorie konnte keine Rede sein. Auch die Wochen bis zum zweiten Spiel unter neuer Regie waren von Zweifel (nur hier und da gab es auch Lob) und von Skepsis getragen. Es interessierte vor allem die Frage: »Sind wir in der Lage, mit diesen Spielern die Qualifikation für die Europameisterschaft 1980 in Italien zu schaffen?« Nach gutem Start war das keine besonders vertrauenswürdige Frage, aber sie war, realistisch gesehen, durchaus berechtigt.

Wer glaubte schon daran, dass diese Mannschaft nach einer weiteren Veränderung des Spielerpersonals so lange und so oft, in der Zeit vom 11. Oktober 1978 bis zum 1. Januar 1981, bis zur 1:2-Niederlage in Argentinien, ungeschlagen bleiben sollte? Ein Länderspiel-Rekord übrigens, der bis heute Bestand hat. Genau genommen waren es zu dieser Zeit 18 Siege und fünf Unentschieden. Unter Franz Beckenbauer blieb die Nationalelf 1990/91 immerhin in 16 Spielen in Folge unbesiegt (13 Siege). Und 1996/97 verfehlte Berti Vogts unsere Bestmarke von damals nur knapp, als die Serie nach 22 Spielen ohne Niederlage (17 Siege) riss.

Wichtiger war etwas anderes: Diese 23 ungeschlagenen Begegnungen waren wirklich keine unansehnliche Anhäufung von 0:0-Spielen, wie es kürzlich ein junger Journalist einer angesehenen Sonntagszeitung formulierte. Es waren allesamt Spiele und Resultate, die bewusst darauf abgestimmt waren, den Spielern durch beständige Erfolge mehr und mehr Sicherheit zu geben – dazu kann zuweilen auch ein Unentschieden beitragen (es waren, wie gesagt, ja auch nur fünf). Und wenn wir in dieser Zeit tatsächlich insgesamt viermal 0:0 spielten, dann handelte es sich ...

... erstens um die beiden Qualifikationsspiele für die EM 1980 gegen Malta in La Valetta und gegen die Türkei in Izmir. Es waren zwei Auswärtsbegegnungen in Folge, zwei Spiele, die nach nur drei Vorbereitungsspielen mit einer neu formierten Mannschaft äußerst wichtig waren und nicht verloren gehen durften.

Zweitens war es das Abschiedsspiel von Helmut Schön im Frankfurter Waldstadion gegen die Ungarn, das nach sechzig Minuten wegen Nebels durch Schiedsrichter Wurtz aus Frankreich abgebrochen werden musste.

Und drittens handelte es sich beim vierten 0:0-Spiel um die letzte Gruppen-Begegnung während der Europameisterschaft 1980 in Turin gegen Griechenland. Der Hintergrund dieser torarmen EM-Partie: Die deutsche Mannschaft hatte sich bereits für das Finale in Rom gegen Belgien qualifiziert, und Griechenland war bereits aus dem Turnier ausgeschieden. Diese Begegnung war lediglich dazu da, den Spielern vor dem Endspiel eine Verschnaufpause zu gönnen und anderen Spielern, die bis dahin nicht zum Einsatz gekommen waren, weitere Erfahrungen zu ermöglichen.

Journalisten, die das Sportgeschehen nach mehr als zwanzig Jahren aufleben lassen möchten, sollten zum Beispiel den »kicker-Almanach« durchblättern. Es soll wirklich nicht arrogant klingen, aber diese Serie von 23 ungeschlagenen Spielen in Folge sind es wert, differenziert untersucht zu werden. Es ist ein Rekord, auf den man durchaus etwas stolz sein kann.

Apropos Malta, mein erstes 0:0-Spiel: Was heute nur noch wenige wissen, ist, dass im Stadion von Gzira am frühen Morgen des Länderspiels gegen uns der aus Lehmboden bestehende Platz mit Wasser aus Feuerwehrschläuchen nass gemacht wurde, damit die glühend heiße Sonne die Spielfläche regelrecht in Beton, Asphalt oder Granit verwandeln konnte. Und die Bälle sprangen und tanzten, wie sie nur wollten, die Spieler stolperten und konnten am Boden keinen vernünftigen Pass zustande bringen, geschweige denn, den Ball direkt und schnell weiterleiten. Die Abschläge vom Tor landeten durch den starken Wind im gegnerischen Strafraum oder kamen – nach dem Seitenwechsel – meist postwendend wieder zurück. Verletzungen bei Kopfballduellen waren nicht die allerschlimmsten, aber nach Tagen immer noch sehr schmerzhaft.

Deshalb hatte sich unser Torwart Sepp Maier bei einem Eishockey-Kollegen in München extra eine knielange Stepphose ausgeliehen. Wie sich herausstellte, eine vorsorgliche und vernünftige Idee, denn der Boden war in der Tat knochenbrecherisch. Im Spiel war alles dem Zufall überlassen, denn auch der böige Wind, der vom Meer her kam, ließ kein kontrolliertes Dribbling zu, weil der Ball immer schneller war als der Spieler.

Ich sehe noch heute Sepp Maier, wie er zum fünften Mal versucht, den Ball zum Abstoß auf die Torraumlinie zu legen. Da habe ich zum ersten Mal gesehen, dass auch ein Schiedsrichter mit einem Spieler ein Einsehen haben kann. Unser Weltmeister im Tor erhielt weder eine Ermahnung noch eine Gelbe Karte wegen Spielverzögerung. Im Gegenteil, Schiedsrichter Christov aus der ČSSR lächelte, als unser Sepp zwei kleine Steinchen nahm und sie vor dem Ball postierte, schnell zurücksteppte, um gleich wieder anzulaufen, um den Ball vor der nächsten kräftigen Böe möglichst schnell ins Spiel zu bringen.

Und weil ich einige Jahren zuvor, als Helmut Schön wegen einer Krankheit im Dezember 1974 nicht mit nach Malta reisen konnte, schon einmal diesen Ort alleinverantwortlich erlebt hatte, war es meine Aufgabe, bei der Mannschaftssitzung diese Probleme anzusprechen. Dass das Ganze erneut eine Zirkusnummer werden würde, war mir klar. Aber auf irgendeine Weise musste ich es der Mannschaft ja beibringen, die Spieler aufmerksam machen und sie warnen. Ich kam mir vor wie der Herr Oberlehrer in der Schule, und deshalb beschloss ich, direkt nach dem Frühstück ins Stadion zu fahren und das ganze Spektakel mit der Mannschaft an Ort und Stelle zu sehen und zu erleben.

Die Spieler waren erstaunt und schauten sich verstohlen

in unserer Runde um. Sie wussten nicht, ob sie lachen oder betrübt dreinschauen sollten. Schließlich sorgten Sepp Maier, Bernard Dietz und Kalle Rummenigge für gute Stimmung, erinnerten an Jugendzeiten und Aschenplätze, Straßenfußball, Hinterhöfe und an Länder der so genannten Dritten Welt. Trotzdem aber war ich mir nicht im Klaren darüber, wie und was die Spieler wirklich dachten. Ich hätte etwas dafür gegeben, ihre Vorstellungen, Gedanken und Ideen zu kennen, die sie in die Begegnung gegen die Malteser mitnehmen würden.

Das Spiel endete, wie gesagt, 0:0, und damit war auch klar, dass man solch einer Begegnung keine große Bedeutung beimessen konnte. Was man verlangen konnte, war, dass die Mannschaft kämpfte, den Gegner attackierte, Zweikämpfe gewinnen und sich gegenseitig helfen würde, vorn wie hinten in der Überzahl sein und während der neunzig Minuten ihre Überlegenheit zeigen sollte. Das hatten sie getan. Mein persönliches Ziel war zu diesem Zeitpunkt schon, das Rückspiel in Deutschland deutlich zu gewinnen und einen anderen Fußball zu demonstrieren. Ein Jahr später gewannen wir das Qualifikationsrückspiel in Bremen 8:0 (dazu später mehr). Und übrigens: Malta hat schon längst einen schönen und sehr gepflegten Rasenplatz.

Aber zunächst zum zweiten EM-Qualifikationsspiel. Einen Monat nach Malta, am 1. April 1979, spielten wir in der Türkei, in Izmir. Erneut blieb es, ich sagte es schon, bei einem mageren 0:0. Zu Recht, denn diesmal fehlten neben den kämpferischen auch die spielerischen Mittel, den läuferisch starken Gegner Türkei zu bezwingen und mehr als nur einen Punkt mit nach Hause zu nehmen.

Auch das dritte Qualifikationsspiel für die EM 1980, das ich mir wie die vorangegangenen Spiele als Auswärtsspiel gewünscht hatte, sollte nicht leicht werden. Das wusste ich. Wales war ein unangenehmer Gegner. Die meisten Spieler dieser Mannschaft spielten in der ersten oder zweiten Division in England. Andere in Schottland und vielleicht einer oder zwei Spieler im eigenen Land, in Wales.

Bei den vorangegangenen Termingesprächen hatten die großen Fußballnationen immer den Vorteil, dass ihnen die ersten Spiele in der Qualifikation als Auswärtsspiele angeboten wurden. Der Hintergrund dieser Regelung war durchaus nachvollziehbar, auch für die kleineren Länder. Wer wünschte sich schon, Deutschland, Italien, England oder Frankreich als letztes oder vorletztes Spiel vor eigenem Publikum zu präsentieren, zu einem Zeitpunkt also, an dem die Gastgeber selbst vielleicht bereits ausgeschieden waren oder kaum noch eine Chance besaßen, weiterhin dabei zu sein. Wir, die so genannten »Großen«, konnten davon natürlich profitieren. Es waren meistens keine wirklich herausragenden Begegnungen, aber oft sorgten bei den Rückspielen in Deutschland viele Tore, eine Taktik mit Risiko und überraschenden Zügen für ein Spektakel, das den Zuschauern gefallen konnte.

Ich hatte mir vor dem Wales-Hinspiel in Wrexham vorgenommen, eigentlich wie immer schon, mit jedem einzelnen Spieler zu reden, auf seine Stärken hinzuweisen, auf seine spielerischen oder kämpferischen Vorteile. Ich sprach aber auch davon, dass wir eine gesunde Portion Härte ins Spiel bringen müssten, ohne die keine Mannschaft gegen britische Spieler eine Chance hat. Ich redete über Yorath, den Stopper und Antreiber der walisischen Mannschaft. Über den quirligen Spielmacher Thomas, eine Schlüsselfigur der gegnerischen Elf, und über Toshack, den Mittelstürmer. Nach den beiden torlosen Spielen gegen Malta und die Türkei war eine klare Ansprache angebracht. In Wales hingen die Trauben besonders hoch. Die walisischen Bergwerke und der schwierige Lebensstandort der Menschen dort waren die besten Beweggründe für die walisischen Spieler, ihren hart arbeitenden Landsleuten etwas zurückzugeben – in Form von fußballerischer Leistung.

Schon wenige Minuten nach dem Anpfiff durchlebte ich die schlimmste Situation des gesamten Spiels. Mike Thomas, der Kopf der Waliser im Mittelfeld, wurde an der Seitenlinie angespielt, und schon war er da, der schnelle, nimmermüde und in allen Dingen konsequente Uli Stielike. Er grätschte, fast fliegend, Thomas in die Beine. Von unserer Bank aus gesehen, die in nächster Nähe stand, ein schlimmes, rabiates, unentschuldbares Foul. Und dann kam er auch schon im Sprint angerannt, der Schiedsrichter Michelotti, groß und blond. Seine Mimik verriet nichts Gutes.

Ich hob vor Schrecken meine Hände wie zum Gebet, schaute den Italiener an und hoffte mit einer Geste der Bitte, er möge doch keine Rote Karte ziehen. Ich vergesse den Blick dieses Mannes nicht, wie er näher kam, seine Lippen zusammenbiss, wie seine Augen funkelten und streng zuerst Uli Stielike anschauten, dann mich, um deutlich zu sagen: »So nicht, meine Herren! Und beim nächsten Mal wird es kein Pardon geben.«

Stielike durfte auf dem Platz bleiben, und wir zeigten ein gutes Spiel, traten kämpferisch und spielerisch so auf, wie es von großartigen Kerlen erwartet werden kann. Auch das Resultat stimmte. Wir gewannen durch Tore von Klaus Fischer und Herbert Zimmermann mit 2:0. Es war eine schwere Hürde, die überwunden worden war, und ich war überzeugt davon, dass sie der Mannschaft helfen würde, an sich zu glauben und im Stillen auch wieder zu wissen, dass der deutsche Fußball nicht nur vom Spiel, sondern auch vom Kampf lebt. So eben, wie wir es in den Spielen davor nicht sehen konnten und auch nicht bei der Weltmeisterschaft 1978 in Argentinien, wie es aber durch die deutsche Nationalmannschaft und die Vereinsmannschaften des DFB über viele Jahre hinweg immer wieder unter Beweis gestellt worden war.

Das Jahr 1979 bescherte uns noch sechs weitere Begegnungen, darunter etliche Testspiele. Es war bereits geplant, vor und zwischen den noch anstehenden Qualifikationsspielen Vorbereitungsspiele gegen vier weitere Gegner durchzuführen, um die großartige Leistungsbereitschaft und Spielfreude hochzuhalten und in diesem Stil weiterzumachen. Die beiden Tests gegen Irland (in Dublin) und Island (in Reykjavik) gewannen wir jeweils 3:1, gegen die Iren durch Tore von Kalle Rummenigge, Dieter Hoeneß und den Debütanten Walter Kelsch vom VfB Stuttgart, und mit zwei Treffern von Dieter Hoeneß und wiederum Kelsch gegen die Isländer.

Solche Länderspiel-Reisen schweißen nicht nur eine Mannschaft zusammen, auch ein verbessertes Spielverständnis, die praktizierte Hilfsbereitschaft im Spiel und der gemeinsame Wille zum Sieg kann einer Mannschaft »Flügel« verleihen. Es war nun Ende Mai 1979, und ich konnte mich überhaupt nicht damit anfreunden, über drei Monate lang, vom 25. Mai bis zum 12. September, auf das nächste Länderspiel gegen Argentinien warten zu müssen. Die Sommerpause hatte begonnen, dann folgte einige Wochen später für die Bundesliga-Klubs die übliche Vorbereitung auf die neue Saison. Die Spieler benötigen eine gewisse Anlaufzeit, körperlich und spielerisch wieder ihre Form zu finden, erst recht ein Länderspiel gegen einen solchen Gegner zu bestreiten.

Schließlich war es so weit, Spielort war das Olympiastadion in Berlin. Es trat eine deutsche Mannschaft an, die sich sehr verändert hatte. Sepp Maier, unser Torwart und Kapitän, ein Mann mit 95 Länderspielen, war in der Nähe von München mit seinem Auto verunglückt und lag schwer verletzt im Krankenhaus Großhadern. Eine große Tragödie für ihn und seine Familie, aber auch für die Nationalmannschaft. Ich war erschrocken, ihn da so liegen zu sehen, kaum ansprechbar und doch mit einem dünnen Lächeln im Gesicht. Er hat nie wieder gespielt, war aber Kerl genug, sich wieder aufzurichten, und wurde anschließend Torwarttrainer der Nationalmannschaft und seines Vereins, des FC Bayern München. Jede Mannschaft in der Welt wäre stolz gewesen, einen solchen Torwart und Menschen zu haben. Oliver Kahn ist heute ein Teil von ihm. Gegen die Argentinier gewannen wir schließlich 2:1, im Tor stand der Bremer Dieter Burdenski.

Trotz der »Torwartfrage« (erst Burdenski, dann Norbert Nigbur, schließlich beim EM-Turnier Toni Schumacher) wurde unsere Abwehr von Spiel zu Spiel eine sichere »Bank«. Und nach Manni Kaltz, Bernd Cullmann, Rainer Bonhof und unserem Kapitän Bernard Dietz wurde auch Karlheinz Förster ein Vorstopper der besonderen Klasse in Europa.

In Absprache mit Hennes Weisweiler, dem Trainer des 1. FC Köln, hatten wir vor, eines der jüngsten großen Talente des deutschen Fußballs nach seinem Debüt gegen Irland und dem Spiel gegen Island nun gegen eine Mannschaft wie Argentinien einer besonderen Prüfung zu unterziehen. Warum auch nicht? Er war für die Kölner nach der deutschen Meisterschaft 1978 die treibende Kraft in einer neu formierten Mannschaft – und erst neunzehn Jahre alt. Sein Name war Bernd Schuster.

Hinzu kam die positive Wandlung von Hansi Müller, der im Zusammenspiel mit Schuster und Klaus Allofs ein brillantes, oft nur direkt spielendes und auch torgefährliches Trio bildete. Sie hatten zusammengefunden und stellten bereits nach wenigen Spielen, mit dem erfahrenen Weltmeister Rainer Bonhof im hinteren Mittelfeld ein derart bewegliches, ideenreiches, intuitiv spielendes Mittelfeld dar, das Kalle Rummenigge und Klaus Fischer, auch ohne große Laufarbeit, Gassen und Lücken öffnete, um Tore zu erzielen.

Wir gewannen gegen Argentinien durch die beiden Treffer von Kalle Rummenigge und Klaus Fischer, den schnellen, wendigen Torjäger unserer Mannschaft. Es schien den Spielern plötzlich große Freude zu machen, besonders gut und erfolgreich zu spielen und auch Qualifikationsgegner wie Wales in Köln mit 5:1 zu besiegen. Die Tore schossen – wer konnte es schon sein? – Kalle Rummenigge und Klaus Fischer (2), und sogar Manni Kaltz und Karlheinz Förster trafen, glänzende Abwehrspieler, die immer wieder die Möglichkeiten suchten, ihre Angriffsqualitäten unter Beweis zu stellen.

Es war also kein Zufall, dass die Mannschaft sich zusammengefunden und spielerisch gewachsen war. Das Testspiel UdSSR gegen Deutschland in Tiflis am 21. November 1979 sollte ein weiterer Schritt nach vorn sein. In der Begegnung gegen Wales hatte ich in den letzten zehn Minuten Hans-Peter Briegel vom 1. FC Kaiserslautern erstmals eingesetzt. Von Risiko konnte keine Rede sein, er war ein Mann, der auf dem besten Weg war, mehr als nur ein Einwechselspieler zu sein. Rainer Bonhof und Klaus Allofs meldeten sich verletzt, und damit eröffnete sich die Möglichkeit, Briegel und Harald Nickel in die Mannschaft aufzunehmen und so den Kreis der Stammspieler zu erweitern.

Es gelang der Mannschaft, gegen ein gutes russisches Team Spiel und Tempo zu bestimmen, ihre technischen Fähigkeiten auszuspielen und den Drang, Tore zu erzielen, aufrecht zu erhalten. Die deutsche Elf gewann nicht nur überzeugend, sondern hatte auch unter Beweis gestellt, dass sie auf einem guten Weg war, bei der Europameisterschaft in Rom, die im Sommer 1980 über die Bühne gehen sollte, ernst genommen zu werden.

Die Tore gegen die Sowjetunion erzielten Rummenigge (2) und Fischer. Man durfte als Trainer auf diese Mannschaft, die sich innerhalb von zwei Jahren so gesteigert hatte, ein wenig stolz sein.

Durch das Wechselspiel von Freundschafts- bzw. Testspielen und wichtigen Qualifikationsspielen, die unbedingt gewonnen werden sollten, war es möglich, Reize zu setzen, die positive Stimmung aufrecht zu erhalten, aber auch ein Zusammengehörigkeitsgefühl zu entwickeln, das die Mannschaft insgesamt stark und überlegen machte.

Am 22. Dezember 1979 sollte im Spiel gegen die Türkei in

Gelsenkirchen das vorletzte Qualifikationsspiel stattfinden. Es war schön, sich hinstellen zu können und der Mannschaft lediglich sagen zu müssen: »Spielt wie in den letzten Spielen, gebt dem Gegner keine Chance, sein Spiel zu entwickeln. Haltet das Tempo hoch, lasst den Ball laufen, sucht den direkten Weg zum Tor.« Und so weiter.

Wir gewannen auch diese Begegnung klar mit 2:0 durch Tore von Klaus Fischer und Herbert Zimmermann.

Gut, es war kein großes Spiel, doch es war ein erfolgreiches Jahr gewesen, in dem es in neun Spielen sieben Siege und zwei Unentschieden gab und ein Torverhältnis von 20:5.

Das letzte Spiel der Qualifikationsrunde, Ende Februar, sollte uns – so viel Selbstvertrauen hatten wir mittlerweile gewonnen – gegen die Mannschaft aus Malta nicht schwer fallen. Außerdem wollten unsere Spieler ihren ganzen Frust von damals, den sie im Hinspiel auf der kleinen Mittelmeerinsel erlebt hatten, durch viele Tore vergessen machen.

Am Ende hieß es vor einem sympathischen Bremer Publikum 8:0, und die Stimmung war längst nicht mehr die, die einige Presseleute nach den torlosen Spielen auf Malta und in der Türkei mit bissigen Sprüchen und Zeilen verbreitet hatten. Damals waren viele Journalisten über die Spieler und auch über den Trainer hergefallen. Faule Profis hätte ich ausgewählt, eine falsche Taktik und vieles mehr. »Mimosen« wurden diese Spieler öffentlich genannt, »falsch ausgewechselt«, so wurde in großen Buchstaben über den Trainer gemosert. Dabei hatten die Spieler längst selbst die Erkenntnis gewonnen, dass jeder auch für sich selbst spielte, nicht nur für die Mannschaft.

Und Selbstkritik? Sicherlich war auch ein wenig Enttäuschung dabei, die beiden ersten Qualifikationsgegner nicht richtig ernst genommen und dabei an Vertrauen verloren zu haben. Das mussten wir uns zunächst einmal wieder zurückerobern, und jeder wusste, dies ging nur durch Kampf, mit Härte gegen sich selbst und mit eiserner Disziplin.

Die Parole zeigte Wirkung, und sie wurde in der Mannschaft derart ernst genommen, dass es Spaß machte, sich gegenseitig Hilfestellung zu geben, Gemeinsamkeiten auszutauschen und letztlich auch gute Freunde zu sein.

Das weitere Jahr 1980 stand im Zeichen der üblichen Vorbereitungsspiele für die im Juni stattfindende Europameisterschaft in Italien. Nach einem harten Winter waren die zwei angesetzten Testspiele zwischen dem letzten Qualifikationsspiel am 27. Februar gegen Malta und dem ersten EM-Spiel am 11. Juni in Rom gegen Europameister Tschechoslowakei eindeutig zu wenig. Dieses Zugeständnis an die Vereine hätte nach der misslungenen WM 1978 in Argentinien keinesfalls sein dürfen. Aber die Zeitpläne für die Meisterschaft, für den DFB-Pokal, den Europapokal der Meister, den Pokalsieger- und den UEFA-Cup ließen angeblich auch in einem Jahr mit einer Europameisterschaft keine Sonderwünsche zu. Dabei wäre es für die Nationalelf wirklich wichtig gewesen, wenn zumindest die Meisterschaft im Lande frühzeitig beendet worden wäre.

Wir gewannen die beiden Testspiele gegen Österreich in München 1:0 und gegen Polen in Frankfurt 3:1. Erfreulich war zudem, dass wir am Schluss der Bundesliga-Saison und kurz vor der EM 1980 in Italien keine Verletzten mehr zu beklagen hatten. Es konnte also losgehen, die Reise nach Rom, wo wir unser Quartier aufschlugen für die ersten beiden Spiele in der Gruppe, gegen den amtierenden Europameister Tschechoslowakei und gegen die immer schon starken Holländer, ein Spiel, das in Neapel ausgetragen werden sollte.

Es gab keinen Grund zur Nervosität, zum Übermut allerdings auch nicht. Die Mannschaft war jung, fußballerisch einem solchen Turnier gewachsen, und niemand fühlte sich allzu sehr unter Druck gesetzt, etwas Besonderes erreichen zu müssen. Das war uns schon gelungen. Innerhalb von zwei Jahren hatten wir eine neue Mannschaft aufgebaut. Wir hatten, wenn auch mit anfänglichen Schwierigkeiten, in bisher fünfzehn Begegnungen nicht verloren (acht weitere Spiele ohne Niederlage folgten noch) und zeigten mehr als nur sehenswerten Fußball.

Was diese Nationalmannschaft in Wahrheit beflügelte, war genau das, was Kalle Rummenigge in seinem Buch über die EM 1980 am Ende so ausdrückte: »Vor der Europameisterschaft hatte ich an einen Titelgewinn schon gedacht, aber eigentlich doch nicht daran geglaubt. Aber nach dem Sieg möchte ich sagen, wir haben wohl verdient gewonnen. Mit unserer jungen Mannschaft und dieser Einstellung konnte nichts schief gehen. In der Kabine begossen wir das Glück mit Champagner; anschließend gab der DFB ein großes Bankett – und ließ unsere Frauen mitfeiern. Das war nicht immer so. Und vielleicht ist damit auch der Schlüssel zu unserem Erfolg gefunden, der, so sehr das auch belächelt werden mag, auch ein Triumph der Kameradschaft war.«

Und dazu bemerkte Karl-Heinz Rummenigge auch noch: »So etwas gab es nämlich in Italien. Wir waren eine große Gemeinschaft. Keiner schrie den anderen an, aber alle lachten miteinander. Und die Freiheit, die uns Bundestrainer Jupp Derwall gab, machte uns zu fröhlichen, manchmal auch ausgelassenen Menschen.«

Der Triumph von Rom

Alle Wege führen nach Rom. So hätte auch sein ganz persönliches Motiv, sein Motto und sein Ziel heißen können. Horst Hrubesch, der Mittelstürmer des Hamburger SV, sagte mir noch kurz vor dem Abflug mit einem Schmunzeln im Gesicht: »Trainer, ich freue mich auf diese EM, auf Italien und vor allem auf Rom.«

In der italienischen Hauptstadt sollte auch das erste Spiel in unserer Gruppe stattfinden. Für das gesamte Turnier war das Hotel Holiday Inn bereits fest gebucht und sollte, wenn erforderlich, auch für den Tag des Endspiels am 22. Juni 1980 zur Verfügung stehen.

Es war sicher kein First-Class-Hotel, aber man konnte sich hier sehr wohl fühlen. Die Mannschaft bewohnte den gesamten Flügel der Südseite, es gab Aufenthaltszimmer, einen Saal, in dem gegessen wurde und ansonsten niemand Zutritt erhielt. Hinzu kamen ein Swimmingpool mit Sonnenschirmen und Platz zum Plaudern oder Ausruhen und die Möglichkeit, Tischtennis zu spielen.

Es wurde tagtäglich trainiert, sich ernsthaft vorbereitet auf die Mannschaft der Tschechoslowakei, die ihren 1976 in Zagreb errungenen Titel eines Europameisters verteidigen wollte, und ausgerechnet im Auftaktspiel der Gruppe eins auf die deutsche Mannschaft stieß, die vor vier Jahren auch der Endspielgegner war. Eine Neuauflage des letzten Endspiels stand also gleich zum EM-Auftakt auf dem Programm.

Es gab mit der deutschen Mannschaft aus der Sicht der

Trainer keine wirklichen Probleme. Auch der Umgang mit der Presse und den anderen Medien verlief reibungslos, von beiden Seiten wurde die notwendige Distanz akzeptiert und auch beachtet. Die Situation erinnerte mich an die WM 1970 in Mexiko.

Direkt nach dem Ende der Meisterschaft in der Bundesliga hatte es für die Nationalspieler einen Kurzurlaub in der Nähe von München gegeben – in Unterhaching, im Hotel Huber, dessen Chef, selbst einer der größten Fans der deutschen Nationalmannschaft, alles tat, um uns nach einigen harten, aber auch aufbauenden Trainingstagen zu verwöhnen und die Ruhe genießen zu lassen. Wir hörten und sahen ihn kaum, aber er verstand es glänzend, der Hansi Huber, immer auf der »Schwelle« zu stehen und verfügbar zu sein.

Nach vier Tagen hatte es zwei letzte Verschnauftage zu Hause bei den Familien gegeben, und dann war die Lufthansa-Maschine am 8. Juni 1980 in Richtung Rom gestartet, drei Tage vor dem Spiel im Olympiastadion gegen die Tschechoslowakei.

Bis zu dieser Begegnung versuchten wir uns der großen Hitze in Italien möglichst schnell anzupassen. Es wurde trainiert, gearbeitet, sich in Form gebracht. Auch psychisch taten wir alles, um die gute Stimmung, die schon seit zwei Jahren nicht besser sein konnte, hoch zu halten und von keiner Seite etwas »anbrennen« zu lassen.

Horst Hrubesch hatte noch am Ende der Saison, am 28. Mai 1980, mit dem Hamburger Sportverein in Madrid im Finale des Europapokals der Landesmeister gegen Nottingham Forest, den englischen Meister, gestanden. Ein Spiel, das der HSV knapp mit 0:1 verlor. Hrubesch hatte also nicht nur diese Endspiel-Niederlage wegzustecken, er hatte auch nur wenig Zeit gehabt, sich zu erholen und gezielt auf die EM vorzubereiten. Außerdem war der kopfballstarke Stürmer angeschlagen, hatte erst zwei Länderspiele vorzuweisen, und ihm fehlte damals noch jegliche Turniererfahrung.

Schon deshalb spielte der Torjäger nicht im ersten Spiel gegen den hoch einzustufenden Europameister aus der ČSSR, wir traten vorne im Angriff mit Klaus Allofs und Kalle Rummenigge an. Der Münchner war es auch, der das Tor des Tages zehn Minuten nach der Pause erzielte. Dabei blieb es, die Revanche für die Niederlage im Elfmeterschießen bei der EM 1976 war damit geglückt.

Am nächsten Tag kam Horst Hrubesch nach dem Training zu mir und fragte mich, ob er nach dem Essen für zwei Stunden in die Stadt gehen dürfe. Ich sagte ihm zu, weil ich ihn als korrekten, gradlinigen Menschen kannte, und gab ihm die Order, nach zwei Stunden wieder im Hotel zu sein.

Die Tage vergingen, wir hatten der Mannschaft Gelegenheit gegeben, Rom etwas näher kennen zu lernen: Die großartigen Bauten vergangener römischer Geschichte wurden besucht, dazu der Petersdom und der Vatikan, die Residenz des Papstes.

Nach vier Ruhetagen mit Training und Vorbereitung auf das Spiel gegen Holland fuhren wir einen Tag vor dieser Begegnung mit dem Bus nach Neapel, dem wohl heißesten Spielort dieser Europameisterschaft.

Horst Hrubesch machte sein drittes Länderspiel. Ihn brauchten wir nun, um die gegnerische Abwehr zu beschäftigen. Als Kopfballspezialist für die Manni-Kaltz-«Bananenflanken» und um unseren quirligen anderen Spielern wie Klaus Allofs, Kalle Rummenigge und auch Bernd Schuster die Möglichkeit zu geben, auf engstem Raum kurze Pässe zu spielen und zu Toren zu kommen, während Hansi Müller und Peter Briegel zusammen mit der Abwehr ihre Vorderleute absicherten.

Wir führten bereits zur Halbzeit 3:0 gegen die Niederländer. Nach Vorlagen von Bernd Schuster erzielte alle Tore ausgerechnet Klaus Allofs, den ich auf Grund einer nur mäßigen Leistung gegen die Tschechoslowakei zunächst gar nicht spielen lassen wollte. Doch gegen die etwas unbewegliche

Abwehr der Holländer hielt ich es für richtig, ihm noch eine Chance zu geben. Am Ende gewannen wir 3:2, nachdem ich den erst 19-jährigen Neuling Lothar Matthäus eingewechselt und zehn Minuten zuvor den erfahrenen Felix Magath aufs Feld geschickt hatte, um das Risiko zu minimieren. Spannend wurde es dann dennoch – trotz der an sich gemütlichen Führung. Der junge Matthäus verursachte nach wenigen Minuten einen Foulelfmeter, den Rep verwandelte, doch der Anschlusstreffer von Van de Kerkhof kam für die Niederländer zu spät.

Horst Hrubesch hatte durchgespielt, aber nicht getroffen.

Nach dem Frühstück in Rom sah ich, dass er sich bereits wieder in Lauerstellung befand. Beim Hinausgehen sprach er mich an, bat mich zum zweiten Mal um zwei Stunden Stadturlaub. Ich sagte ihm, dass wir am nächsten Morgen alle gemeinsam in die Stadt fahren würden, und zählte ihm die historisch wertvollen und auch romantischen Stätten der alten römischen Geschichte auf, die wir uns sowieso ansehen würden. Horst aber meinte, dass »es heute sein müsse. Trainer, es ist wichtig für mich, bitte.«

Ich wollte ihn nicht enttäuschen, auch andere wollen eben ihre Gefühle ausleben, sich einer Eigenmotivation unterziehen und selbst gewählte Wege gehen. Ich sagte nur kurz »o.k.« und forderte ihn auf, wieder pünktlich im Hotel zu sein. Er beschwor mich aufs Neue, dass es sich um Dinge handeln würde, die weder mir noch der Mannschaft noch dem DFB etwas anhaben könnten. Und er würde es mir nach dem Turnier sagen, welche Gründe es waren, die ihn immer wieder in die Stadt Rom zogen.

Irgendwann, nach dem torlosen Spiel gegen Griechenland in Turin, nachdem wir das Finale dieser Europameisterschaft erreicht hatten, stand mir Horst Hrubesch erneut gegenüber. Ich kniff beide Augen zu. Hörte nur noch »Stadt gehen« – »eine Stunde« – »das letzte Mal« – »pünktlich zurück« und so weiter und so fort. Nach langer Überlegung sagte ich nach dem Essen nur noch: »Eine Stunde, in Begleitung, und pünktlich zurück ins Hotel.«

Obwohl ich mir nicht sicher war, dass dies irgend einen Sinn haben könnte, stand ich schon nach einer halben Stunde da, um auf den Spieler zu warten. Dann kam er, pünktlich und locker, mit einem Lächeln, das mich neugierig machte. Schon von weitem rief er: »Trainer, ich habe ihn gesehen! Ich habe ihn gesehen, den Papst, Trainer! Den Papst, wirklich, ganz aus der Nähe habe ich ihn gesehen.« Horst sah glücklich aus, zufrieden und voller Dankbarkeit. Es muss ihm ziemlich wichtig gewesen sein, das Oberhaupt der katholischen Kirche in Rom, in seiner Residenz im Vatikan, zu erleben. Ich wusste bis dahin gar nicht, dass ein Horst Hrubesch ein so überzeugter Katholik war.

Am Tag des Endspiels fuhren wir mit unserem Bus, begleitet von vielen Autos und Motorrädern der italienischen Polizei, durch die Stadt, vorbei am Petersdom und am Vatikan zum Olympiastadion, um zu versuchen gegen Belgien, den so geliebten und begehrten Titel eines Europameisters zu gewinnen.

Was mag er sich wohl gedacht haben, dieser Horst Hrubesch? Es war sein sechstes Länderspiel für die deutsche Nationalmannschaft. Für Klaus Fischer, der schwer verletzt zu Hause bleiben musste, hatte ich ihn mitgenommen und schon etwas früher gehofft, dass er – ein Mann, der es verstand, sich im Strafraum durchzusetzen und Tore zu machen – auch in der Nationalmannschaft zum Erfolg beiträgt. In der Bundesliga hatte er es bewiesen. Nicht aber im Europa-Cup-Finale in Madrid gegen Nottingham Forest und auch nicht in seinen ersten fünf Länderspielen.

Trotzdem wird er kein Risikofaktor sein, sagte ich mir. Horst war ein Kämpfer, schuss- und kopfballstark. Sein Flankenpartner war der gleiche Spieler wie beim HSV, Manni Kaltz. An der Zweikampfstärke des Stürmers hatte sich so manch einer die Zähne ausgebissen. Hrubesch war ein Hühne, der aus dem Hinterhalt mit großen Schritten antrat, um alles zu überlaufen und Tore zu machen. So kannte ich ihn jedenfalls.

Wir gewannen dieses Finale um die Europameisterschaft 1980 mit 2:1. Es war die jüngste Mannschaft aller teilnehmenden Nationen, und die deutsche Elf war ein verdienter Sieger, da sie spielerisch überzeugte. Die beiden Tore, die uns den Sieg brachten, machte jener, der in den Tagen zuvor die Nähe des Papstes gesucht hatte. Nachdem er ihn endlich getroffen hatte, traf er auch im Spiel, glücklicherweise sogar im ersten Spiel danach. Da es das große EM-Finale 1980 von Rom war, bedeuteten seine Tore für den deutschen Fußball den zweiten EM-Titel nach 1972.

Mein Fehler

Die Europameisterschaft war vorbei, wir wandten uns wieder dem normalen Alltag zu. Die Spieler machten einen verdienten Kurzurlaub, um bei der Vorbereitung ihrer Mannschaften in der Bundesliga wieder dabei zu sein. Da unser erstes Länderspiel erst am 10. September gegen die Schweiz in Basel stattfinden sollte, hatten wir Trainer Zeit, nach neuen Spielern Ausschau zu halten.

Ich möchte nicht sagen, dass wir nach dem Gewinn der Europameisterschaft dringend auf der Suche waren. Nein, eigentlich brauchten wir Ergänzungsspieler, die dem größeren Kreis der Nationalmannschaft angehören sollten, um gegebenenfalls herangezogen zu werden. Nicht das Stammpersonal sollte ersetzt oder erweitert werden, sondern bei Bedarf sollten zusätzliche Spieler zur Verfügung stehen.

Das Spiel gegen die Schweiz zeigte, dass solche Überlegungen notwendig waren. Es fehlten diesmal Uli Stielike und Bernd Cullmann, und es war nicht leicht, in einer eingespielten Mannschaft gleich zwei Spieler ersetzen zu können, die eine ähnliche Position bekleideten. Jedenfalls war es ein guter Test, den Ernstfall gegen die Eidgenossen proben zu können.

Bernd Schuster, bekannt als Allround-Spieler, hatte keine Bedenken. Wir gewannen das Spiel schließlich 3:2 gegen eine spiel- und laufstarke Schweizer Mannschaft und waren froh, diese neuen Erfahrungen gemacht zu haben.

Der Test gegen Holland musste schon etwas höher angesiedelt werden. Wie immer schon war die niederländische Mannschaft für uns kein einfacher Gegner, der Vize-Weltmeister von 1974 und 1978 hatte nichts verlernt, und das Resultat, ein 1:1, war völlig gerecht.

Der nächste Gegner Frankreich in Hannover war zu jener Zeit das Spiegelbild des holländischen Teams. Zuviel Respekt voreinander hatte meistens zu recht dürftigen Begegnungen und Ergebnissen geführt. Diesmal aber hieß es am Ende 4:1. Ein Resultat, das mir zeigte, dass wir durchaus über eine größere Anpassungsfähigkeit im Umgang mit ähnlichen Mannschaften verfügten.

Schließlich war das Jahr 1980 fast zu Ende, und wir glaubten an unsere Chance, das erste WM-Qualifikationsspiel gegen die Bulgaren in Sofia am 3. Dezember gewinnen und ein erstes Polster anlegen zu können. Der 3:1-Sieg machte Hoffnung auf mehr. Die Mannschaft hatte sich auch menschlich gefunden, und sie drängte darauf, diese gute Form zu nutzen und zur »Copa de Oro«, zur so genannten »Mini-WM«, nach Uruguay zu fahren.

Der Rückflug aus Bulgarien war nicht für Frankfurt, sondern für Stuttgart gebucht. Wir waren in bester Stimmung, auch deshalb, weil die deutsche Sportpresse uns zur »Mannschaft des Jahres 1980« und mich zum »Trainer des Jahres« gewählt hatte. Da standen sie nun, die Spieler der deutschen Mannschaft, auf der Bühne in Sindelfingen. Der Stuttgarter Mittelfeldspieler Hansi Müller hatte für alle einen dunkelblauen Smoking der Firma Boss in Auftrag gegeben.

Hansi war nicht nur auf dem Rasen neben Bernd Schuster der Lenker des Spiels. Auch sonst war er für die Mannschaft ein guter Organisator. Es war ein gelungener Abend. Am nächsten Tag ging es nach Hause. Endlich konnten wir wieder zu den Familien zurück. Wir freuten uns auf Weihnachten, mussten danach aber noch einmal die Koffer packen – für Montevideo.

Viel Zeit blieb nicht, schon am ersten Tag des neuen Jahres 1981 spielten wir in Uruguay bei der »Copa de Oro« gegen Argentinien. Für uns und unsere Familien war es wirklich kein glücklicher Termin. Aber wer kann sich in seinem Beruf schon alles selber aussuchen?

Südamerika! Für so manchen Spieler und Mitreisenden war es sicher ein großes Erlebnis. Besonders Uruguay und seine Hauptstadt waren sehenswert. Es ist ein kleines Land am Rio de la Plata mit nur drei Millionen Einwohnern. Von der FIFA war es eine Geste guter sportlicher Freundschaft und auch der Dankbarkeit einem Verband gegenüber, der Großes geleistet hatte und dem Fußball in vielen Jahren so große Fußballer geschenkt hatte. Dieses kleine Uruguay trug bekanntlich 1930 nicht nur die erste Fußballweltmeisterschaft aus, sondern gewann damals auch als erster Verband diesen begehrten WM-Titel. Und sie schafften es 1950 sogar ein zweites Mal. Der Gegner im Finale in Rio de Janeiro vor 199854 Zuschauern, der 2:1 geschlagen wurde, war auch noch Gastgeber Brasilien. Selbst bei der nächsten Weltmeisterschaft, 1954 in der Schweiz, zeigte die Mannschaft von Uruguay, dass dies alles kein Zufall war, und schaffte immerhin das Halbfinale.

Viele erinnern sich vielleicht noch an die fünfziger Jahre, als Torwart Máspoli, ein Andrade oder ein Schiaffino nach Italien auswanderten und in italienischen oder auch in spanischen Mannschaften für Furore sorgten. Elegant und geschmeidig, schnell und beweglich, lauf- und dribbelstark waren sie, fast schon akrobatisch. Unsere Hoffnungen, später auch einen Pelé, Garrincha, einen Santos oder Zagalo in einem europäischen Verein spielen sehen zu können, ließ damals wohl der Stolz der Brasilianer noch nicht zu. Einzig Didi, Vavá und einige andere versuchten den Einstieg bei Spitzenmannschaften wie Real Madrid oder AC Mailand. Heute ist das anders. Heute bestimmen nicht die großen Fußball-Länder mit ihren berühmten Klubs und Persönlichkeiten den Weg eines Spielers vom Talent zum Supertalent und schließlich zum »Genie«, sondern es ist das Geld. Schade!

Die Stimmung in unserer Mannschaft in Uruguay in diesen ersten Tagen des Jahres 1981 war wie immer gut, aber nicht so gut, wie es wohl erforderlich gewesen wäre, um eine solche Mini-WM gewinnen zu können. Dabei waren wir es uns selbst schuldig als aktueller Europameister und als einziger europäischer Vertreter, gute Spiele abzuliefern.

Es war auch Los-Pech, in der ersten Begegnung gleich gegen den amtierenden Weltmeister antreten zu müssen. Argentinien zählte schon immer zu den großen Fußball-Verbänden, die sich im internationalen Fußball Respekt verdient hatten. Es war auch diesmal keine leichte Aufgabe, gegen diese Argentinier zu spielen. Doch im Stillen rechnete ich mit einem Motivationsschub, da wir sie 1979, nachdem die Südamerikaner 1978 im eigenen Land Weltmeister geworden waren, in Berlin 2:1 geschlagen hatten.

Ich wurde positiv überrascht. Bis zur Halbzeit führten wir durch ein Kopfballtor von Horst Hrubesch, das er bereits nach wenigen Minuten erzielt hatte. Ich hatte gar nicht mit einer solch guten Leistung der deutschen Elf gerechnet. Nach dem Wiederanpfiff war es ein Spiel, in dem starke Nerven, Aufmerksamkeit und Cleverness gefragt waren. Das beste Mittel bei dieser Hitze und Schwüle war es, den Ball in den eigenen Reihen zu halten und auf die schnellen und überraschenden Gegenvorstöße aufzupassen.

Es waren nur noch fünf Minuten zu spielen. Und es waren nur wenige Sekunden, in denen sich Manni Kaltz und Toni Schumacher nicht einig waren. Zwei Meter vor dem eigenen Tor zog der eine, Manni Kaltz, sein Bein zurück, um unserem Torwart die Möglichkeit zu geben, den Ball mit den Händen aufzunehmen oder mit dem Fuß wegzuschlagen. Toni Schumacher hingegen sah die Bewegung von Manni Kaltz und musste annehmen, dass er den Ball aus der Gefahrenzone wegdreschen würde.

Beide reagierten wie ein Gentleman beim Handkuss: Niemand berührte irgendetwas, und ein lachender Dritter aus Argentinien nutzte die Chance, den Ball über die Linie zu stoßen. Es stand fünf Minuten vor Ende des Spiels nur noch 1:1.

Argentinien erwachte, auf dem Rasen und auf den Rängen. Kurz nach dem Anstoß verloren wir den Ball, der sich über die rechte Seite der Argentinier bedrohlich dem deutschen Tor näherte. Ein Dribbling, ein überraschender Schuss – und Aus war der Traum. Argentinien hatte 2:1 gewonnen, und die Stimmung war am Boden. Die Spieler träumten nun lieber vom Ski-Urlaub in den Alpen mit der Familie oder von Strand und Meer, von Palmen und Schirmen.

Ich konnte es ihnen ansehen.

Der nächste Gegner hieß Brasilien. Wiederum keine leichte Aufgabe, bedenkt man, dass dieser Verband seit 1970 keine WM mehr gewonnen hatte, sich ständig neu aufbaute, unberechenbar und undurchschaubar war. Irgendwie hatten die Brasilianer zu dieser Zeit nichts dazugelernt, aber sie hatten auch nichts vergessen.

Es war ein Feuerwerk, was uns erwartete. Die brasilianische Mannschaft bot ein Tempo und ein Direktspiel, das wirklich beeindruckend war. Jetzt wussten wir, warum wir hier waren. Es hatte sich gelohnt, allein nur für dieses eine Spiel.

Es war eine Lektion erster Güte. Brasilien gewann 4:1, ein Resultat, das diese Mannschaft mit einer unglaublichen Leichtigkeit im Zusammenspiel erreichte. Ihr Motto lautete ganz einfach und war doch so schwierig zu praktizieren: möglichst am Ball bleiben, Technik in Bewegung umsetzen.

Natürlich stand in einem solchen Land wie Uruguay nicht nur Fußball auf dem Programm. Ohne Shopping ging es nie während solcher Dienstreisen in die Ferne. Jeder Spieler hatte seinen Zettel in der Tasche, den er von zu Hause mitgebracht hatte. Unser Professor hatte das wohl besonders ernst genommen mit den »Mitbringseln«. Jedenfalls kaufte sich Heini Heß an einem Taxistand ein Auto, das ihm offenbar besonders gut gefiel: einen Opel P-4, damals eine Sensation und ein Auto zum Träumen.

Bei der Abreise kutschierte er damit zum Flughafen, und sein Taxi-Chauffeur brachte den Wagen in den Hafen, um ihn für die nächsten drei Monate auf Schiffsreise zu bringen, bis er schließlich in Saarbrücken sein sollte. Ein Service alla Copa de Oro.

Zuvor aber gab es für die Mannschaft noch eine Einladung der deutschen Botschaft. Es war schon spät, als mir jemand etwas zu trinken brachte und dabei über Fußball und dieses und jenes zu plaudern begann. Es stellte sich heraus, dass er schon viele Jahre unterwegs war und dabei sehr viele Länder gesehen hatte. Nicht zuletzt aber hörte ich durch andere, dass er alle Lieder dieser Welt kannte und die Musik liebte, als ihm plötzlich eine Gitarre übergeben wurde. Aber nicht er, sondern ich sollte spielen. Auch er hatte davon nebenbei erfahren.

Von überall wurden Lieder angestimmt, vor allem natürlich deutsche Lieder. Die Sehnsucht nach der Heimat scheint sich gerade bei denen, die seit Jahren in der Welt unterwegs sind, besonders durchzusetzen. Es erklangen immer wieder neue Lieder, die auch die nähere Herkunft der Leute verrieten. Peter und Renate Jung zum Beispiel kamen aus Hessen, aus dem Taunus, und wenn er seine Stimme erhob, dann bebte die Erde. Es war ein Erlebnis und eine Party, die bis zum frühen Morgen dauerte. Niemand merkte in diesen Stunden, wie schräg Musik sein kann, aber auch sein darf, wenn man sich mag und sich versteht. Für uns alle war es ein erlebnisreicher Tag.

Ich traf Peter und Renate später wieder, nach vielen Jahren in Istanbul, als ich einen Stempel für meine Aufenthaltsgenehmigung benötigte. Die Freude war groß und nach einiger Zeit noch größer, als meine Frau Elisabeth und ich von Ajaspascha, am Ufer des Bosporus, in die Nähe unseres Trainingszentrums bei Galatasaray Istanbul umzogen, wo auch unsere Freunde aus Hessen zu Hause waren.

Als wir aus Südamerika zurück waren, folgte das zweite Qualifikationsspiel gegen Albanien in der Hauptstadt Tirana. Es war immer das gleiche Bild in diesen Ländern. Es gab zu wenig Arbeit, die bezahlt wurde, und nicht ausreichend Essen für alle. Die Frauen mussten auf den Feldern hart arbeiten, um auch noch die letzte Kartoffel für ihre Familie zu finden. Die Männer dagegen nahmen sich die Zeit, um ihrem Lieblingsspiel, dem Fußball, nachzugehen. Erst recht natürlich, wenn es darum ging, in einer WM-Qualifikation mitspielen zu können.

Bernd Schuster sorgte dafür, dass wir das Spiel 2:0 gewannen. Er machte zwei wunderschön herausgespielte Tore und garantierte damit, dass wir in der Gruppe glänzend da standen. Es konnte kaum besser laufen.

Die beiden Tore von Bernd hatten auch zur Folge, dass in unsere Mannschaft wieder Spaß und Spielfreude zurückgekehrt waren. Das bestätigte auch das nächste Qualifikationsspiel einen Monat später, das in Hamburg ausgetragen wurde und das wir überlegen gestalteten. Wir gewannen gegen die Österreicher 2:0 nach einem Eigentor von Bernd Krauss und einem weiteren Treffer von Klaus Fischer.

Die nächste Begegnung war ein Freundschaftsspiel gegen Brasilien, ein Gegner, der alle Variationsmöglichkeiten bot, der auch als Studienobjekt bestens taugte, eine Mannschaft, von der jeder viel lernen kann. Was mir Sorge bereitete, war die ausgebliebene Abstellung von Bernd Schuster für diesen wichtigen Test gegen die Südamerikaner und für das fünf Tage später stattfindende Qualifikationsspiel in Finnland, das wir unbedingt gewinnen wollten. Wir versuchten, unsere Form zu finden und natürlich auch die verbliebenen fünf in Folge stattfindenden Qualifikationsspiele in bester Verfassung zu absolvieren, um möglichst frühzeitig mit der Vorbereitung auf die WM in Spanien beginnen zu können.

Per Telefon gab es mit meinem Freund Udo Lattek hartnäckige Diskussionen. Es ging nicht nur um die DFB-Auswahl, sondern auch er als Trainer des FC Barcelona hatte seine Probleme. Ausgerechnet in der Zeit zwischen unserem Brasilien- und dem Finnland-Spiel in Lahti hatten die Katalanen ein wichtiges Pokalspiel auszutragen.

Für Udo Lattek war es sicher schwieriger, meinen Wünschen entgegenzukommen, weil bei insgesamt drei Spielen und vier Flügen in fünf Tagen sich Bernd Schuster natürlich nicht richtig erholen konnte, um seine Leistung bringen zu können. Am Ende stimmte mir Udo Lattek zu, unter der Voraussetzung, dass Bernd gegen Brasilien und Finnland nur jeweils eine Halbzeit spielen würde. Ich akzeptierte, weil ich die schwierige Situation von Udo Lattek verstand.

Ich wusste aber auch, dass Bernd Schuster gerne gegen die Brasilianer spielen würde. Dass er die Atmosphäre spüren wollte, allein schon die Nähe solch großartiger Spieler motivierte ihn. Er wollte ihre Fertigkeiten am Ball kennen lernen, Zweikämpfe austragen und ihre Reaktionen auf dem Platz beobachten.

Wir verloren am 19. Mai knapp mit 1:2 nach einem guten Spiel. Paul Breitner verschoss leider einen Foulelfmeter.

Da das Spiel in Stuttgart stattfand, hatte Hansi Müller die Spieler und ihre Frauen zu sich nach Hause eingeladen. Eine schöne Geste, vor allem für die »besseren Hälften«, die sich bis dahin noch gar nicht so gut kannten. Bei meiner Ansprache merkte ich, dass Bernd Schuster und seine Frau fehlten, die ich im Hotel noch gesehen hatte. Ich fand dieses Verhalten nicht angebracht, da alle anderen gekommen waren.

Ich musste reagieren, etwas unternehmen, obgleich es mir nicht leicht fiel. Aber ich war dazu entschlossen, da die Mannschaft über sein Fehlen erbost war. Als wir in unser Hotel zurückkamen, saßen Bernd und seine Gaby in einer großen Menge von Presseleuten und gaben, so war anzunehmen, in aller Ruhe Interviews. Immerhin war es schon fast zwei Uhr morgens. Ich war verärgert, auch deshalb, weil ich immer wieder von den Journalisten Kritik einstecken musste, dass ich vor allem zu jungen Spielern zu tolerant sei. War es Provokation? Noch von meinem Zimmer aus rief ich ihn an und sagte ihm, er dürfe gleich hier bleiben, müsse nicht mit nach Finnland, sondern könne mit seiner Frau und mit seinem Trainer Udo Lattek nach Barcelona fliegen.

Da es kein Widerwort gab, war für mich die Angelegenheit geklärt. Es sollte auch nur eine Sperre für ein Spiel sein, eine Verwarnung, die darauf hinauslaufen sollte, dass Bernd Schuster sein Gesicht wahren und professionell reagieren konnte. Für ihn wäre es in Wirklichkeit sehr leicht gewesen und eine ganz normale Situation, wenn er seine Disziplin, die er im Ausland bei einem großen Klub gelernt hatte, der Mannschaft gegenüber demonstriert hätte.

Wenig später erfuhr ich von Toni Schumacher, dass Bernd ihn persönlich darum gebeten hatte, ihn bei mir zu entschuldigen mit der Begründung, dass er der Presse ein längeres Interview ermöglichen wollte, wofür er ja nur bei Länderspielen in Deutschland zur Verfügung stünde.

Ich stehe zu meinem Fehler, zu emotional reagiert zu haben. Zu glauben, Bernd Schuster an die Hand nehmen zu können, Strafkataloge auszudenken, dadurch meine Autorität deutlich zu machen, mich über ihn zu stellen. Nein, das war noch nie meine Art und sollte sie nie werden. Es entspricht mir nicht, den Chef herauszustellen, ständig zu tadeln und Anweisungen zu geben, zumal die Nationalspieler in der Regel nur wenige Tage zusammen sind und deshalb die Erziehung eher durch das Elternhaus, durch die Schule und den Klub betrieben werden sollte. Mir wurde immer wieder die »lange Leine« vorgeworfen, mein Führungsstil wurde als »zu weich« kritisiert. Ich denke, dass dieser Vorwurf mir nicht gerecht wird. Ich habe in meiner langen Trainerlaufbahn auch Vereine trainiert. Oft werde ich gefragt, was mir besser gefallen habe: das Amt als Klubtrainer oder die Rolle des Bundestrainers? Die Antwort fällt mir nicht schwer: Natürlich ist es der Job des Vereinstrainers, der mehr befriedigt. Nur dort, im Verein, ist es möglich, junge Spieler, teilweise über Jahre hinweg, wirklich zu formen. Nur dort kann der Trainer auch als Pädagoge wirken, in der täglichen Arbeit auf dem Trainingsplatz die Entwicklung eines Talents beobachten und in die richtigen Bahnen lenken. Ich war viel lieber Vereinstrainer, egal ob es die Zeit in der Schweiz war oder später bei Galatasaray Istanbul.

Später habe ich es bereut, bei Bernd Schuster nicht anders gehandelt zu haben. Ein kurzes Gespräch mit dem Spieler und der Mannschaft hätte genügt, die Angelegenheit wieder in Ordnung zu bringen. Es gibt immer wieder Situationen, in denen mir diese falsche Reaktion von damals in der Gegenwart in Erinnerung kommt. So zum Beispiel vor etwa zwei Jahren während des Bundesligaspiels des FC Bayern gegen die von Berti Vogts trainierte Mannschaft von Bayer Leverkusen. Der Münchner Angreifer Carsten Jancker drehte nach einem erfolgreichen Solo und einem Tor in Richtung gegnerische Trainerbank ab und beschimpfte den dort sitzenden Berti Vogts aufs Übelste, weil er sich von Vogts während dessen früherer Zeit als Bundestrainer zu wenig berücksichtigt gefühlt hatte.

Da ich danach weder vom Verein FC Bayern München ein Wort der Entschuldigung noch von den zuständigen Ausschüssen des Deutschen Fußball-Bundes eine Reaktion gehört oder gelesen habe, bin ich mir heute sicher, dass ich mich mit meiner »langen Leine« nicht ganz falsch verhalten habe. Meine »lange Leine« war im Vergleich dazu noch relativ kurz.

Erst im WM-Finale gescheitert

Algerien, Chile, Österreich: Abgesehen vom Team aus unserem Nachbarland brachte uns die Auslosung für die WM 1982 in Spanien in der Gruppe zwei der ersten Finalrunde eher Mannschaften, die zu den in Europa weniger bekannten Fußballnationen zählten. Gegen Chile spielten wir zum letzten Mal anlässlich der Weltmeisterschaft 1974 in Berlin, wo wir durch ein Tor von Paul Breitner 1:0 gewannen. Es war damals kein großartiger Auftakt für eine Mannschaft gewesen, die Heimrecht hatte und hoch motiviert war, im eigenen Land Weltmeister zu werden. Aber dieses Chile-Spiel war insofern wichtig gewesen, weil wir dadurch ziemlich schnell wussten, dass diese WM kein Spaziergang werden würde.

Und nun? Ein weiterer Gegner in dieser Gruppe zwei in Spanien hieß Algerien, eine fast für alle WM-Teilnehmer unbekannte Mannschaft, ein Neuling, der sich in den vielen Jahren zuvor nie hatte qualifizieren können. Damit war die Gruppe komplett und musste in Gijon und Oviedo, im Norden Spaniens, im Land der Basken, spielen.

Es war der 16. Juni 1982, als wir in Gijon gegen Algerien unser erstes Gruppenspiel zu absolvieren hatten. Jeder Fußballer weiß, wie schwer es ist, sich auf völlig unbekannte Gegner mit anderer Mentalität und Spielweise einzustellen. Es wurden sofort Erinnerungen an zurückliegende schwierige Auftaktspiele deutscher Mannschaften bei den vergangenen drei Weltmeisterschaften wach.

1970, in Mexiko gegen Marokko: Bei Halbzeit führten die

Nordafrikaner gegen uns 1:0. Am Schluss waren wir froh, noch 2:1 gewonnen zu haben. Uwe Seeler und Gerd Müller konnten das Blatt noch wenden.

1974, in Deutschland gegen Chile: Das 1:0 war ein absoluter Glücksschuss von Paul Breitner in den oberen rechten Winkel des Tores. Einer der wenigen Torschüsse, die die Chilenen uns erlaubten.

1978, in Argentinien gegen Polen: 0:0 stand es nach neunzig Minuten in diesem Duell der beiden Nachbarn im fernen Buenos Aires, ein Gegner, der mit Torwart Tomaszewski, Lato und Boniek bekannte Spieler präsentieren konnte. Ein torloses Ergebnis, das dann im letzten Gruppenspiel in Cordoba wiederholt wurde, diesmal gegen den großen Außenseiter Tunesien. Die Presse geizte daraufhin nicht mit entsprechenden Schlagzeilen: »Tunesien degradierte den Weltmeister zum Mitläufer.«

Diesmal, 1982, war alles noch viel schlimmer, es gab kein Wenn und Aber, denn die deutsche Mannschaft verlor ihr erstes Gruppenspiel bei der WM in Spanien gegen den großen Außenseiter Algerien 1:2, und diesmal hieß es zu Recht: »Eine Sensation – deutscher Sturzflug.« Madjer und Belloumi hatten für die Nordafrikaner getroffen, Rummenigge für die deutsche Elf. Natürlich wurde das nächste Spiel in der Gruppe, die Begegnung gegen Chile, zum wichtigsten Duell überhaupt erklärt. Wir mussten gewinnen, nichts anderes konnte uns weiterhelfen.

In solchen Situationen wird man als Bundestrainer zum einsamsten Mann einer großen Delegation.

Was musste nun getan werden? Ich sprach mit dem Co-Trainer, ich lauschte in die Seelen der Spieler, versuchte zu begreifen, was in den Köpfen vorging. Und ich achtete in den Gesprächen während des Trainings und bei anderen Begegnungen auf das Stimmungsbarometer in der Mannschaft, versuchte Zeichen von negativen und positiven Einstellungen zu erkennen und zu werten.

Ich wollte einfach wissen: Wer stellt erneut seine ganze Bereitschaft zur Verfügung? Seinen großen Willen, seine Begeisterung, und wer spürt dieses wichtige Jetzt-erst-recht-Gefühl? Wer bekennt sich zu besserer Leistung, zu Stärke und Wille, wer denkt daran, seine Freunde und Mannschaftskameraden mitzureißen?

Nach außen hin konnte ich bei Kalle Rummenigge, dem Kapitän, diese Bereitschaft erkennen, alles zu geben, und so fiel es mir leichter, mich dazu durchzuringen, gegen Chile mit genau den Spielern anzutreten, die gegen Algerien gepatzt hatten. Ein weiterer allgemeiner »Check« zeigte mir, dass bei allen Beteiligten uneingeschränkte Willenskraft und brennender Ehrgeiz vorhanden waren, um bei der Wiedergutmachung dabei zu sein.

Österreich hatte im ersten Spiel gegen Chile 1:0 gewonnen, und unsere Beobachter sprachen gleichermaßen von einer zerrissenen, mäßigen und mit aller Vorsicht geführten Begegnung. Das sollte sich nicht wiederholen. Wir ließen gleich zu Beginn des Spiels keinen Zweifel aufkommen, dass wir den Willen besaßen, zu gewinnen. Trotz eines heißen Tages schlug die Mannschaft – wie abgesprochen – ein hohes Tempo an und übte auf den Gegner enormen Druck aus, dem die Chilenen nicht gewachsen waren.

Wir sahen eine andere deutsche Mannschaft, und es war Kalle Rummenigge, der mit drei Toren deutlich machte, dass die Mannschaft sich noch nicht abgeschrieben hatte. Die Zuschauer spendeten der Mannschaft großen Beifall, sie hatte ihn wirklich verdient. Das Spiel endete 4:1. Uwe Reinders, den ich für Pierre Littbarski eingewechselt hatte, ließ mit dem vierten Tor die Überlegenheit der deutschen Elf deutlich werden.

Am letzten Spieltag der ersten Finalrunde unterlief dem Veranstalter, der FIFA, ein eklatanter Fehler, den Hermann Neuberger, der Präsident des DFB, im Vorfeld bereits beanstandet hatte. Die Spiele am Schluss der ersten Finalrunde, so lautete Neubergers Forderung, sollten am gleichen Tag und zur gleichen Stunde ausgetragen werden. Dies sollte auch für weitere Finalrunden solcher Turniere gelten. Leider wurde dieser Antrag abgelehnt. So wurde das Spiel Algerien gegen Chile am 24. Juni 1982 ausgetragen, während Deutschland gegen Österreich einen Tag später angesetzt war. Das sollte Folgen haben.

Am 24. Juni schlug Algerien die Chilenen mit 3:2. Das bedeutete in der Tabelle des Tages, dass Algerien mit 4:2 Punkten und einem Torverhältnis von 5:5 an der Spitze lag. Hätten die Algerier, die schon bei Halbzeit 3:0 gegen Chile führten, dieses Resultat halten können oder mit 3:1 gewonnen, wäre Österreich bereits bei einem 0:1 gegen die deutsche Mannschaft in der Abschlusstabelle der Gruppe überraschend Dritter gewesen und damit ausgeschieden.

So aber, bei einem schlechteren Torverhältnis gegenüber den Österreichern, war nicht nur den Algeriern, sondern allen klar, dass Deutschland jetzt erst recht Revanchegelüste für die »Schmach« bei der WM 1978 in Cordoba, Argentinien, schüren würde, wo die deutsche Elf durch einen 3:2-Sieg der Österreicher die Chance, das Finale in Buenos Aires zu erreichen, verpasst hatte.

Man hoffte also allerorts (nur nicht in Österreich), dass die deutsche Mannschaft mit mehr als zwei Toren Unterschied gewinnen würde und damit Algerien die Chance einräumte, sich doch noch für die zweite Finalrunde zu qualifizieren. Meine Aufgabe als Trainer und Verantwortlicher für die deutsche Mannschaft war es, die zweite Finalrunde zu erreichen, nicht die Wünsche oder Träume der Algerier zu erfüllen und schließlich mit großem Risiko der Mannschaft einen Auftrag zu erteilen, der weitab jeglicher Eigeninteressen lag. Beide Mannschaften, Österreich und Algerien, hatten die Chance gehabt, aus eigener Kraft ihre Ziele Wirklichkeit werden zu lassen.

Und was war zuvor passiert? Algerien hatte am 21. Juni in

einem schwachen Spiel gegen Österreich 0:2 verloren. Und: Algerien führte gegen Chile bis zur 59. Minute 3:0 und ließ danach in einem so wichtigen Spiel noch zwei Gegentore zu, die die Nordafrikaner gegenüber den anderen Mannschaften der Gruppe in ärgste Verlegenheit brachten, weil sie hinsichtlich der Vergabe der ersten beiden Plätze nicht mehr eingreifen konnten.

Der eigentliche Verlierer war für mich aber die FIFA, die diese Weltmeisterschaft ausgetragen hatte, denn nun konnte aufgrund der Fehlorganisation jedes Ergebnis des Spiels Deutschland gegen Österreich als »Schiebung« interpretiert werden, es hing nur von der Sichtweise und von der jeweiligen Position ab.

Österreich hatte im Übrigen gegen Chile 1:0 gewonnen und, wie gesagt, auch Algerien 2:0 geschlagen. Wir selbst konnten also keineswegs davon ausgehen, es mit einem leichten Gegner zu tun zu haben, wie es manch einer zu formulieren verstand. Außerdem waren sich diese beiden Nachbarländer in den letzten Jahren in so vielen Qualifikationsrunden oder Turnieren gegenüber gestanden, dass sie sich viel zu gut kannten und mittlerweile durch die ständigen Aggressionen in den Spielen von »Freundlichkeiten« Abstand genommen hatten.

Nach dem Tor von Horst Hrubesch in der 11. Minute geschah das, was weder die Zuschauer auf den Rängen in Gijon noch die Spieler selbst wollten: Die deutsche Mannschaft versuchte aus einer gesicherten Abwehr heraus, das Spiel zu kontrollieren und sich vorrangig auf das Konterspiel zu konzentrieren. Schließlich mussten wir das Spiel nur gewinnen, das Resultat war dabei zweitrangig, auch wenn speziell die algerischen Zuschauer auf ein zweites Tor der deutschen Elf hofften.

Die Österreicher erinnerten sich an ihre große Ballfertigkeit und Spielkunst, ließen den Ball durch ihre Reihen laufen, um gleichermaßen zum Konterspiel anzusetzen. Und weil solche taktischen Maßnahmen das Spiel nach dem 1:0 verlangsamten und einem Tempo- und Angriffsspiel deutlich sichtbar widersprachen, war der Unmut der Zuschauer im großen Rund des Stadions und an den Bildschirmen verständlich.

Später sagte Friedel Koncilia, der Torhüter der Österreicher, nach dem verlorenen Spiel gegen Frankreich in der zweiten Finalrunde auf die Frage nach der schwachen Leistung der eigenen Mannschaft: »Gegen Deutschland haben wir nicht schlecht gespielt, weil man es wollte, sondern weil man es nicht besser konnte.« Und der Trainer der Österreicher, Georg Schmidt, bedauerte gleichermaßen: »Wenn gute Spieler wie Prohaska, Hintermaier oder Kurt Jara keine Leistung bringen, gibt es kein gutes Spiel. Diese drei Spieler waren in vielen Jahren die tragenden Säulen der österreichischen Nationalmannschaft, aber sie waren auch älter geworden.« Später sagte noch jemand, dass Österreich nicht in die Gruppe mit England und Spanien, sondern lieber gegen Irland und Frankreich spielen wollte. Deshalb, so diese Auffassung, sei die Zurückhaltung und das Spiel auf Resultat auf beiden Seiten erfolgt.

Was mir blieb, war eine Entschuldigung vor der internationalen Presse direkt nach dem Spiel. Mehr als zu behaupten, dass wir den Willen besaßen, zu gewinnen und einen Schwur zu erfüllen hatten, die nächste Runde möglichst ohne großes Risiko zu erreichen, konnte keiner ernsthaft von mir und meinen Spielern verlangen.

Nach der Weltmeisterschaft 1982 schrieb Franz Beckenbauer eine umfassende Dokumentation der wichtigsten und interessantesten Erlebnisse und sagte klar und deutlich zum Spiel der deutschen Mannschaft gegen Österreich in Gijon: »Ich kann die Zuschauer verstehen, dass sie ihrer Enttäuschung Luft machten. Von vielen Leuten bin ich nach dem Spiel gefragt worden, ob dieses Ergebnis vorher abgesprochen worden sei. Ich weiß«, so Beckenbauer weiter, »dass dies nicht der Fall war. Aber es gibt im Fußball so etwas wie eine unausgesprochene Absprache, die sich aus dem Spielverlauf ergibt. Ich kann aber auch Jupp Derwall verstehen, weil es dessen oberstes Ziel sein musste, in die zweite Finalrunde nach Madrid zu kommen.«

Wie gesagt: Wären die letzten Spiele in der Gruppe an ein und dem selben Tag – dazu zur gleichen Stunde – angepfiffen worden, hätte sich jede Mannschaft auf ihr Ziel und ihr Spiel konzentrieren müssen, statt einen Rechenschieber zu benutzen, dann hätte es all diese Diskussionen nie gegeben.

Ein anderer, ehemals aktiver Sportler, der damals noch an leitender Stelle wirkte, stellte unaufgefordert dem Deutschen Fußball-Bund in einem Brief die Frage: Ist es denn verwerflich, »wenn eine Mannschaft innerhalb eines Turniers, bei dem nicht die Einzelergebnisse, sondern die Summe mehrerer Spiele entscheidend ist, ein Spiel mit 1:0 gewinnt und sich mit diesem Resultat begnügt, da dieses für den ersten Platz innerhalb der Gruppe genügt? Zugegeben, die deutsche Mannschaft hatte nicht gerade risikofreudig gespielt, wie dies die Brasilianer gegen Italien zeigten, obgleich ihnen jedes Unentschieden gereicht hätte. Und nur deshalb sind sie auch prompt ausgeschieden – die deutsche Mannschaft hat das getan, was jedem Leichtathleten als selbstverständlich zugestanden wird: In Vor- und Zwischenläufen nicht mehr zu tun, als zum Erreichen des Finales notwendig ist. Was den Leichtathleten recht ist, scheint den Fußballern nicht billig sein zu dürfen. Außerdem gab es da noch eine gegnerische Mannschaft, die sich gar mit einer Niederlage begnügte, weil auch dies zum Weiterkommen reichte. Die Kritik aber traf nahezu ausschließlich die deutsche Mannschaft.«

Was also blieb, war ein bitterer Nachgeschmack für die gesamte deutsche Delegation. Die Mannschaft hatte bereits mit der Niederlage gegen Algerien einen inneren Kampf mit sich selbst zu bestreiten. Ich selbst glaubte, dass man ihn nach dem 4:1 gegen Chile gewonnen hatte, dass Ruhe und Gelassenheit wieder eingekehrt waren. Doch das Resultat des Vortages, der 3:2-Sieg der Algerier gegen Chile, führte vor dem Spiel gegen die Österreicher psychisch zu einem erneuten Tiefpunkt, dabei hätten wir viel Mut und Zuversicht benötigt, um in einem Spiel voller Emotionen glänzen zu können und ein Weiterkommen nicht zu gefährden.

Wir hatten also, wie auch immer, bei dieser WM die zweite Finalrunde erreicht, die diesmal aus drei Mannschaften je Gruppe bestand. Deutschland spielte in Gruppe B, zusammen mit unserem Gastgeber Spanien und der »Fußball-Macht« England. Das war sicherlich keine leichte Aufgabe für uns, und außerdem konnten sich die teilnehmenden Mannschaften aller Gruppen mit dem neuen Spielsystem der Dreiergruppen nicht anfreunden. Es erinnerte irgendwie an Lotterie und an sonstige Glücksspiele, wir brauchten viel Geduld und Nervenstärke.

Nachdem wir im ersten Spiel gegen England 0:0 gespielt hatten, mussten wir anschließend also gegen die Spanier antreten. Zur Freude der deutschen Fans gewannen wir dieses Spiel gegen die Gastgeber 2:1. Ein Resultat, das wir damals, direkt nach dem Schlusspfiff, bedauerten, denn nach dem Tor von Pierre Littbarski in der 50. Minute und seiner Vorlage für Klaus Fischer, der freistehend vor dem Tor das 2:0 erzielte, hieß es acht Minuten vor Schluss nur noch 2:1. Uli Stielike hatte einen langen Ball aus dem Mittelfeld falsch berechnet, der gefährliche Zamora war zur Stelle und erzielte den Anschlusstreffer.

Zufrieden und doch ohne Grund zur Freude – so fieberten wir dem Spiel unserer Kontrahenten England gegen Spanien drei Tage später entgegen. Eine Begegnung, deren Ausgang für alle drei Mannschaften entscheidend für den Einzug in das Halbfinale sein konnte, es wartete in Sevilla der Sieger der Gruppe D, entweder Polen, Frankreich oder Irland.

Unsere Mannschaft zog es vor, dieses Spiel nicht im Fernsehen, sondern live im Bernabéu-Stadion zu erleben, dort, wo Real Madrid seine Heimspiele in der spanischen Meisterschaft vor 100 000 Zuschauern gewohnt war auszutragen.

Die Spieler – wer wollte es ihnen verdenken? – wollten dabei sein, so oder so, denn immerhin lagen wir mit 2:1 Toren vorne in dieser Dreier-Gruppe. Das hätte sich aber noch ändern können. Sicher war nur eins: Zwei Mannschaften würden auf der Strecke bleiben, und nun, am 5. Juli, musste die Entscheidung fallen. Auch für uns.

Es war erstaunlich, welchen Kampfgeist die spanische Mannschaft mitbrachte. Unterstützt von den einheimischen Fans legte sie ein hohes Tempo vor, und es blieb allen ein Rätsel, warum die Spanier dieses Spiel nicht für sich entscheiden und klar mit 2:0 gewinnen konnten, um das Halbfinale zu erreichen. Zugegeben, die Engländer zeigten großen Willen, Selbstsicherheit und Stehvermögen. Doch es war offensichtlich, dass ihre Kräfte immer mehr nachließen. So blieb es beim 0:0 zwischen England und Spanien, und die deutsche Mannschaft war der »lachende Dritte«: Wir hatten das Halbfinale erreicht. Der Gegner sollte Frankreich sein.

Schon vor den Spielen in der Zwischenrunde gegen England und Spanien hatte ich die Mannschaft laut und deutlich aufgefordert, sich deutscher Tugenden zu erinnern. Es sind Dinge, eigentlich Selbstverständlichkeiten, die Spieler immer wieder in die Spiele mitzunehmen haben:
– keinem Zweikampf aus dem Weg gehen
– kämpferische und läuferische Qualitäten unter Beweis stellen
– das Tempo selbst bestimmen und dauernd unterwegs sein
– dem Mitspieler am Ball entgegenkommen, ihm Anspielmöglichkeiten bieten
– schnell und direkt spielen
Wenn es der Gegner tut, ist es meist zu spät.
Mit diesen Gedanken saß ich am 7. Juni, einen Tag vor dem

großen Spiel gegen Frankreich in Sevilla, mit der Mannschaft im Flugzeug der Iberia Airlines und erinnerte mich an die Qualifikationsspiele für dieses Turnier, die wir wie keine andere Mannschaft nach dem Gewinn der Europameisterschaft 1980 mit 33:3 Toren und 16 Punkten absolviert hatten. Ungeschlagen waren wir zum Unternehmen WM 1982 nach Spanien aufgebrochen.

Peter Briegel, Spieler des 1. FC Kaiserslautern und respektvoll auch die »Walz von der Pfalz« genannt, plagte sich mit Magenkrämpfen herum. Er wirkte matt, angegriffen, blass, aber nicht verzweifelt. Unser Arzt, Prof. Heinrich Heß, und auch unser Physiotherapeut Adolf Katzenmeier, wussten, wie unersetzlich Peter war, den wir, wenn wir gegen die Franzosen gewinnen wollten, unbedingt brauchten.

Kalle Rummenigge, der Kapitän, hatte gegen Chile nicht nur drei Tore erzielt, sondern hatte sich leider kurz vor Schluss eine Oberschenkelzerrung zugezogen. Es war ihm schon hoch anzurechnen, dass er sich für das wichtige Spiel gegen Österreich trotz seines Handikaps zur Verfügung gestellt hatte, nach 67 Minuten musste er in Gijon vom Platz.

In Sevilla war alles schwierig. Die Verletzung von Kalle war noch schlimmer geworden. Prof. Heß hatte schon Tage damit verbracht, eine bei ihm gezerrte, angerissene oder sogar abgerissene Sehne zu behandeln, wir alle hofften auf eine schnelle Besserung. Die bösartigsten Verletzungen sind häufig die, die man nicht hundertprozentig diagnostizieren kann. Da kann letztlich nur der Spieler selbst entscheiden, ob er spielen kann oder nicht.

Kalle Rummenigge entschied sich schließlich für die Bank. Der Münchner wollte noch abwarten, das Spiel verfolgen und die Entscheidung, ob spielen oder nicht spielen, ziemlich weit weg schieben, um dann auch zu garantieren, in den entscheidenden Minuten durchhalten zu können. Ich hatte ihm einen Platz neben mir auf der Trainerbank angeboten, um mich gegebenenfalls mit ihm noch schneller absprechen zu können.

Ich konnte mir nicht vorstellen, dass in der vergangenen Nacht jemand hatte schlafen können. Die spanische Sonne brannte den ganzen Tag und obwohl das Spiel erst um 21 Uhr angepfiffen wurde, war der Abend immer noch heiß, drückend und auch feucht. Selbst die Fans auf den Tribünen schnappten nach Luft, noch mehr aber die Spieler, die in diesem Kessel ein großes Spiel zeigen wollten, um das Finale dieser WM zu erreichen.

Schiedsrichter Corver aus Holland pfiff das Halbfinalspiel an. Es war eine Begegnung voller Tempo, mit zahllosen Zweikämpfen, mit großer Spielfreude, beseelt von Angriffsgeist auf beiden Seiten, mit Toren, Toren und nochmals Toren, aber auch voller Tragödien.

Mir fiel am späten Nachmittag, wenige Stunden vor dem Anpfiff, ein Stein vom Herzen, als Peter Briegel mir sagen konnte: »Es geht, Trainer, ich spiele.« Dabei hatte er immer noch ein wenig Fieber. Das wird er selbst vielleicht dem Klima von Sevilla zugeschrieben haben, jedenfalls hat er mir nichts davon erzählt. Mir war klar: So reagiert nur einer, der weiß, was er seinen Freunden schuldig ist, denn auch sie hatten gehofft und gebangt.

Nach achtzehn Minuten stand es 1:0 für die deutsche Mannschaft. Pierre Littbarski war zur Stelle, als Ettori, der Torwart der Franzosen, einen Schuss von Klaus Fischer nicht festhalten konnte. Neun Minuten später fiel bereits der Ausgleich. Bernd Förster hatte seinen Gegenspieler Rocheteau gefoult. Corver zögerte nicht, einen Elfmeter zu geben, und Platini ließ sich diese Chance nicht entgehen.

Es stand 1:1, und niemand dachte daran aufzugeben. Es wurde gerannt, gekämpft und pausenlos von beiden Mannschaften nach vorne gespielt. Es wurde kein Ball aufgegeben, allerdings wurden die Zweikämpfe mit der Zeit unkontrollierter, und deshalb kam es zu Fouls, die weder die

183

Franzosen noch wir Deutschen mit Absicht ins Spiel brachten. Jeder wusste, dass das nächste Tor darüber entscheiden würde, wer das Finale in Madrid gegen Polen oder Italien bestreiten würde.

Nach neunzig Minuten war dieser Kampf immer noch ausgeglichen, es stand 1:1, und es kam erstmals bei dieser WM zu einer Verlängerung. Charles Corver, der Schiedsrichter, hatte Verständnis für die Spieler, die bis dahin alles gegeben hatten. Er zog die Pause in die Länge, und beide Mannschaften nutzten die Zeit, Getränke zu sich zu nehmen, sich auf dem Rasen auszuruhen, von Masseuren die Beine ausgestrichen zu bekommen, um die Übersäuerung der Muskulatur und damit Krämpfe, die nach hohen Belastungen auftreten, möglichst zu vermeiden.

In der 73. Minute hatte ich bereits Horst Hrubesch für Felix Magath eingewechselt, um noch einmal, kurz vor Ende der regulären Spielzeit, Druck auf die Abwehr der Franzosen ausüben zu können. Doch es war mir zu riskant, Kalle Rummenigge schon jetzt einzuwechseln, vielleicht schaffte es ja einer unserer Jungs auf dem Platz noch, das entscheidende Tor zu machen, die Tür zum Finale in drei Tagen in Madrid aufzustoßen.

Bei den Franzosen musste in der 60. Minute Patrick Battiston, der kurz zuvor erst eingewechselt worden war, ausscheiden. Er war an der Strafraumgrenze mit Toni Schumacher, dem Torwart der deutschen Mannschaft, in der Luft zusammengeprallt. Einer von Beiden musste zu spät oben gewesen sein, um den langen Pass aus dem Mittelfeld zu erreichen. Patrick blieb liegen, hatte das Bewusstsein verloren. Erst nach fast zehn Minuten konnte er mit der Trage vom Spielfeld gebracht werden.

Eigentlich war es ein fast schon typischer Zweikampf zwischen Stürmer und Torwart, wie so oft im Fußball, wenn der eine alles daran setzt, den Ball im Tor unterzubringen, und der andere versucht, den Ball wegzuboxen. Toni Schumacher musste früher in der Luft gewesen sein als Patrick Battiston, wenn er ihn mit dem rechten Ellenbogen getroffen haben soll. Es ergab sich daraus eine unschöne Szene, die man Toni Schumacher ankreiden muss. Zuerst bemühte er sich, Patrick beizustehen, und hob die Hand als Zeichen, dass sein angeschlagener Gegenspieler medizinische Hilfe benötigt. Dann aber stürmten die französischen Spieler zur Unfallstelle, und Toni machte das einzig Richtige – er ging zurück in sein Tor. Damit sorgte er dafür, dass das Spiel nicht eskalierte, denn die Spieler waren nicht nur der Erschöpfung nahe, sondern auch mit ihren Nerven, ihrer Konzentration und Kraft ziemlich am Ende.

Das muss bei Toni genauso gewesen sein, denn er jonglierte nach dem Unfall in seinem Torraum mit dem Ball, als wäre überhaupt nichts gewesen. War es seine Absicht zu provozieren? Nein, das glaube ich nicht. Torleute sind manchmal so in wichtigen Spielen, in denen sie nicht hundertprozentig, sondern zweihundertprozentig die Nervenkraft aufzubauen haben, um das Schlimmste zu verhindern. Und das passiert in wichtigen, dramatischen Begegnungen immer wieder. Man erinnere sich nur an Szenen, die in der Bundesliga oder bei Spielen der Champions League vorkommen. Nicht immer, wie viele sagen, spielt das große Geld die übergeordnete Rolle. In erster Linie geht es darum, zu gewinnen, oben zu sein und oben zu bleiben in der Tabelle. Ziele zu verwirklichen und unbeugsam seine Arbeit zu tun. Wie sonst wäre es möglich, dass Spieler sich nach dem Abpfiff umarmen, ihre Trikots tauschen und sich für die eine oder andere »Geste« im Spiel entschuldigen?

Das hat auch Toni Schumacher bei Patrick Battiston getan. In Metz, in der Stadt an der Grenze zu Luxemburg und Deutschland, und in einer Form, die eigentlich selten ist. Bei seinem Besuch in Frankreich brachte der Toni Geschenke mit und sprach eine Einladung in die Eifel aus, wo unser Torwart seit geraumer Zeit lebte.

Ich als Trainer habe später dem Präsidenten des Französischen Fußball-Verbandes, Monsieur Jacques Georges, und Patrick Battiston auch im Namen des Deutschen Fußball-Bundes unser Bedauern ausgesprochen und darum gebeten, die gute Freundschaft aufrecht zu erhalten. Immerhin kannte ich Patrick persönlich, da er bei mir einige Male in der Europa- und Weltauswahl gespielt hatte. Mir ging es auch darum, dass neben den guten Beziehungen zwischen den Spielern beider Fußballnationen auch die halbjährlichen Aussprachen und Fachgespräche zwischen den Trainern beider Verbände aufrecht erhalten blieben. Unsere Entschuldigungen wurden angenommen. Damit war eine kleine Tragödie beendet, wie sie der Fußball immer wieder erlebt hat. Tempo, Wille und Einsatzfreude sind Begleiter von sportlichen Auseinandersetzungen – und das wird auch so bleiben.

Zurück zum Halbfinale: Noch in der 88. Minute hatte Amoros, der Verteidiger der Franzosen, den Pfosten des deutschen Tores getroffen, und im Gegenzug war es Klaus Fischer, der zwei Schritte zu spät kam, um freistehend den Ball ins Tor zu drücken. Es wäre so kurz vor dem Abpfiff für beide Mannschaften der Sieg gewesen, und für Deutschland die erneute Teilnahme an einem WM-Finale.

Jetzt aber war es bereits 22.55 Uhr, und der holländische Schiedsrichter, dem beide Mannschaften für die kurze Verlängerung zu einer etwas größeren Verschnaufpause sehr dankbar waren, nahm seine an der Hand angebundene Trillerpfeife und bat die Spieler, für den nächsten Akt eines Fußballdramas, für die dreißigminütige Verlängerung, anzutreten.

Und es ging gleich Schlag auf Schlag weiter. Nur wenige Minuten später war es Trésor, der französische Libero, der eine Lücke sah: Der Ball landete unhaltbar für Toni Schumacher zum 2:1 im deutschen Tor. Es war die 93. Minute.

Ich reagierte, war besorgt, dass die Zeit uns wegläuft. Ich sprach mit Kalle Rummenigge, der schon vorher ein Zeichen machte, ins Spiel kommen zu wollen. Ich schickte ihn schließlich für Peter Briegel auf den Platz, dessen Schritte immer kürzer geworden waren und der seine letzte Kraft aufgeboten hatte, in diesem »Spiel des Wahnsinns« noch etwas bewegen zu können. Es war die 95. Minute.

Plötzlich tauchte der kleine Giresse vor unserem Strafraum auf und wagte es, durch eine Wand aus Leibern den Ball an den Pfosten zu setzen, und von da sprang er, unberechenbar für Toni Schumacher, ins Netz. Frankreich führte mit 3:1 in der Verlängerung dieses WM-Halbfinales. Es war die 99. Minute.

Die Franzosen feierten dieses Tor frenetisch, überglücklich, wie in einem Traum. Natürlich glaubten sie, dass sie es geschafft hatten. Immer noch lagen sie jubelnd am Boden, ganz unten Giresse, und auf den Tribünen sprangen vor Freude tobende Franzosen herum, daneben waren schweigende, erstarrte deutsche Schlachtenbummler zu sehen.

Derweil kamen unsere Spieler zwischen dem Strafraum und der Mittellinie wie zufällig zusammen. Standen Schulter an Schulter, redeten und warteten darauf, dass sich die französischen Spieler beruhigen würden, um vielleicht doch noch den Spieß umdrehen zu können. Wo holten wir nur den Glauben her? Auch auf der deutschen Bank war das Gefühl einer fast schon sicheren Niederlage da, aber äußerlich trieben wir unsere Kameraden weiter an, zeigten in Richtung französisches Tor, um zu sagen, dass dort die Musik spielen würde. Versucht es, wir glauben an euch!

Ich selbst stand am Spielfeldrand und deutete mit dem Zeigefinger auf die Uhr. Immerhin waren noch 21 Minuten zu spielen.

Die Franzosen versuchten, den Ball zu halten, Zeit zu gewinnen und die Deckung zu organisieren. Bei uns rannte, kämpfte jeder bis zum Umfallen und wurde belohnt. Pierre Littbarski zog eine Flanke halbhoch vor das Tor von Ettori, und Kalle Rummenigge war da, schlenzte den Ball mit der

Außenseite des rechten Fußes, überraschend für den französischen Schlussmann, ins Tor. Es war die 103. Minute.

Und es stand nur noch 3:2 für Frankreich.

Das Stadion raste, unsere Fans fassten sofort wieder Hoffnung. Mindestens noch sieben Minuten. Schon mehr als hundert Minuten hatten sie unsere Mannschaft angefeuert, hatten sie sich die Kehlen heiser gebrüllt, schwenkten sie die Fahnen und wischten sich mit ihren Hemden, Schals und Taschentüchern den treibenden Schweiß vom Körper. Nicht nur die Temperaturen waren es, die die Poren der Haut öffneten, eher noch dieser verrückte, bittere, unaufhörliche Kampf der beiden Mannschaften. Sie alle waren geschockt und fasziniert, was ihnen an diesem Abend geboten wurde.

Es war die 108. Minute, und der kleine, unverwüstliche und pausenlos nach jedem Ball rennende Pierre Littbarski schlug wieder eine seiner präzisen Flanken vor das Tor der Franzosen. Horst Hrubesch verlängerte, dann drehte sich Klaus Fischer um die eigene Achse und hob den Ball mit einem unglaublichen Fallrückzieher in das rechte obere Eck des Tores – 3:3!

Die Franzosen standen da wie angewurzelt, zu keinem Schritt mehr fähig. Sie hatten verschenkt, was nicht zu verschenken war und was sie so sicher in den Händen gehalten hatten: den Sieg und die Möglichkeit, endlich Weltmeister zu werden. Es stand nun wirklich 3:3, und es waren nur noch wenige Minuten zu spielen.

Die Zuschauer erinnerten sich natürlich an 1970, an Mexiko, wo es in der Verlängerung des Spiels gegen Italien ähnlich zugegangen war. Aber zum Leidwesen unserer Mannschaft machten die Italiener damals das 4:3 und erreichten das Endspiel gegen Brasilien. An dieses Mexiko dachten jetzt viele, auch die Reporter, die immer wieder den Namen dieses Landes riefen, um uns an ein Fußballdrama zu erinnern, das genauso viel Schweiß und Nerven gekostet hat. Mit einem Franz Beckenbauer, der seinen Arm am Körper festgebunden hatte und trotzdem bis zum Schluss durchspielte.

Doch diesmal kam es zum Elfmeterschießen. Nach dem Abpfiff von Charles Corver holte ich die Spieler in die Nähe meiner Bank, da es nicht erlaubt war, das Spielfeld zu verlassen, und wir nicht rein durften. Wir wiederholten zunächst die gleiche Prozedur wie nach neunzig Minuten: Die Spieler brauchten Wasser und weitere Getränke mit ausreichend Elektrolyten, mit Salzen also, die die ausgelaugten Körper in den zurückliegenden 120 Spielminuten verloren hatten. Irgend jemand hatte sogar einen Eimer mit Wasser organisiert, um Gesicht und Körper abzukühlen oder es zumindest zu versuchen.

Der Schiedsrichter deutete mir an, dass er den Spielern erneut genügend Zeit geben würde, sich behandeln und betreuen zu lassen. Einige waren nahezu mausetot, erschlagen von der Hitze und dem Kampf. Die Körper waren ausgebrannt, hohl, und trotzdem verstanden die Spieler meine Worte.

Es ging darum, fünf Elfmeterschützen zu finden, Spieler, die starke Nerven und Mut besaßen, Verantwortung zeigen und sich ein bisschen mehr als andere konzentrieren konnten nach diesem Dauerstress.

Es war bereits 23.30 Uhr, und die Spieler standen seit zweieinhalb Stunden auf dem Platz, bei 33 Grad Celsius. Unvorstellbar, wozu ein austrainierter Körper nach fünf schweren Spielen noch fähig war.

Giresse schoss als erster – 4:3. Kaltz, den ich bestimmt hatte, machte das 4:4. Dann kam Amoros, 5:4. Schließlich trat Paul Breitner an, der eigentlich später schießen sollte, da er die größte Erfahrung und auch die stärksten Nerven hatte: 5:5.

Alle anderen hatten sich regelrecht verkrochen. Es gab Absagen von allen Seiten. Uli Stielike, der den Kopf ziemlich weit unten hatte, aber dann doch zusagte, schoss – viel zu schwach für Ettori, der den Ball am Pfosten vorbei ins Aus lenkte. Danach lag Uli im Strafraum am Boden und weinte bittere Tränen.

Toni Schumacher half ihm auf, tröstete ihn – und versprach ihm, den nächsten Elfmeter zu halten. Eine großartige Geste von Toni – und was mir daran auch noch gefiel: Ich wusste, dass sich unser Torwart nun noch stärker konzentrieren würde, vielleicht hatte er ja nun auch den richtigen »Riecher«. Rocheteau legte sich den Ball zurecht. Er traf eiskalt die rechte Ecke des Tores: 6:5 für Frankreich!

Das Drama fand kein Ende, nun lief »Litti« an und versenkte den Ball zum 6:6. Damit hatte unser Mittelfeldspieler seine großartige Leistung während des Spiels mit diesem wichtigen Elfmetertor unterstrichen.

Platini und Kalle Rummenigge waren die nächsten Schützen. Beide Kapitäne verwandelten abgebrüht, es stand 7:7. Dann fasste sich der Franzose Bossis ein Herz – und Toni Schumacher war in der richtigen Ecke, hielt den Ball!

Der letzte Schütze hieß nun Horst Hrubesch. Gefragt hatte ich ihn als ersten nach dem Abpfiff der Verlängerung. »Nein, Trainer«, meinte er zunächst nur, »das pack ich nicht.« Und weil ich sonst niemanden sah, der in Frage kam, erwiderte ich: »O.K., sollten wir aber noch jemanden brauchen, dann musst du doch antreten.« Er schaute mich lachend an und sagte: »Das ist gut, das mache ich.«

Er war sich sicher, dass ich das nur so dahin gesagt hatte.

Von der Mittellinie aus, wo die Elfmeterschützen zusammenstanden, schaute er nun zu mir rüber. Ich nickte ihm zu, und er schob sein Kinn nach vorne, nickte zurück und schritt zur Tat. Gekonnt, gelassen und etwas frech schoss er den Ball in die rechte untere Ecke. Das Halbfinale war entschieden. Was dann passierte, kann man mit Worten nicht beschreiben und auch nicht glauben. 22 deutsche Spieler tanzten und jubelten in unbändiger Freude.

Auf der Pressekonferenz nach dem Halbfinale in Sevilla

sagte mein Freund Michel Hidalgo, Coach der französischen Mannschaft: »Welch ein großes Spiel – und welch eine Enttäuschung.«

Des einen Leid, des anderen Freud, sagt ein Sprichwort. Doch diesmal war es irgendwie anders gewesen. Wir hatten uns umarmt, waren nicht als Sieger und auch nicht als Verlierer auseinander gegangen, sondern als Freunde, die den gleichen Weg wie unsere Spieler gegangen waren in diesen drei Stunden Fußball pur. Beide waren wir so nahe am Sieg gewesen, so nahe an einer Sensation, von der wir wohl alle geträumt hatten. Es waren Erfahrungen gewesen, denen man vielleicht nur einmal im Leben begegnet. Es wäre für uns beide eine Bestätigung gewesen, ein Aufatmen nach schwierigen Tagen und Wochen und Kommentaren, in denen wir zerrissen wurden und ärmlich dastanden. Nun hatte es ihn erwischt.

Zwei Jahre später trafen wir uns wieder in Straßburg, mit Mannschaften, die nun von anderen Spielern getragen wurden. Diesmal verloren wir 0:1. Innerhalb von zwei Jahren hatte der deutsche Kader ein anderes, neues Gesicht erhalten. Namen wie Hans-Günther Bruns, Wolfgang Rolff, Matthias Herget, Guido Buchwald, Rudi Bommer, Norbert Meier, Rudi Völler oder Andy Brehme waren in der Zwischenzeit dazugekommen. Auch die Franzosen hatten einen Schnitt gemacht und neue Spieler eingereiht.

Doch zurück zum großen Finale 1982: Nach nur wenigen Stunden Schlaf versuchten wir den Spielern möglichst etwas Ablenkung von den bevorstehenden Aufgaben zu verschaffen. Unsere Mannschaft hatte im Halbfinale gegen Frankreich in Sevilla Unglaubliches geleistet. Die Schmerzen am nächsten Tag waren nicht nur körperlich, sondern auch seelisch spürbar. Die Spieler waren vom Einsatz und vom harten Kampf, von übermenschlicher Willenskraft, von Verletzungen, Krankheiten und Krämpfen gezeichnet. Die Hitze, die hohe Luftfeuchtigkeit, eine Schwüle zum Schneiden hatten uns zugesetzt. Hinzu kamen beim einen Magenschmerzen, beim anderen ein Virus im geschwächten Körper und völlige Leere von lauter nervlicher Überanstrengung.

Ich fragte mich, ob es wirklich möglich sein konnte, die Spieler in den wenigen Tagen wieder aufzurichten, damit sie noch ein neues Spiel durchstehen konnten, ein Spiel, das so oder so in die WM-Geschichte eingehen sollte: Es war das ersehnte Finale, und der Gegner hieß auch noch Italien.

Vor dem großen Kampf vor Millionen von Menschen im Stadion von Madrid und an den Bildschirmen musste der innere Kampf ausgetragen werden, jeder für sich, still und unauffällig, und ohne großes Publikum.

Natürlich war für die Journalisten kein Weg zu weit, am Tag nach dem Frankreich-Spiel Eindrücke, Gedanken, Gefühle, Erinnerungen an Begebenheiten und Begegnungen zu sammeln und darüber zu berichten. All das gehörte dazu, bis hin zu der Schlagzeile, die in einem Buch des Altmeisters der Sportfotografie, Erich Baumann, direkt nach der WM 1982 erschien, zu einem Text von Oskar Beck: »Das Spiel des Jahrhunderts.«

Sicherlich kann trefflich darüber gestritten werden, ob das stimmt oder ob nicht doch das Drama im Spiel zwischen Deutschland und Italien bei der WM 1970 in Mexiko diesen Titel verdient hat. Vielleicht war der Krimi von Sevilla durch das 3:3 in der Verlängerung und durch das anschließende Elfmeterschießen noch dramatischer. Vielleicht. Der entscheidende Unterschied ist jedenfalls, dass die deutsche Mannschaft 1982 als Sieger vom Platz gegangen ist. Das Drama in Mexiko, das ich ja ebenfalls neben Helmut Schön von der Trainerbank aus erleben durfte, ging nach dem 1:1 von Schnellinger in letzter Minute ebenfalls in die Verlängerung, wurde am Ende aber mit 3:4 verloren. Durch einen 1:0-Sieg gegen Uruguay im »kleinen Finale« landeten wir in Mexiko schließlich auf dem ehrenwerten dritten Platz. Diesmal standen wir im Finale.

Und hier hatten wir, wenige Tage vor dem Endspiel, zunächst ganz andere Sorgen. Es war jetzt wichtiger, die Spieler gleich an die medizinische Abteilung weiterzureichen. Nach einem Gesundheitscheck wurden der körperliche Zustand festgehalten und entsprechende Maßnahmen angeordnet.

Am übernächsten Tag, am 11. Juli, sollte das Finale gegen Italien vor 92 000 Zuschauern in Madrid im Bernabéu-Stadion stattfinden. Schiedsrichter war der Brasilianer Coelho. Die brennendste Frage war, ob unsere Freunde von der medizinischen Abteilung es schaffen würden, unsere Spieler wieder körperlich aufzubauen und ein kleines »Wunder« zu vollbringen. Dafür arbeiteten sie zwei Tage und zwei Nächte, ohne Pause und ohne an sich selbst zu denken. Wir kennen uns seit Jahren, meine Freunde Prof. Heinrich Heß, Erich Deuser, Adolf Katzenmeier und ihre Assistenten. Auch Walter Kohr, unser Bus-Chef und Zeugwart, der jeden Handgriff, der verlangt wird, beherrscht. Ein »Funktionsteam«, komplett mit Hans Damker als Koch, der nicht nur für gutes Essen zuständig war, sondern auch für die Seele. Dazu zählte auch mal für die »Patienten« ein Schluck Wein oder ein kleines kühles Bier, um hier und da die Stimmung ein wenig zu lockern.

Es war kaum zu glauben, nach nur zwei Tagen Ruhe eine Mannschaft zu sehen, die hoch erhobenen Hauptes in ein Finale einzusteigen vermochte. Es war erstaunlich, wie schnell Spieler ihre Schmerzen, Verletzungen und selbst Krankheiten vergessen können. Aber, und das war natürlich auch »Doping«, wer würde nicht gerne bei einem so fußball-geschichtlichen Ereignis wie einem WM-Finale dabei sein wollen, beim letzten aller Spiele dieses Turniers?

Das Endspiel wurde auf beiden Seiten, bei den Italienern wie auch bei uns, von Kräfteverschleiß und mangelnder Konzentration begleitet, aber auch von großer geistiger und körperlicher Bereitschaft und mit dem notwendigen Glauben an sich selbst und seine Mitspieler. Vielleicht war die Situation auch so, dass viele im Innern zwar wollten, aber nicht mehr richtig konnten und hofften, dass es dem Gegner auch so erging.

Das 0:0 bei Halbzeit erinnerte keineswegs an die großen und aufregenden Endspiele vergangener Weltmeisterschaften. Das Tempo stimmte nicht, es wurde meistens nur reagiert und nicht agiert. Kampfszenen und aggressives Verhalten waren diesmal kein Zeichen von wirklicher Stärke, sondern eher von Schwäche, von übereilten Reaktionen, von Zuspätkommen, Fehleinschätzungen und mangelnder Spielübersicht.

Als Beispiel möchte ich den Elfmeter von Cabrini nennen, den er in der 26. Minute am rechten Pfosten vorbei ins Aus schoss – was ihm unter normalen Umständen sicherlich nicht passiert wäre. Die Squadra Azzurri gewann diese Weltmeisterschaft am Ende verdient, auch wenn sie anfangs in den Gruppenspielen gegen Polen (0:0), gegen Peru (1:1) und gegen Kamerun (1:1) nicht gerade geglänzt hatte und deshalb von Seiten der italienischen Presse grausam beschimpft worden war.

Das alles hatte sich in der zweiten Finalrunde nach dem Sieg über Argentinien (2:1) und vor allem nach dem überzeugenden Spiel gegen Brasilien rapide geändert, eine Begegnung, die die Italiener 3:2 gewannen. Einmal in Fahrt gekommen, schlugen sie auch die Polen 2:0 im Halbfinale. Die Tifosi, die italienischen Anhänger, waren wieder begeistert, feierten eine Versöhnung mit ihrer Mannschaft und freuten sich auf das Endspiel gegen die Deutschen, während die italienischen Spieler sich durchaus als nachtragend für die zugefügten Beschimpfungen zeigten und einen allgemeinen Presse-Boykott durchzogen. Lediglich die Torwart-Legende Dino Zoff, damals schon 40-jährig und Kapitän der Italiener, schenkte den Journalisten einige wenige Worte. »Notgedrungen«, wie er meinte.

Bereits zur Halbzeit war deutlich spürbar, dass die Kräfte schwanden. Unsere Spieler waren zwar immer noch guter Hoffnung, hatten letztlich aber nur noch wenig Vertrauen in die eigenen Stärken. Ich selbst wusste: Wer hier das erste Tor schießt, wird das Spiel und damit die Weltmeisterschaft gewinnen.

Es sah nicht gut aus. Ich musste keinen fragen, ob die Kraft noch reichen würde und ob der Wille ungebrochen sei. Bei vielen wurden die Schritte immer kürzer, unsere Angriffe wurden zögerlich vorgetragen, ohne diese Wucht, die nötig gewesen wäre in einem solch entscheidenden Spiel. Auch die Kopfballduelle wurden immer seltener, und die Pausen, die Erholzeiten auf dem Platz, immer länger. Selbst Auswechslungen machten auf beiden Seiten wenig Sinn. Aber das Glück ließ jene nicht im Stich, die sich in diesem Turnier gegen die besten Mannschaften der Welt, gegen Polen, Argentinien und Brasilien, durchgesetzt hatten und alles, wirklich alles, gegeben hatten. Die Italiener schossen schließlich das 1:0 durch Paolo Rossi in der 57. Minute. Es folgte das 2:0 durch Tardelli (69.), und Altobelli (81.) erhöhte gar auf 3:0, ehe Paul Breitner zwei Minuten später das Ehrentor erzielte.

Ich bedankte mich nach dem Abpfiff bei allen Spielern, die bis zu diesem Spiel durch »Himmel und Hölle« gegangen waren. Einige Wochen später erhielt ich einen Brief des italienischen Innenministers, der mir mitteilte, dass ich im Namen der Regierung, der italienischen Medien-Gesellschaften und der Sportjournalisten sowie aller Freunde des Sports in Italien den »Premio-Capo-Circeo 1982« der »Associazione-Italo-Germanico« in Rom erhalten sollte.

Damals war es für mich eine große Überraschung, über die ich mich zwar freute, aber auch wunderte. Ich erinnerte mich an die Hintergründe. Damals in Spanien war es für mich eine Selbstverständlichkeit gewesen, italienischen Journalisten zu helfen und mit ihnen zu reden, nachdem sie ihren

Kredit bei Trainer und Mannschaft durch eine nicht gerade freundliche Berichterstattung während der Vorrunde verloren hatten und vor allem die italienischen Spieler sich weigerten, weiter mit der Presse zusammenzuarbeiten, Kommentare abzugeben, auf Konferenzen zu erscheinen oder auch Einzelgespräche zu führen.

Die italienischen Journalisten baten mich immer wieder, ihnen zur Verfügung zu stehen, ohne daran zu denken, dass wir irgendwann bei dieser WM auf Italien treffen könnten. Was hätte ich auch anderes tun sollen? Schon seit der Europameisterschaft 1980 in Italien hatten wir einen guten Draht zueinander, und es hatte mir immer auch Spaß gemacht, mit ihnen zu palavern, Kommentare abzugeben. Wir kannten uns seit Jahren, auch deshalb, weil deutsche Spieler in Italien unter Vertrag standen und ich sie vor den großen Turnieren natürlich im Stadion sehen wollte. Ich denke da nur an einen Kalle Rummenigge, an Hansi Müller oder an Peter Briegel, internationale Stars, die für einige Jahre jenseits des Brenners ihre Lire verdienten und die ich mehrmals in Italien beobachten musste. Kontakte zu italienischen Presseleuten waren da unvermeidlich.

Der Medien-Pokal wurde mir später vom Botschafter Italiens über den DFB überreicht. Er ist ein Stück Erinnerung und ein Teil einer Freundschaft und Verbundenheit mit Italien und dem italienischen Fußball.

Zehn Jahre später trafen sich übrigens die beiden Finalgegner von 1982 wieder in Bologna als Zeichen guter Freundschaft. Die Spieler und ihre Frauen hatten keine Mühe, sich zu umarmen und abseits einer WM gemeinsame Stunden und Tage zu verbringen. Es war ein schönes Erlebnis. Die Frauen machten einen Einkaufsbummel in dieser aufregenden Hauptstadt der norditalienischen Region Emilia Romagna, mit einer der ältesten Universitäten Europas und heute noch ein wichtiges europäisches Kulturzentrum. Die Männer, die sich viel zu erzählen hatten, erinnerten sich, lachten, tranken ein Glas Wein, und am zweiten Tag spielten sie erneut gegeneinander anlässlich dieses zehnjährigen Jubiläums.

Die deutsche Mannschaft trat genau mit den Spielern an, die auch am 11. Juli 1982 in Madrid gespielt hatten. Die italienische Mannschaft vermisste leider einen Freund und großartigen Fußballer, Gaetano Scirea, ein technisch versierter, aber auch kompromissloser Abwehrmann, der bei der WM 1982 alle Spiele für die Azzurri bestritten hatte. Scirea lebte nicht mehr.

Für eine große Firma Italiens war er oft als Repräsentant und Manager in ganz Europa unterwegs gewesen. Auf der Fahrt von Polen zurück nach Italien hatte der Weltmeister – wie so viele reisende Geschäftsleute damals zu Zeiten der Ölkrise – etliche Benzinkanister mitgenommen, um nicht in Verlegenheit zu geraten. Die Unachtsamkeit eines Lkw-Fahrers, der von hinten auf sein Auto auffuhr, hätte im Normalfall lediglich für Blechschaden gesorgt. Durch die Benzinkanister jedoch, die hinten in seinem Wagen verstaut waren, explodierte das Auto des Italieners beim Aufprall sofort. Scirea hatte keine Chance.

Seine Frau kam dennoch an diesem Tag nach Bologna. Meine Frau und ich waren sehr beeindruckt von der Herzlichkeit, mit der sie von allen Seiten umarmt und festgehalten wurde, als Zeichen großartiger Freundschaft und unvergesslicher Stunden und Jahre im Kreis dieser italienischen Mannschaft und Familie. Frau Scirea wurde auch den deutschen Frauen und Spielern vorgestellt, die sie ebenfalls mit großer Herzlichkeit begrüßten.

Am Ende wurden die beiden Trainer und ihre Frauen begrüßt. Der alte Haudegen Enzo Bearzot, den ich seit vielen Jahren kannte, zog noch schnell an seiner geliebten Tabakpfeife, legte dann beide Hände auf meine Schultern und sagte: »Derwall, schön, dass du wieder gesund bist, ich habe alles gehört und gelesen.« Er meinte meine Bypass-Operation ein Jahr zuvor im schweizerischen Meyrin in der Nähe von Genf. Normalerweise duzen wir uns als Trainerkollegen, aber Bearzot konnte noch nie meinen Vornamen richtig aussprechen. Und weil er dann umsiedelte auf »Jüp«, »Schup« oder »Jopp« war ich für ihn kurzum »der Derwall, du«. Und so ist es geblieben.

Am Tag nach dem Finale der Weltmeisterschaft 1982 hatten wir die Koffer bereits gepackt. Die Fete mit Bundeskanzler Helmut Schmidt und den deutschen Ministern, die am Abend in unser Quartier, ins Hotel Barajas in der Nähe des Flughafens von Madrid kamen, lockerte unsere angeschlagene Stimmung etwas auf. Und es war eine ganz besondere Freude, dass sich unser Bundeskanzler so intensiv um die Spieler, Trainer und um den gesamten DFB-Stab kümmerte und es fertig brachte, zu einer gelungenen Abschiedsparty im deutschen »Lager« beizutragen.

Das abschließende Mannschaftsbild mit Vertretern unserer Regierung entsprach der Art von »Gründungsfotos«, die es von vielen Fußball-Klubs gibt, die um 1900 gegründet wurden: am Boden sitzend, mit gekreuzten Beinen, darüber die Spieler in Hemd und mit Krawatte und einem Mittelscheitel. Am Ende ging es bis in den frühen Morgen, bis jemand von Abflug und Heimreise sprach. Noch einmal wurde gemeinsam gefrühstückt, alle in der offiziellen DFB-Kleidung, die wir seit unserer Ankunft hier in Spanien nicht mehr getragen hatten. Nun wollten wir den Heimweg antreten.

Wie üblich bildete ich das Schlusslicht der Abreisenden, bis sich eine besorgte Stimme bei mir meldete. Voller Aufregung und mit einem großen Schrecken im Gesicht kam Walter Kohr, um uns den Zusammenbruch unseres Kochs und Freundes Hans Damker zu melden, der in der Küche des Hotels einen Herzinfarkt erlitten hatte. Derweil viele schon dem Flughafen zustrebten, versuchten wir, unseren Doktor zu erreichen, den Notdienstwagen über die Rezeption zu informieren und vieles mehr, was Hans Damker, der sich wochenlang für die Mannschaft regelrecht aufgeopfert hatte, vielleicht hätte helfen können.

Prof. Heinrich Heß und Walter Kohr sorgten sich sehr um ihn, leisteten Erste Hilfe und riefen mir zu, nicht den »Flieger nach Frankfurt« zu verpassen. Was auch passiert wäre, wenn nicht schon Koffer und Taschen bereits im Flugzeug eingecheckt gewesen wären. Die Beiden fuhren mit dem Rettungswagen in das nächste Krankenhaus. Ich selbst sah in unfreundliche Gesichter, als ich abgehetzt und zu spät das Flugzeug betrat. Doch als die Passagiere und das Bordpersonal den Grund erfuhren, spürten sie alle den Schrecken, der uns in die Glieder und in die Herzen gefahren war.

In Frankfurt angekommen wurden wir zunächst nicht gerade freundlich empfangen. Manuela, meine Tochter, weinte bitterliche Tränen, mein Sohn Patrick und meine Frau waren erzürnt über die Zurufe und Spruchbänder fanatischer Fans. In diesen Jahren kannten gewisse Leute kein Erbarmen, nichts war ihnen so verhasst wie Lob oder Anerkennung. Während des Auto-Corsos in die Frankfurter Innenstadt zum Römer sah alles schon wieder anders aus. Tausende jubelten, als die Mannschaft den Balkon des Rathauses betrat.

Ich war im Stillen stolz auf meine Spieler, die alles gegeben hatten. Die deutsche Nationalmannschaft hatte seit 1954 zum vierten Mal ein Endspiel bei einer Weltmeisterschaft bestritten. Zweimal, in der Schweiz und in Deutschland, waren wir als Sieger vom Platz gegangen, zweimal, in England und nun in Spanien, als Verlierer. Wirklich kein Grund, sich schämen zu müssen.

Neues Leben am Bosporus

Es ist nicht einfach, sich als Trainer einzugewöhnen in einem neuen Land. Der Umgang mit Menschen anderer Kulturen setzt eigene Anpassung voraus. Selbst erfolgreiche Trainer scheitern oft im Ausland, weil sie glauben, aufgrund ihrer großer Erfahrung leichtes Spiel zu haben. Wer sich aber nicht frühzeitig mit dem Land, den Leuten und deren Mentalität auseinander gesetzt hat, wer sich nicht mit der Kultur und der Sprache beschäftigt, und wer sich vor allem nicht mit den dort herrschenden Trainingsmethoden vertraut gemacht hat, der wird es sehr schwer haben, einen guten Einstand zu finden.

Einem Ausländer werden als Trainer keine hundert Tage Kredit eingeräumt. Was zählt, sind schnelle Erfolge, Siege. Gewinnen muss man – und möglichst an der Spitze der Tabelle stehen. Auch ich sollte das erfahren. Im Ausland geht es normalerweise auch nicht darum, etwas auf Zeit und für kommende Jahre aufzubauen oder vielleicht sogar eine Basis für eine gesunde Klubpolitik zu schaffen. Dazu wird ein ausländischer Trainer nicht verpflichtet. Auch meine Ausgangssituation in Istanbul sah zunächst so aus.

Ich musste dort im Sommer 1984 nach der EM in Frankreich ganz unten anfangen, was ja eigentlich eine schöne und befriedigende Situation ist. Zunächst ging es darum, einen geeigneten Trainerassistenten zu engagieren. Mit etwas Glück fand ich ihn noch vor meiner Abreise in die Türkei. Er war in Frankfurt zu Hause, war türkischer Nationalität, von Beruf eigentlich Journalist, sprach fließend Deutsch und besaß die Trainer-A-Lizenz des DFB. Arslan war ein liebenswerter Mensch und ein verlässlicher Partner. Er war voller Ideen, die er umzusetzen gedachte. Wie ich selbst stellte auch er sich die Frage: »Wo anfangen, wo aufhören?«

Im Training war Arslan bemüht, ein abwechslungsreiches Übungsprogramm zu bieten. Ob es aber auch bei den Spielern ankam, das habe ich nie erfahren. In den ersten Wochen war die türkische Sprache für mich ein Buch mit sieben Siegeln. Leider mussten wir uns schon bald trennen. Er sorgte sich um seine herzkranke Frau und bat mich, nach Frankfurt zurückkehren zu dürfen.

Es war wirklich nicht so einfach. Günay Kayarlar, ein erfahrener Trainer, der die Galatasaray-Mannschaft zu Beginn der Saison in Konya vorbereitet hatte, wollte für mehr als vier Wochen nach Deutschland, um an der Trainerschule des Deutschen Fußball-Bundes in Hennef die Trainer-A-Lizenz zu erwerben.

So stand ich also wieder allein und verlassen auf dem Trainingsgelände in Florya und versuchte mit Händen und Füßen und unter Mithilfe von Fatih Terim, dem Mannschaftskapitän, den Spielern in englischer Sprache verständlich zu machen, was ich von ihnen verlangte. Einen schlechteren Start kannst du nur noch in Alaska haben, sagte ich mir selbst.

Ich ging erneut auf die Suche nach einem geeigneten Co-Trainer. Es gab da noch einen jungen Mann, der in der vergangenen Meisterschaft bei Trainer Ivic, meinem Vorgänger also, in der Mannschaft von Galatasaray gestanden und gerade seine Spielerlaufbahn beendet hatte, um im Verein als Jugendtrainer der A-Junioren seinen Werdegang fortzusetzen. Sein Name war Mustafa Denizli. Ich wusste viel über sein fußballerisches Können. Mit einer glänzenden Technik ausgestattet, mit seinen herrlichen Dribblings, Tricks und Täuschungen verstand er es, aus unmöglichen Situationen

Tore zu erzielen. Eine Fähigkeit, die den perfekten Fußballer ausmacht.

Im April und Dezember des Jahres 1979 gehörte Mustafa zum Aufgebot der türkischen Nationalmannschaft, die beim 0:0 in Izmir und beim 2:0 in Gelsenkirchen in der Qualifikation für die Europameisterschaft 1980 in Italien gegen Deutschland zu spielen hatte. Was ich noch nicht kannte, waren seine Fähigkeiten als Trainer und Mitarbeiter. Als bindendes Glied zwischen Mannschaft und Cheftrainer. Als Ohr der Mannschaft, aber auch als Übersetzer unausgesprochener Dialoge innerhalb der Mannschaft. Wie sich später herausstellen sollte, hatte ich einen Glücksgriff getan.

Mustafa und ich verstanden uns. Er war allein, ich war allein. Seine Familie lebte in Izmir, meine Frau noch in Deutschland, um die wichtigsten Dinge zu regeln und sich mit schwerem Herzen und viel Wehmut von den Kindern zu verabschieden, die Anfang zwanzig waren und nach Düsseldorf und Köln zogen, um dort zu arbeiten, zu studieren und auch zu leben.

Es gab tausend Fragen und nur wenige Antworten für Mustafa und mich. Wir stellten fest, dass es noch viel zu tun und noch mehr zu leisten gab, sollten wir den Erwartungen gerecht werden können, die man in uns gesetzt hatte.

Unsere Gedanken und Ideen entsprachen zunächst ja keineswegs den Vorstellungen unseres Präsidiums, das Millionen und noch mehr türkische Lira in Spieler investiert hatte, die die Garantie dafür sein sollten, den Erfolg alter Zeiten wieder aufleben zu lassen. Wir mussten schnell feststellen, dass unsere Euphorie auf wenig Geduld und Gegenliebe stieß. Und es bedurfte sehr viel Aufmunterung von wenigen lieben Menschen, die es gut mit uns meinten und die die Gesamtsituation richtig einzuschätzen wussten.

Es fehlte den Herren sicher nicht an gutem Willen. Was fehlte, war Geld und die Einsicht, es teilweise unökonomisch investiert zu haben. Ein Fehler, den viele Klubs begehen. Zunächst hätte man versuchen müssen, das Umfeld zu sanieren und für eine Atmosphäre zu sorgen, in der man sich wohlfühlen kann und in der es Freude macht zu arbeiten. Sportliche Leistungen sind eng gekoppelt an seelisches Wohlbefinden.

Es gab keine Maschinen, den Trainingsplatz auch nur einigermaßen spielfähig zu machen. Papa Achmet, unser Zeugwart, hatte seine liebe Not, die Mannschaft gut ausgerüstet in die Spiele zu schicken. Nur wenige Sätze Trikots waren vorhanden, und er besaß Koffer, die keine waren. In Säcken wurde die gesamte Ausrüstung von Spiel zu Spiel geschleppt. Nicht einmal Werkzeug stand zur Verfügung, um ein abgebrochenes Einsatzgewinde für Stollenschuhe auszuwechseln, was oft genug in nur wenigen Minuten während der Halbzeitpause geschehen muss. Ein trostloser Zustand, der nicht dazu beflügelte, sich auf dem Spielfeld zu zerreißen und erfolgreich zu sein.

Mehmet, unser Masseur und Physiotherapeut, der eifrig und gewissenhaft seine Arbeit tat, besaß noch nicht einmal einen ordentlichen Medizinkoffer. Es fehlten ihm Medikamente, Salben und Verbandsstoff. Von medizinischen Geräten und Apparaten keine Spur. Für die wichtigsten Dinge fehlte das Geld und das Verständnis, dass die Spieler das Kapital eines Klubs darstellen. Statt dessen gab es eine Rotlichtlampe und viel Eis aus der Küche, damit Blutergüsse und Muskelverletzungen behandelt werden konnten.

Die Busse, mit denen wir fuhren, waren abgewrackte Brummis, die soeben dem Schrottplatz entkommen sein mussten. Von Komfort konnte keine Rede sein, wir waren glücklich, wenn wir wieder heil nach Hause kamen. Es war wirklich leicht zu verstehen, dass es vierzehn Jahre lang nicht gelungen war, auch nur ein erfolgreiches Jahr zu haben.

Ich habe anfangs fast kein Auge zugetan in den vielen glasklaren Nächten Istanbuls im Ortsteil Ayaspascha, wo ich eine schön gelegene Wohnung mit Blick auf den Bosporus bezogen hatte, direkt hinter dem deutschen Generalkonsulat. Erdogan Senay, ein Großspediteur, der nicht nur in Istanbul, sondern auch in München und anderen europäischen Städten arbeitete, hatte das Appartment Galatasaray kostenlos zur Verfügung gestellt. Nicht ohne Grund, wie sich herausstellen sollte. Erdogan, zugleich auch Manager der türkischen Nationalmannschaft, wollte mich nebenbei als Berater gewinnen. Ich sollte den neuen türkischen Nationaltrainer Turgay in seiner Arbeit unterstützen.

Um keine schlechte Stimmung gegenüber Galatasaray aufkommen zu lassen, sagte ich zu, mein Wissen in diese Arbeit einzubringen. Ich wollte natürlich auch helfen. Schon bald wurde mir klar, dass man den Baum nicht von seiner Krone aus bearbeiten kann, wenn sich an den Wurzeln schleichender Verfall bemerkbar macht. Und die Wurzeln des Fußballs in der Türkei waren die Klubs.

Nach einigen Monaten trennten wir uns als gute Freunde. Ich wollte nicht zwei Herren dienen – und der Verein hatte nun Vorrang, da dort die Arbeit immer schwieriger und deprimierender geworden war. Mangelnde Arbeitsfreude, Interesselosigkeit und die Unfähigkeit, sich zu einer verschworenen Gemeinschaft zusammenzufinden, bestimmten in jenen ersten Tagen das Bild. Spieler, Trainer und alle, die zum Funktionieren beitragen sollten, kamen nicht auf Touren. Keiner wagte auszusprechen, worin der Grund für den Nichterfolg in den vielen Jahren zu suchen war. Ich musste es selbst herausfinden, auf eigene Faust.

Im Training wurde Fußball gearbeitet, nicht trainiert und auch nicht gespielt. Ohne Witz, ohne Ideen und ohne Inspiration. Ohne Lust und Liebe an der Sache.

Es gab Spieler, die für diese Aufgaben überhaupt nicht zu gebrauchen waren. Bei meiner Einführung wurden mir 32 Männer vorgestellt. Wer kann schon auf einem Trainingsplatz so viele Sportler beschäftigen, sich mit jedem einzelnen befassen, die notwendigen Anweisungen geben und versuchen, in kürzester Zeit eine spielstarke Mannschaft zu bilden? An notwendig gewordene Transfers oder an das Ausleihen von Spielern wurde überhaupt nicht gedacht. Jeder konnte tun, was er wollte: Gehen oder bleiben. Einige Spieler mussten erst überredet werden, bis sie bereit waren, in der zweiten Mannschaft des Klubs, in der 3. Liga, zu spielen. Die Ablösesummen waren viel zu hoch und verhinderten, dass Spieler transferiert werden konnten. Zu geringe Gehälter führten dazu, dass die Spieler auf einen Wechsel verzichteten und der Klub sogar für Leute bezahlte, die dem Kader gar nicht mehr angehörten.

Ich schlug also vor, die Bezahlung zu erhöhen und die Transfersummen zu reduzieren. Es ging darum, den Spielern in anderen Klubs Spielpraxis zu bieten und ausreichend Anreiz zu geben, gute Leistungen zu bringen, um sich dann im nächsten Jahr wieder bei Galatasaray empfehlen zu können. Damit hatten wir zudem erreicht, dass jene 16 bis 18 Spieler, die als Stamm der Mannschaft übrig blieben, Stolz und Verantwortungsgefühl empfanden.

Professor Ali Uras, unser Präsident, hatte kein Erbarmen. In zahllosen Gesprächen in verschiedensten Sitzungen redete er sich seinen Frust von der Seele. Millionen waren investiert worden für neue Spieler. Hochkarätige Fußballer, wie er meinte. Spieler, die ihm die Meisterschaft garantieren sollten. Falsche Einkaufspolitik wurde uns nun vorgeworfen, voreiliger Verkauf von älteren Spielern und vieles mehr. Der Präsident, ein Chirurg, groß gewachsen und stolz, versuchte keineswegs, meine Position zu stärken. Er wiegelte die Presse auf, ein Manager sollte meine Trainingsarbeit kontrollieren. Doch Öscun Özari, so sein Name, ein alter Freund von mir und ehemaliger Nationaltrainer, ging nach vierzehn Tagen wieder.

Der Präsident und ich blieben auch weiterhin unterschiedlicher Meinung. Ihn störten meine Trainingsmethoden, mich sein Führungsstil, der autoritär und diktatorisch war.

Ich hatte das Glück, auch Spieler in meiner Mannschaft zu haben, die bis vor nicht allzu langer Zeit in Deutschland gespielt hatten, die aber ihre türkische Heimatsprache immer noch perfekt beherrschten. Erhan, Ugur, Ilyas, Erdal und Kücük Savas haben mir damals sehr geholfen, die türkische Mentalität zu verstehen.

Zur Mannschaft gehörten auch drei jugoslawische Spieler, die eine sehr professionelle Einstellung mitbrachten. Zoran Simovic, ehemaliger jugoslawischer Nationaltorwart, genannt »Simon«, Cevat Prekazi und Mirsad Kovacevic, der später türkischer Staatsbürger wurde, waren exzellente anpassungsfähige Spieler. Dazu kam in den ersten zwei Jahren auch noch Rüdiger Abramczik, einst bei Schalke 04 unter Vertrag. »Abi« spielte bei mir auch in der deutschen Nationalmannschaft und war einer der sympathischsten Spieler, mit denen ich je gearbeitet habe. Und schließlich gehörte auch ein Franzose zur Mannschaft: Didier Six, ein Spieler mit der Erfahrung von mehr als vierzig Länderspielen, der noch 1984 bei der Europameisterschaft in der französischen Mannschaft stand und mit ihr im Finale die Spanier schlug. Schließlich die türkischen Spieler wie Cüneyt, Raschid, Yusuf, Ismail, Semih. Und zwei Jahre später Tanyu, Büyük Savas – beide aus Samsun – Arif und Muhamed, unser Ersatztorwart Hayrettin; schließlich viele junge Spieler wie Tugay und Bülent.

Meine wichtigste Aufgabe war es, ihnen eine fußballbezogene Denkweise zu vermitteln, ohne dass sie dabei ihre angeborene und ureigene Mentalität und Begabung verloren. Fußball wird in der Türkei mit viel Herz, Einsatz und Temperament gespielt. Die Ballfertigkeit der türkischen Spieler war immer schon von hoher Qualität. In ihrer Art kann man sie am ehesten noch vergleichen mit Italienern oder Jugoslawen. Ich hatte das schon 1972 beim 2:0-Sieg in Ankara, 1977 beim 5:0 in Istanbul und in den Länderspielen später in Izmir, Gelsenkirchen und Berlin gesehen.

Aber die Plätze waren katastrophal. Als wir in einem Europapokal-Heimspiel gegen den damaligen Bundesliga-Klub Bayer Uerdingen im Inönü-Stadion antreten mussten, konnte der deutsche Trainer Karl-Heinz Feldkamp, mein Freund, sich nicht verkneifen, den Platz einen »Acker« zu nennen. Dieser Ausspruch verfehlte seine Wirkung nicht. Schon im nächsten Jahr wurde ein Rasenplatz gebaut. Die Städte in der Türkei und deren Sportämter hatten es jahrelang versäumt, dem Fußball eine geeignete Basis und angemessene Spielorte zu schaffen.

Es änderte sich nun vieles. Irgendwann unterstützte auch die Presse unsere Klagen. Unser Präsident konnte sich damit rühmen, durch die angelegten Rasenplätze auf unserem Trainingsgelände in Florya einen Anfang gemacht zu haben und Vorbild für die gesamte Türkei zu sein.

Aber wir waren noch lange nicht fertig. Ab sofort war auch Gymnastik wichtig, hinzu kamen Spiele, die die Beweglichkeit schulten. Aber es fehlte noch die richtige Spielauffassung, die Disziplin auf dem Platz, nicht nur in taktischer Hinsicht. In den Europapokal-Spielen schieden wir frühzeitig aus, weil unsere Spieler Gelbe und Rote Karten sammelten wie andere Leute Pilze.

Wie das zu ändern war, wusste ich nicht. Ich baute auf meinen Assistenten. Mustafa Denizli kannte als Nationalspieler die internationale Szene, hatte jeden Spieler der internationalen Spitzenklasse im Kopf, kannte Stärken und Schwächen und war in der Lage, jedes Spiel einer großen europäischen Mannschaft zu analysieren.

Bei uns gab es selten ineinander fließende Kombinationen. Jeder spielte sein Spiel, wollte sich profilieren. Langatmige Dribblings und zu langes Ballhalten hatten Ballverlust und gegnerisches Konterspiel zur Folge. Es wurde quer und zurück, statt schnell, direkt und unkompliziert nach vorne gespielt.

Istanbuler Lokalderbys, wie die Spiele gegen Fenerbahce

oder Besiktas, standen unter dem Eindruck harter Auseinandersetzungen, für die ich kein Verständnis haben konnte. Es hagelte Fouls und Karten. Gegen gesunde Härte kann niemand etwas einzuwenden haben. Was wir jedoch erlebten, waren regelrechte Schlachten. Ich ging oft enttäuscht und betroffen nach Hause.

Häufig geschah es, dass die türkischen Profis selbst im Training Mühe hatten, Regeln, Disziplin, Ordnung und Anweisungen zu beachten. Die Spieler ernährten häufig ganze Großfamilien, Geldstrafen verfehlen deshalb in solchen Ländern ihren Sinn. Hinzu kommt, dass gerade Fußballer sensible, eigenwillige und schwer zu überzeugende Menschen sein können. Vor allem dann, wenn ihr persönliches Können und Wissen beanstandet und angezweifelt wird.

Ich musste meine langjährige Erfahrung einbringen. So wurde, wenn auch manchmal schweren Herzens, auf dem Trainingsplatz und im Wald von Florya Kondition gebolzt. An die beliebten kleinen Spielchen war nicht zu denken. Es wurde an den Charakter und an die Ehre der Spieler appelliert. An die Ehre als Profi und an den Glauben, eine ehrgeizige und erfolgshungrige Mannschaft zu sein.

Nach wenigen Wochen wussten sie, dass der Weg zum erfolgreichen Spiel nur über harte Arbeit im Training führt. Und wenn es auch manchmal schwer fiel: Wir wurden uns schließlich einig. Raschid, unser Vorstopper und späterer Assistent bei Mustafa Denizli, drückte das Jahre später so aus: »Trainer, Sie wissen gar nicht, in welcher Gefahr Sie geschwebt haben, als Sie im Training unerbittlich waren, uns immer wieder korrigierten und aufforderten, schnell, direkt und nach vorne zu spielen. Ich hätte Sie umbringen können – andere Spieler auch. Aber Gott sei Dank haben wir das nicht getan. Sie haben uns geholfen, den richtigen Weg zu finden. Erst heute als Trainer bin ich in der Lage, das zu verstehen.«

Es dauerte nicht lange, bis auch der letzte Spieler in der

Erschöpft, kaputt – und lange noch nicht fertig: Vor der Verlängerung im WM-Halbfinale 1982 gegen die Franzosen

Zwischen Hoffen und Bangen: Pierre Littbarski tröstet im Elfmeterdrama Uli Stielike, der gegen die Franzosen verschoss

DRAMATISCHE MOMENTE

Wenn der Schuh drückt: Die Beziehung zu Paul Breitner war nicht einfach

Es geht nicht mehr: Karl-Heinz Rummenigge, der angeschlagene Kapitän, verlässt im WM-Finale gegen Italien nach siebzig Minuten den Platz (linke Seite, unten)

WERDENDE »TEAMCHEFS«

Der Weg zum Tor: Gegen Nordirland absolvierte Rudi Völler 1982 sein erstes Länderspiel

Richtungsweisend: Lothar Matthäus machte sein erstes Länderspiel 1980. Mittlerweile ist auch er Trainer geworden

Bis heute ein ungetrübtes Verhältnis: Franz Beckenbauer folgte als Teamchef der Nationalmannschaft nach der EM 1984

WECHSELBAD DER GEFÜHLE

Allein mit den Gedanken in Frankreich:
Während der Europameisterschaft 1984

Bildersturm in Istanbul: Ein türkischer Fan zeigt seine Verehrung

TÜRKISCHE BEGEISTERUNG

Autogramme für Istanbul: Auf Tuchfühlung mit den zahlreichen Fans von Galatasaray

Autogramme aus Istanbul: Die Mannschaft von Galatasaray. Links oben: Rüdiger Abramczik

Ein junger Freund: In den Katakomben von Istanbul feiern die Fans einen Sieg

FREUDE UND TRAUER

Selten so gelacht: Mit Mustafa Denizli, zunächst mein Spieler, dann mein Assistent, später türkischer Nationaltrainer

Gruß zurück an die Ränge: Feiertage im Galatasaray-Stadion in Istanbul

Er wurde nur siebzehn Jahre alt: Dieses Buch ist auch Dursun gewidmet

Dursun Özbek
Şubat 1970–Kasım 1987

Talar statt Trainingsanzug: Die Verleihung der Ehrendoktorwürde durch die Hacettepe-Universität in Ankara

BLEIBENDE BEGEGNUNGEN

Boxerherz schlägt auch für den Fußball: Mit Max Schmeling bei der Sportler-Gala 1980, als die Nationalelf zur »Mannschaft des Jahres« gewählt wurde und ich zum »Trainer des Jahres«

Hoher Besuch ganz unten: Helmut Schmidt, der Bundeskanzler, hilft, die Endspielniederlage gegen Italien 1982 zu vergessen. Und feiert mit, als wir Abschied von Spanien nehmen

Gratulation: Mit Argentiniens Nationaltrainer Cesar Luis Menotti 1982 anlässlich eines Freundschaftsspiels

Dafür hat es sich gelohnt: Meine Frau Elisabeth, die die Familie zusammenhält, und meine Kinder, Sohn Patrick und Tochter Manuela – damals im Jahre 1978

Fingerübungen im Arbeitszimmer: Nachdenken über das Spiel, das kein einfaches ist

GEDANKENSPIELE

Blick zurück: Zeit des Nachdenkens, Zeit der Besinnung

Mannschaft erkannt hatte, dass wir auf dem besten Weg waren, anderen einen Schritt voraus zu sein. Und als dann später die Istanbuler Zeitungen in großen Lettern schrieben, »Galatasaray spielt europäisch«, da gab es keinen Zweifel, alle überzeugt zu haben, dass wir nach vierzehn Jahren möglicherweise einer Meisterschaft entgegensteuern könnten. So sollte es dann ja auch kommen.

Ich war in der Lage, die Spieler zu überzeugen, weniger Rivalität, sondern mehr Kollegialität zu zeigen. Und dass Respekt anderen gegenüber eine der vornehmsten Aufgaben ist, die nicht jedem im Leben automatisch zugedacht sein kann. Wie sonst sollten wir unseren geliebten Fußball in der Türkei und in der ganzen Welt richtig darstellen und ihm auch weiterhin Bedeutung verleihen? Fußball darf nicht nur gespielt und gekämpft werden. Fußball muss auch gelebt und vorgelebt werden. Fußball ist kein einfaches Spiel.

Ein Pelé war beliebt aufgrund seiner Bescheidenheit, seiner fairen Spielweise und wegen seiner Wertschätzung anderen gegenüber. Er war Vorbild für die Fußballjugend der Welt. Und niemand kann ermessen, was ein Spieler wie Pelé neben seinem großartigen fußballerischen Können auch außerhalb des Rasens für die Anerkennung und Wertschätzung des Fußballs geleistet hat.

Ähnliches gilt für große Spieler wie Alfredo di Stefano, Bobby Charlton, Franz Beckenbauer oder Michel Platini, auch Ruud Gullit, Marco van Basten oder Gary Lineker gehören hier dazu, natürlich auch unsere »Helden« wie Fritz Walter, Uwe Seeler oder Rudi Völler. Diese Spieler sind alle mit starker Mentalität ausgestattet, aber auch mit liebenswerten Charakterzügen.

Fußballer sind im Grunde leicht zu beeinflussen, damit sie sich an Ordnung, Regeln, Disziplin und Fairplay halten. Dafür sind sie zu sehr mit dem Sport verbunden. Meinungsverschiedenheiten gibt es meistens nur dort, wo man sich nicht den im Land herrschenden Lebensbedingungen unterwerfen kann und will. Der zufriedene Bürger der USA, in Frankreich, Deutschland oder England wird sich in der Regel weniger kämpferisch und aggressiv zeigen. Er wird ausgeglichener, vielleicht auch großzügiger sein, weil die Lebensbedingungen dort anders sind. Hochklassige Spieler dieser Länder haben schnell ausgesorgt. Ihre Situation ist ganz anders als in wirtschaftlich schwachen Ländern, wo es fast nur darum geht, sich zu profilieren, mehr zu verdienen, oben zu sein, den Lebensstandard zu halten oder gar zu verbessern. Aufbrausendes Temperament, überzogene Aggressivität und egoistisches Denken haben hier ihre Wurzeln, müssen also nicht Ausdruck von falschem oder schlechtem Charakter sein.

Im Wettstreit um gesellschaftlichen Aufstieg und im Kampf um bessere Lebensbedingungen, Anerkennung und Wertschätzung ist es verständlich, dass Menschen auf unzumutbare Bedingungen anders reagieren. Eine solche Denkweise schlägt sich auch auf das Spiel nieder. Leistungssteigerung und Leistungsstabilität sind eben nur da möglich, wo neben Strenge und Disziplin auch menschliches Verständnis vorhanden ist.

Es gibt weder fremde Menschen noch fremde Länder. Es gibt nur andere Länder und andere Menschen. Ein Problem liegt vor, wenn ein Defizit an Vertrauen zu einer regelrechten Krankheit geworden ist. Wo nicht die eigenen Menschen im Land, sondern Fremde aus einer anderen Welt Anerkennung finden. Die eigene Erfolglosigkeit wird im Fernsehen und in den Zeitungen in den Vordergrund gerückt. Die Kritik der Medien ist schlimmer als sonst irgendwo auf der Welt. Sie muss oft als hart und ungerecht gelten, weil Nörgelei und diese Form von Kritik nicht mit Ursachenforschung in Einklang zu bringen ist.

Damals waren sie so, diese Türken – meine Türken.

Und ich bin mir fast sicher: Jeder Mensch ist so, wenn die Lebensbedingungen es erfordern. Die Angst vor eigenen

Fehlern ging um. Wer konnte in einer solchen Situation schon begreifen, dass Leistungsgesellschaften nicht geboren und auch nicht gekauft werden können? Sie müssen durch viel Fleiß, Arbeit, Erziehung und Gemeinsamkeit erarbeitet werden.

Im Grunde ihres Wesens waren es liebenswürdige, feinsinnige, hilfsbereite und höfliche Menschen. Sie sind mit viel Persönlichkeit ausgestattet, die ihnen nicht erlaubt, zu allem Ja und Amen zu sagen. Sie vertreten ihre Meinung klar und deutlich und lassen sich nicht so schnell beeinflussen. Schon gar nicht, wenn sie davon überzeugt sind, im Recht zu sein. Gute Diplomaten sind sie schon gar nicht.

Bei Spielern braucht das nur ein Wortwechsel sein, eine kleine Stichelei, um sich in ihrer Ehre gekränkt zu fühlen. Egal, wie man es auch nennen will: Temperament, Stolz, Ehre, Unvernunft oder übersteigerter Ehrgeiz.

Sich unterordnen ist nicht jedermanns Stärke. Oft sind es die Verkehrsregeln, die keine Beachtung finden. Der sagenhafte Stadtverkehr Istanbuls fängt immer erst dann an zu funktionieren, wenn die Polizei den Millionen von Automobilisten das Feld allein überlässt. Schließlich gibt es Wichtigeres zu tun, als sich um Verkehrsampeln oder Ordnungsschilder zu kümmern.

Mustafa, der Istanbul wie seine Westentasche kannte, obwohl er in Izmir zu Hause war, führte mich am Abend, wenn die Arbeit auf dem Platz getan war, in hübsche Restaurants, um zu essen und in aller Ruhe den Tag ausklingen zu lassen. Man traf freundliche, nette Menschen, Fußballbegeisterte, die gerne diskutieren wollten. Schimpfende, die aufgrund der schlechten Ergebnisse ihre Wut auf uns herausließen. Aber auch solche, die ihre eigentliche Meinung höflich verschwiegen.

Ich war auf der Suche nach Antworten. Ich wollte vor allem wissen, warum Galatasaray in der Bevölkerung im Gegensatz zu Fenerbahce oder Besiktas so wenig Anklang fand. Ich sprach mit vielen Menschen. Später, als meine Frau da war, zog ich mit ihr durch die Straßen und Gassen Istanbuls. Über die Istiklal, die große Geschäftsstraße dieser Stadt, zum Balik-Markt, wo es Fisch zu kaufen gab. Oder über die Rumeli und weiter zur Osmanbay, Orte, die überfüllt waren von kauflustigen Menschen. Von Kindern mit großen Augen, die von den Geschäftsauslagen zu ihren Müttern liefen, um zu zeigen, wie sehr sie sich wünschten, das eine oder andere zu haben.

Ich glaubte, im fußballverrücktesten Land der Welt zu sein. Die Marktschreier priesen ihre Ware und versäumten nie, ihre Sprüche loszuwerden. »Was ist mit Galatasaray, Herr Derwall?« »Warum spielen wir nicht gut?« »Cim bom kaputt«, rief ein anderer und lachte über Galatasaray, um dann aus einer ganz anderen Ecke den Ruf zu hören: »Fener büyük, baska yok.« Was ungefähr so viel heißt wie: Fenerbahce ist groß, sonst keiner.

Ich spürte, dass die Leute unzufrieden waren. Im täglichen Leben nur Sorgen zu haben, war ihnen bekannt. Aber dann auch noch vom Fußball und ihrem Lieblingsklub im Stich gelassen zu werden, nein, das konnte niemand verkraften, schon gar nicht in der Türkei. Vor allem auf dem Fischmarkt herrschte reges Leben. Die Menschen kamen und gingen. Das Obst, aufgebaut zu einer Pyramide, glänzend poliert von fleißiger Hand, verführte zum Kaufen und Stehlen zugleich. Das Gemüse war die reinste Pracht, es gab die erlesensten Sorten, direkt aus dem Süden des Landes. In der einen Gasse Nüsse, Maronen, Rosinen, Pistazien und viele Teesorten, die angepriesen wurden. Es roch verlockend, pikant, manchmal sogar wie auf einem deutschen Weihnachtsmarkt. Ich dachte in einem solchen Moment auch an meine glückliche Jugend, die ich neben einem kleinen Bahnhof in Würselen erlebte, wo mein Vater als Bahnhofvorsteher für den Abtransport der Steinkohle verantwortlich war, die aus dem daneben liegenden Bergwerk ans Tageslicht gefördert und in bereit stehende Güterwagen der deutschen Reichsbahn geladen wurden. Eine Zeit, die ich nicht vergessen konnte und die mir als Zehnjährigen zum ersten Male Gelegenheit bot, mit meinen Freunden zwischen den Mauern unseres Schulhofs Fußball zu spielen.

Etwas musste es geben, das den Klub, die Mannschaft und die Galatasaray-Fans auseinander getrieben hatte. Aber was?

Ich erinnerte mich an die Haltung der Anhänger, als wir nach dem ersten Auswärtsspiel 1984 von Eskeshir nach Hause fuhren. Wir hatten 0:3 verloren und eine traurige Vorstellung geboten. Nach dem Spiel machten wir uns mit hängenden Köpfen auf den Weg nach Istanbul. Wie immer wurden wir von der hiesigen Polizei begleitet. Nach etwa zwanzig Kilometern nahmen sie Abschied. Es war zu früh. Plötzlich stand ein anderer Bus quer zur Fahrbahn, wir mussten stoppen. Sie stürzten sich auf uns, die eigenen Fans aus Istanbul. Mit Steinen warfen sie die Frontscheibe unseres Busses ein. Die Seitenspiegel wurden abgerissen und weggeworfen. Wir wurden aufgefordert auszusteigen. Blanker Hass lag in ihren Gesichtern.

Gottlob rührte sich niemand im Bus. Mir liefen die Schweißperlen übers Gesicht. Noch nie im Leben hatte ich im Fußball eine solche Situation erleben müssen. Die Angst stand in unseren Gesichtern. Nach einer halben Stunde beruhigte sich die wütende Masse. Die enttäuschten Menschen sahen ein, dass sie einen Schritt zu weit gegangen waren. Der Weg wurde freigemacht, wir konnten weiterfahren.

Vergessen konnte ich es nicht, und meine Fragen wurden immer drängender. Bis ich tatsächlich eine Antwort fand. Mustafa und ich standen am Tresen eines bekannten Restaurants in der Innenstadt von Istanbul, um nach einem langen Arbeitstag einen Drink zu nehmen. Plötzlich trat ein sehr netter Herr, ein Geschäftsmann und Galatasaray-Anhänger, den wir alle gut kannten, auf uns zu. Wir sprachen natürlich über Fußball, und er sagte plötzlich: »Herr Derwall, ich weiß, dass Sie unzufrieden sind. Lassen Sie sich nicht entmutigen. Was kümmert uns die Masse? Galatasaray sind doch wir, es ist doch die Welt der Geschäftsleute. Wir bestimmen die Richtung, das müssen Sie wissen, Herr Derwall.«

Ich stand wie vom Blitz getroffen da. Ich zahlte und gab Mustafa einen Wink, sich zu verabschieden und das Lokal zu verlassen. Vierzehn Jahre lang, das war mir jetzt klar, hatte bei Galatasaray nur das Geld regiert. Sekretäre, Trainer, Manager, Spieler, Zeugwart, Platzwart, Arzt, Masseur, der Koch und die vielen Angestellten waren schon längst nicht mehr in der Lage, ihre Arbeit professionell und mit Herz zu verrichten und die notwendige Sorgfalt walten zu lassen. Die vielen kleinen Dinge im Klub waren schon lange kein Thema mehr gewesen für die großen Herren. Es gab von keiner Seite mehr eine Initiative, das seit Jahren bestehende Dilemma aufzuhalten.

Das sollte erst jetzt wieder anders werden. Ich wusste nun, dass eine positive Einstellung nicht allein von den Traditionen getragen werden kann. Die Menschen beschäftigten sich mit Lebensinhalten, die man irgendwann und von irgendwem erfahren hatte, die für immer als richtig und unantastbar hingestellt worden waren. Eine gute Einstellung, eine gute Mentalität bedeutet aber auch, sich der neuen Zeit anzupassen, mit ihr zu gehen und vorauszudenken. Die Herren Präsidenten und Manager waren bei Galatasaray schließlich doch noch bereit, mit viel Elan und mit meiner Mithilfe das angeschlagene Schiff mit der gelb-roten Flagge auf einen neuen Kurs zu führen.

Auch ich wollte natürlich meinen Beitrag der Anpassung leisten, indem ich unter anderem die türkische Sprache zu lernen begann. Dennoch suchte ich in den ersten Monaten einen Dolmetscher, der zugleich zweiter Co-Trainer sein sollte. Ich hatte die Suche schon aufgegeben, da begegnete mir auf der Treppe zum Klubhaus ein junger Mann. Er war groß, sportlich gekleidet, sprach fließend Deutsch und war mir auf Anhieb sympathisch. »Ahmet Akcan«, stellte er sich vor. »Ich wohne in Deutschland ganz in der Nähe ihres Wohnortes, in Merzig im Saarland, an der französischen und luxemburgischen Grenze. Ich bin mit meinem Vater unterwegs nach Anatolien, nach Bursa, wir wollen dort Verwandte und Freunde besuchen. Wie ich höre, suchen Sie einen neuen Dolmetscher. Ich möchte mich um diese Stelle bewerben.«

Wie ich aus dem weiteren Gespräch erfahren konnte, hatte er sich glänzend informiert über die Situation, in der ich mich befand und die nun sein Glück sein konnte. Ich dachte an meine Trainingsanweisungen, die nicht so einfach zu realisieren waren. Bei Zurufen, Kommandos und Gesprächen musste ich Mustafa, meinen Co-Trainer, in meiner Nähe haben. Das war aber nicht immer möglich, da er mit einer Gruppe oft auf der anderen Seite des Spielfeldes arbeitete oder mit den Torleuten ein Spezialtraining absolvierte.

Ein Übersetzer war für meine Arbeit unabdingbar. Ich dachte auch an die Gespräche mit unserem Präsidenten, die für beide Seiten sehr wichtig waren, um eine zufriedenstellende Lösung der Probleme finden zu können. Und natürlich mit den Spielern, mit dem Masseur, dem Zeugwart und dem Koch. Mit den Menschen auf der Straße, mit Fans, mit den Reportern vom Fernsehen und von der Presse.

Zum Teil waren das wichtige Angelegenheiten, bei denen jedes Wort deutlich und klar formuliert und richtig weitergegeben werden musste. Es war mein dringlichster Wunsch, mich mit Menschen unterhalten zu können, Fragen zu stellen, in sie hineinzuhören. Und dafür benötigte ich einen exzellenten Übersetzer. Es musste doch möglich sein, ihn zu finden, diesen Mann, der mein Sprachrohr sein sollte. Einen Dolmetscher, der meine Sprache ebenso perfekt beherrschte wie die meiner Gesprächspartner und dazu noch

Fußballer war. Und wenn ich sehr großes Glück hätte, auch noch ausgebildeter Trainer, ein Mann, der mich auf Schritt und Tritt begleitete und mich in diese neue Welt, in der ich jetzt lebte, weiter einführen konnte.

Alles ging sehr schnell. Gleich im nächsten Satz teilte mir Achmet Akcan mit, dass er die deutsche Trainer-A-Lizenz besäße und dass er an der Universität des Saarlandes Sport studiert hätte. Ich könnte auch seinen Lehrer und Dozenten, Herrn Zingraf, fragen und Erkundigungen über seine Person und Qualifikation einholen.

Die Vorstellung war wirklich perfekt. Und wenn ich mich äußerlich auch überrascht und erstaunt zeigte, war ich innerlich selig und glücklich. Endlich hatte ich den richtigen Mann gefunden. Dazu muss man wissen, dass jener Horst Zingraf, Dozent am Saarbrücker Sportinstitut, mein bester Freund ist. Früher war er mein Spieler, später arbeitete ich mit ihm viele Jahre zusammen, und mit ihm verbrachte ich – auch innerhalb der Familien – viele schöne Stunden. Seine Eindrücke über Achmet würden mir die Entscheidung in jedem Fall leicht machen.

Es wurde abgemacht, miteinander zu telefonieren – innerhalb der folgenden zehn Tage. Das Gespräch mit Achmet Akcan wurde schnell beendet, ich musste zum Training, die Spieler warteten schon.

Am 14. September, genau zehn Tage später, landete Achmet, von Frankfurt kommend, mit der Turkish Airlines in Istanbul. Zusammen mit meinem Assistenten Mustafa Denizli holte ich ihn am Flughafen ab, und wir quartierten ihn zunächst einmal in unserem Klubhaus in der Trainer-Etage ein.

In den nächsten Wochen und Monaten bildeten wir drei ein gutes Gespann. Die beiden jungen Leute zeigten sich engagiert und voller Ideen. Ich denke noch heute gerne an die schönen Stunden zurück, die wir miteinander verbrachten.

Am Anfang war es eine reine Männerclique, die kaum auseinander zu dividieren war. Mein Frau war noch in Deutschland. Juliet, die Frau von Mustafa, war immer noch in Izmir, und Achmet, mit seinen damals 25 Jahren Junggeselle, war noch nicht soweit, sich »einmauern« zu lassen, wie er das zu umschreiben pflegte, was andere Leute unter Heirat und einem glücklichen Familienleben verstehen.

Ich denke aber auch an die Zeiten zurück, als ich aufgemuntert werden musste weiterzumachen. Als Kritik und Häme über uns ausgeschüttet wurden, ganz einfach deshalb, weil die Erfolge ausblieben.

Heute weiß ich, dass das alles auch auf unsere Spieler abfärbte. Irgendwie herrschte plötzlich ein anderer Geist innerhalb der Mannschaft. Jeder brachte mehr als sonst an Willen und Begeisterung auf, auch wenn sich die Erfolge nicht gleich einstellen sollten.

Amtsgericht Istanbul

Eines Tages erhielt ich vom Amtsgericht Istanbul einen Einschreibebrief mit einer Vorladung vor Gericht. Ich konnte mich nicht erinnern, etwas Gesetzwidriges getan zu haben. Auch wusste ich nicht, wer ein Interesse daran haben konnte, mich als Zeuge laden zu lassen.

In den nächsten Tagen fragte ich im Spaß fast jeden, den ich kannte, ob ich seinetwegen vor Gericht anzutreten hätte. Niemand, nicht die Spieler und auch sonst keiner, konnte mir weiterhelfen. Cüneyt, unser Kapitän, stets besorgt um Spieler und Klub, hatte eine plausible Vermutung. Anlässlich eines Europacupspiels gegen den PSV Eindhoven in Holland kam es während des Spiels zu einem unerfreulichen Zwischenfall. Vier junge Männer kletterten über den drei Meter hohen Zaun am Rande des Spielfelds. Sie trugen ein großes Transparent mit politischen Parolen und überquerten damit demonstrativ den Platz. Der Schiedsrichter war gezwungen, das Spiel für mehr als zehn Minuten zu unterbrechen. Nach dem UEFA-Reglement wurde unser Klub dafür verantwortlich gemacht, da es sich um türkische Zuschauer handelte. Die Aktion kostete Galatasaray immerhin 25 000 Schweizer Franken, und bis heute konnte dafür noch niemand regresspflichtig gemacht werden.

Vielleicht war dieses Ereignis der Grund der Vorladung. So recht daran glauben wollte ich allerdings nicht, schließlich lag der Vorfall fast ein Jahr zurück.

Die Spieler erfanden immer wieder neue »Märchen«. Das

ging von der harmlosesten Verkehrsüberschreitung bis hin zu Alkohol am Steuer und Vaterschaftsprozessen. Wir hatten einen Riesenspaß in dieser Zeit, und es sprach für das gute Verhältnis zwischen Trainer und Spielern, wenn auf diese Weise Scherze gemacht werden konnten.

Der Tag der Gerichtsverhandlung war gekommen. Zunächst saßen wir nur da auf dieser schmalen Holzbank, schauten dem regen Treiben zu und sprachen fortwährend davon, was uns wohl erwarten würde. Um uns herum befanden sich Zeugen, Verdächtige, Angeklagte mit und ohne Familien und Freunde. Es wurde leise gesprochen, fast geflüstert. Viele legten sich offenbar ein Konzept für die Verhandlung zurecht, andere klagten laut, um jedem deutlich zu machen, dass man unschuldig und zu unrecht hier vor Gericht stünde. Und wiederum andere schauten verstört, suchten nach Hilfe und Verständnis.

Ein freundlicher Gerichtsbeamter erkannte uns und brachte uns in eines der vielen Büros auf diesem dunklen Flur. Statt uns zu sagen, warum wir vorgeladen waren und worum es eigentlich ging, wurde über Galatasaray und Fußball diskutiert. Und natürlich auch über die Rolle der Mitfavoriten Besiktas und Fenerbahce.

Dann war es so weit. Wir wurden aufgerufen und von einem Gerichtsdiener in das Verhandlungszimmer geführt. Am Ende des Raumes befand sich das Podium des Richters, das unseren eigenen Standort um einiges überragte. Links und rechts davon standen die Tische der Anwälte. Bei mir machte sich doch Nervosität bemerkbar. Ich hatte noch nie zuvor in meinem Leben vor Gericht gestanden, und im Stillen schwor ich mir, dass es auch das letzte Mal sein sollte.

Was sind wir doch für glückliche Menschen, so dachte ich, die ohne die strenge Hand der Justizia leben konnten, eine glückliche Jugend und Erziehung im Elternhaus und in der Schule genossen hatten. Dazu die Zeit, in der uns der Sport und das Leben in der Gemeinschaft prägte.

Ein eigenartiges Gefühl war der Moment, als der Richter und die Beisitzer den Saal betraten. Der Würde entsprechend erhoben sich alle Anwesenden. Ahmet und ich wurden vom Richter aufgefordert vorzutreten. Das schien nicht allen schnell genug zu gehen. Ich wurde plötzlich regelrecht nach vorne gerissen vom Gerichtsdiener, der mir klar machen wollte, wie man sich hier zu verhalten hätte. Stramm wie ein Rekrut sollte ich da stehen, die Hände an der Hosennaht, in aufrechter Haltung und mit ernster Miene. Mir gelang das nicht so recht.

Nicht, dass ich keinen Respekt zeigen wollte vor dem hohen türkischen Gericht. Ich fühlte mich lediglich nicht wohl in meiner Haut und sah mich in meiner persönlichen Freiheit eingeengt. Ich versuchte dennoch, möglichst still, ordentlich und aufrecht zu stehen. Der Gerichtsdiener war aber immer noch nicht zufrieden, er zog meine Hände, die ich auf dem Rücken verschränkt hatte, wieder an die berühmte Hosennaht, traktierte mich mit strengem Blick, der keinen Widerspruch duldete, und war sich immer noch nicht sicher, für genügend Ordnung gesorgt zu haben.

Ich hasse es, reglementiert und an die Selbstdisziplin erinnert zu werden. Ich drückte den Gerichtsdiener sanft beiseite und spürte sofort seinen Unmut. Aber bevor er erneut eingreifen konnte, wurde er durch ein Kopfnicken des Richters davon abgehalten. Eine nette Geste, die in diesem Raum eine fast schon menschliche Atmosphäre schaffte.

Frage an meine Wenigkeit: »Haben Sie Ihren Spieler Arif vor einigen Monaten vom Training ausgeschlossen und ihn aus der Mannschaft entlassen? Anworten Sie mit Ja oder Nein.«

»Ja«, antwortete ich. Immer noch nicht wusste ich, worum es ging, nur so viel, dass es sich nicht um den Vorfall in Holland handelte, sondern um Arif, unseren Mittelfeldspieler und Enfant terrible.

Nächste Frage: »Warum haben Sie ihn für eine Woche vom Training suspendiert? Gab es dafür einen besonderen

Grund? War Arif krank?«, bohrte der Richter nach, »haben Sie ihn deshalb nach Hause geschickt und ihn auch deshalb nicht spielen lassen?«

»Nein, gewiss nicht«, antwortete ich und fuhr dann fort: »Arif war kein Freund von Pünktlichkeit. Er kam immer wieder zu spät zum Training, oft mehr als eine halbe Stunde. Es war zwar zu entschuldigen, dass er auf der anderen Seite des Bosporus wohnt, und verkehrstechnisch hat man da einige Mühe, am frühen Morgen nach Florya zu kommen. Aber wenn jemand permanent zu spät kommt und es andere gibt, die am gleichen Ort wohnen und trotzdem immer zum Training pünktlich erscheinen, dann muss man als Trainer eingreifen. Nach wiederholtem Zuspätkommen habe ich ihn also nach Hause geschickt und ihm eine Woche Zeit gegeben, darüber nachzudenken.«

»Er muss krank gewesen sein«, schaltete sich nun der Rechtsanwalt der Zeitung »Sabah«, der Gegenpartei, ein. Erst in diesem Moment wurden wir, Ahmet und ich, an einen Artikel dieser Zeitung erinnert, der Arif ziemlich zugesetzt haben musste, so dass er das Boulevardblatt verklagt hatte. In diesem Artikel wurde er beschuldigt, sich durch den Umgang mit »leichten Mädchen« eine sehr schlimme Krankheit zugezogen zu haben – eine sicherlich diffamierende Behauptung für meinen Spieler.

»Er war nicht krank, und er konnte nicht krank gewesen sein«, antwortete ich. »Eine Woche später befand er sich nämlich wieder im Training, und er gehörte immerhin zum Kader der Mannschaft.«

»Im Training ja«, antwortete der Anwalt, »aber gespielt hat er nicht, oder? Ich kann mich erinnern, dass Galatasaray in dieser Woche gegen Fenerbahce anzutreten hatte«, führte er weiter aus. Und der Richter fragte unverhofft: »Hat er denn in diesem Spiel in der Mannschaft gestanden?«

Ganz ehrlich: Ich konnte diese Frage spontan nicht wahrheitsgetreu beantworten. In meinem Büchlein, in dem ich alle Eintragungen nach den Spielen festhielt, stand es zwar schwarz auf weiß. Aber jetzt und in diesem Moment war ich im Zweifel. Auch Ahmet wurde unruhig, erkannte die bedeutsame Frage des Richters und flüsterte mir zu, dass er es auch nicht wisse.

Trainer können sich an jede Situation im Spiel erinnern, und sei es noch so lange her. Aber diesmal musste ich passen, um nicht eine vielleicht völlig falsche Aussage zu machen. Stattdessen versuchte ich dem Richter allgemein zu erklären, dass ich normalerweise keinen Spieler aufstelle, wenn es gegen seinen Ex-Klub gehen würde. Grundsätzlich nicht. So sei es wohl auch bei Arif gewesen, der ein Jahr zuvor noch bei Fenerbahce gespielt hatte. Es sei aber auch durchaus möglich, so fuhr ich in meiner Not fort, dass er, um ihm deutlich zu beweisen, dass er dem Stamm der Mannschaft angehört, wenigstens auf der Bank gesessen habe. Und dass er möglicherweise sogar in den letzten fünfzehn Minuten eingewechselt worden sei, um ihn noch an der Prämie zu beteiligen.

Ich wollte noch hinzufügen, dass es nur vielleicht so gewesen sein könnte, als mir der Anwalt überraschend ins Wort fiel und uns allen bestätigte, dass der Spieler tatsächlich in der 76. Minute des Spiels eingewechselt worden war. Damit war Arif deutlich entlastet, und wie so oft musste festgestellt werden, dass eine vorschnelle Behauptung, dazu noch gedruckt und ohne Recherchen, ein Bumerang sein kann, der selbst von Boulevardzeitungen schwer zu verdauen ist.

Das Ikamet

Am frühen Morgen, ich war mit meinen Trainingsplänen beschäftigt, klingelte es an der Tür. Meine Frau brachte mir einen Brief der Ausländerbehörde in Istanbul, für den ich beim Postboten den Empfang zu bestätigen hatte. Wieder einmal ein Einschreibebrief.

»Ausländerbehörde«, sagte ich zu meiner Frau. »Wieso ausgerechnet die Ausländerbehörde? Vielleicht darfst du gar nicht hier leben«, meinte ich im Scherz, »und man will dich nach Hause schicken, zurück nach Deutschland.« Erstaunt schaute sie mich an und sagte gelassen: »Möglicherweise soll ich wohl deinen Job übernehmen – und du musst zum Flugzeug.«

Es ist wie beim Amtsgericht, dachte ich. Seit einem Jahr arbeite ich bei Galatasaray als Trainer, wohne in Istanbul, bin politisch gemeldet und habe bei Flügen, egal wohin, noch nie bei Passkontrollen Schwierigkeiten gehabt. Im Gegenteil, alle waren immer sehr höflich und freundlich zu mir. Gewöhnlich gab es bei der Kontrolle ein kurzes Gespräch, aber nie eine Beanstandung meiner Papiere.

»Wie beim Amtsgericht«, sagte ich auch zu Ahmet. »Niemand schreibt mir, in welcher Angelegenheit ich dort innerhalb von drei Tagen zu erscheinen habe.« Ahmet musste mit zum Ausländeramt, um eine Verständigung mit den türkischen Beamten herzustellen und zu erkunden, weshalb ich geladen war. Später verriet mir Ahmet, dass er den »Braten« schon gerochen hatte. Sagte mir aber kein Wort, um mich nicht zu beunruhigen. So war er, mein Ahmet. Immer da, immer im Bilde und stets bereit, mir Hilfestellung zu geben. Schon damals war er für mich wie ein Sohn, der nur das Beste für mich wollte, mir aber auch offenherzig sagte, was man hätte anders und besser machen können. Dazu war er immer gut gekleidet, sauber und adrett, modisch und chic, so wie es auch bei unseren Spielern üblich war, und er hatte eine gute Erziehung genossen in seinem Elternhaus und auch auf einem Lehrerseminar in Sakarya, auf das er sehr stolz war und von dem er auf den Busfahrten stundenlang erzählen konnte.

Wir parkten ordnungsgemäß, stiegen die wenigen Treppen hoch und kamen in einen Raum, in dem sich, wie ich glaubte, alle Sprachen dieser Erde vereinigten. Ein babylonisches Sprachengewirr, von dem man annehmen musste, dass eine Stadt internationaler nicht sein könnte als Istanbul. Die große Welt war näher denn je in diesen vier Wänden des Ausländeramtes der Stadtverwaltung und der Polizeibehörde.

Nun gut, sagte ich mir. Seit einem Jahr wohne ich ordnungsgemäß in Istanbul, so glaubte ich zumindest. Hatte mich in meinem Stadtviertel Ayaspascha, wo die Wohnung lag, in einem kleinen Büro zwischen Kaufladen links und Metzgerei rechts angemeldet. Und ich hatte in Erinnerung, mich der Einwohnermeldestelle vorgestellt zu haben, die Anmeldung vorgenommen zu haben, und ging davon aus, als Bürger der Stadt Istanbul anerkannt zu sein. So war mein Glaube.

Hinzu kam, dass ich von Seiten des Türkischen Fußball-Verbandes die Genehmigung besaß, in der Türkei einen Klub der Ersten Liga trainieren zu können. Ich hatte die notwendige Lizenz, und auch mein Pass zeigte keinerlei Merkmale, dass ich irgendwann und von irgendeinem Gericht strafrechtlich verfolgt worden wäre. Ich konnte also eigentlich guten Gewissens in dieser Behörde der Ausländerpolizei antreten und würde einer Befragung sicherlich ohne Mühe standhalten.

Aber wer kennt sich schon aus in Sachen Behörden, wenn man erst ein knappes Jahr in einer solchen Stadt und in diesem Land lebt?

Wir wurden aufgerufen. Ahmet und ich wurden in ein Zimmer gebeten, das alle bisher erlebten Büroräume einer Behörde übertraf und in dem nur ein großer Schreibtisch stand. So gut kannte ich mich schon im Behördenmilieu aus, dass ich sofort erkannte, dass wir uns beim obersten Chef der Ausländerpolizei befinden mussten. Aber die Frage war immer noch: Was hatte das alles zu bedeuten?

Und dann kam er. Mit schnellen, kurzen Schritten. In Uniform, mit viel »Lametta« an den Schulterstücken. Mit forschem Blick und militärischer Haltung, die Ordnung, Disziplin und keinen Widerspruch duldeten.

»Guten Tag.« Man stellte sich vor. Ein Händedruck, fest und mit Blick in die Augen, der echte Sympathie, Korrektheit und Glaubwürdigkeit ausdrückte, ohne dabei aber den eigentlichen Grund der Vorladung in Frage zu stellen; so viel Menschenkenntnis hatte ich mir in dreißig Jahren Trainertätigkeit aneignen können.

Es wurden uns kleine Sessel angeboten, die für Besucher, Antragsteller, Ikamet-Anwärter, ausländische Gäste oder auch Gastarbeiter, mal erwünscht und ein andermal unerwünscht, vorgesehen waren. Besonders aber für einen wie mich, der die Meldepflicht offenbar nicht beachtet hatte. Mir wurde seltsam zu Mute.

»Wie lange möchten Sie ins Gefängnis, Herr Derwall?«, fragte mein Gegenüber hinter dem großen Schreibtisch. Oh, Gott, dachte ich, das ist ja alles viel schlimmer, als ich es mir ausgemalt hatte, zumal der Herr in Uniform keine Miene verzog und sich zu keinem Lächeln hinreißen ließ. Ich sah ihn erstaunt an und wusste nicht, wie mir geschah. Wie beim Amtsgericht, erinnerte ich mich an meine eigenen Gedanken, nur dieses Mal in anderer Position. Diesmal war ich nicht Zeuge, sondern Angeklagter!

Ich versuchte scherzhaft zu entgegnen, dass ich ja wohl noch eine Chance hätte; noch sei ich nicht verurteilt, und ich fügte fragend hinzu, ob er mich nach einer Urteilsverkündung auch noch fragen würde, wie lange ich in ein Gefängnis möchte, mit einer Zelle, die kleiner wäre als das Tor unseres Torwarts Simon. Ich nähme aber auch gerne eine Strafe mit Bewährung in Kauf, schließlich gelobe der Mensch ja hin und wieder, sich zu bessern. Und außerdem sei es das erste Mal, dass man mir ein solches Angebot machte. Ob es denn wirklich so schlimm sei, fragte ich schließlich.

Mein Gegenüber besann sich auf ein mildes Lächeln und zählte meine sämtlichen Verfehlungen auf, die ich im Laufe eines ganzen Jahres begangen hatte. »Sie haben vergessen, einen Antrag auf Aufenthaltsgenehmigung zu stellen. Sie haben unterlassen, eine Arbeitsbewilligung zu beantragen. Sie sind zweimal einer Aufforderung nicht nachgekommen, sich bei mir bei der Ausländerpolizei zu melden, und Sie haben als Ausländer und Gastarbeiter ohne jeglichen Arbeitsnachweis und ohne Aufenthaltserlaubnis in unserem Land mehr als drei Monate gewohnt, sind ausgeflogen, wieder eingeflogen, und Sie sind Ihrer Arbeit als Trainer von Galatasaray nachgegangen. Kaum zu glauben«, meinte er.

Ich erklärte ihm, dass ich in dem Glauben gewesen sei, mein Klub und Arbeitgeber Galatasaray hätte sich um diese Formalitäten gekümmert, wie das eigentlich üblich ist in einem unbekannten Land. Und dann sagte er etwas, das mich fast vom Sessel gehauen hätte, wenn ich nicht tief und fest darin gesessen hätte: »Kennen Sie mich eigentlich, Herr Derwall? Wissen Sie nicht, wer ich bin?«

Ich war auf vieles vorbereitet, aber nicht auf eine solche Frage. Und dann erlaubte ich mir, einen so wichtigen Mann einer so wichtigen Behörde nicht zu kennen. Mir verschlug es die Sprache, und ich stammelte eine Entschuldigung. Es würde mir fruchtbar Leid tun, so vergesslich zu sein, und man trifft so viele Menschen, die grüßen und die einem vorgestellt würden. Ich bedauerte es und schränkte weiter ein, dass es ja auch schwierig sei, jemanden in Uniform zu erkennen, den man sonst, bei einer Party etwa, bei einem Empfang, bei Cocktails oder in losen Gesprächen kennen lernen würde, der im Smoking, Abendanzug oder gar im sportlichen Dress daherkäme. Es täte mir leid, aber ich sei natürlich sehr daran interessiert, wo und wann ich das Vergnügen gehabt hätte, seine Bekanntschaft gemacht zu haben.

Zum Glück kannte Ahmet ihn auch nicht. Sein Blick deutete mit geschlossenen Augen und den Kopf nach oben erhebend eine Geste an, die ich in Istanbul und in der Türkei erst noch lernen musste, wenn ich wiederholt vorbeifahrenden Taxifahrern klar zu machen versuchte, dass ich kein Interesse an einer Fahrt hatte. Die gleiche Geste würde nämlich in Deutschland als zustimmende Einladung verstanden werden. Ahmet sagte also auf diese Weise, dass auch er ihn nicht kennen würde und noch nie gesehen habe.

Dann aber kam die Überraschung. Der hohe Beamte lächelte und meinte: »Sie haben einmal nach einem Spiel mit Ihrer Mannschaft, in Levent, in einem Tennisclub zu Abend gegessen. Unser Präsident und ich, beide von Besiktas, saßen in einer Ecke hinter der Tanzfläche. Ahmet und Sie kamen an unseren Tisch und begrüßten uns, Sie stellten sich vor, und dann hatten wir ein sehr nettes Gespräch. Ich fand das sehr schön von Ihnen, gewisse Animositäten und Rivalitäten einfach zu überspielen und nach guter sportlicher Art auf uns zuzukommen. Darüber haben wir uns sehr gefreut.«

Das sagte er und lächelte diesmal übers ganze Gesicht. »Ich bin der Vize-Präsident von Besiktas. Was sagen Sie nun?«

Was sollte ich sagen? Ich war erschüttert, es war peinlich und unverzeihlich, ausgerechnet ihn, den Vize-Präsidenten von Besiktas und dazu noch den Chef der Ausländerpolizei in

Istanbul nicht zu kennen. Er, der in einer Person Justiz, Gerechtigkeit, Pflicht, Recht und Ordnung vereinigte.

Er lachte noch sehr herzlich, bestellte telefonisch Tee, Milch und Zucker und ließ sich im gleichen Augenblick meinen Pass aushändigen, um ihn seinem Sekretär zu geben mit dem Hinweis, eine Arbeits- und Aufenthaltsgenehmigung für das kommende Jahr auszustellen.

»Ich weiß nicht, ob das richtig ist, Herr Derwall, was ich gerade meinem Kollegen aufgetragen habe. Sie machen uns große Sorgen. Es wäre für Besiktas wohl viel besser gewesen, Sie erst gar nicht einreisen zu lassen«, meinte er und schmunzelte.

Was dann kam, bedarf keiner besonderen Erwähnung. Wir sprachen über Fußball und stellten fest, dass wir in unserer Arbeit viele Gemeinsamkeiten haben. Die Sorgen und Nöte, aber auch die Freude an der Arbeit, mit den Spielern und überhaupt am Fußball.

Besiktas hatte in dieser Saison – punktgleich mit Fenerbahce – durch das schlechtere Torverhältnis die Meisterschaft verpasst. Wir standen am Ende der Saison in der Tabelle an sechster Stelle, hatten den UEFA-Cup nicht erreicht, dafür waren wir aber türkischer Pokalsieger geworden.

Besiktas und wir, zwei Spitzenklubs der Ersten Liga eines Landes, besaßen immer noch keinen Rasenplatz zum Trainieren, mussten die ganze Woche über auf einem unbespielbaren Aschenplatz unsere Arbeit tun. Bei Galatasaray hatte man begonnen, den Grundstein dafür zu legen. Planung und Erdarbeiten waren bereits im Gange. Demnächst würden nicht nur einer, sondern gleich zwei Rasenplätze fertig sein. Unser Präsident, Ali Uras, hatte sich für diese Saison viel vorgenommen.

Zwei Schritte waren wir also voraus. Doch im Gegensatz zu uns besaß Besiktas bereits eine homogen spielende Mannschaft. Eine über Jahre gewachsene Elf, die reif und entschlossen war, Meister zu werden. In dieser Hinsicht gab es bei Galatasaray Hindernisse, die auszuräumen waren und die nur mit fester und auch harter Hand bewältigt werden konnten.

Wir diskutierten noch eine Zeit lang, bis ein Ikamet ausgestellt worden war und mir, mit einem vielsagenden Blick, überreicht wurde. Und dann verließen wir diesen Ort, mit Stempel und Steuermarke versehen, als glückliche Besitzer eines Ikamets mit einer ganz anderen, neuen Auffassung von Pflichtgefühl dem Staat gegenüber, der sich verständlicherweise der allgemeinen Ordnung nicht verschließen darf.

Vielen Dank, lieber Herr Vize-Präsident von Besiktas und Vorsteher eines so wichtigen Amtes. Ich wurde wieder einmal daran erinnert, persönliche Dinge selbst und schnellstens zu erledigen. Es hat mich gefreut, Sie damals kennen und schätzen gelernt zu haben.

Ein Junge namens Dursun

Sein Herz schlug, wie bei so vielen Jungen seines Alters, nur für den Fußball. Doch eines Tages, mitten im Training und im Spiel, stand es still, sein Herz. Es hatte aufgehört zu schlagen für immer. Und sein Ball rollte und rollte weit weg von seinen Träumen, die irgendwann einmal in Erfüllung gehen sollten.

Ich werde den Tag nie vergesssen. Es war an einem Dienstag im November 1987.

Galatasaray trauerte um einen jungen Spieler mit dem Namen Dursun. Wie eine große Familie standen die Mitglieder des Klubs am Sarg des Toten, um seiner zu gedenken. Seine Freunde von der A-Junioren-Mannschaft trugen ihn immer abwechselnd auf ihren Schultern vom Klubhaus zu dem an der Straße wartenden Leichenwagen, der ihn zur Moschee in die Innenstadt Istanbuls bringen sollte.

Ich versuchte, der Familie des Verstorbenen ein wenig Trost zu spenden. Seine Mutter drückte mir die Hand, umarmte mich und sagte ein leises Dankeschön. Mehr Worte fanden wir beide nicht, der Schmerz war zu groß. Gemeinsam gingen wir die letzten Schritte, um ihn dann allein zu lassen und dem großen Herrn und Vater zu übergeben. Es gab einen letzten Gruß im Hof der Moschee in Shisli, wo sich eine große Menschenmenge versammelt hatte. Adieu und auf Wiedersehen, junger Freund.

Wir trainierten auf unserem Trainingsgelände in Florya auf dem vorne gelegenen Rasenplatz. Der Himmel war grau, düster und mit Wolken bedeckt, nicht gerade schön anzusehen. Trotzdem war die Stimmung gut. Die Mannschaft hatte schon über anderthalb Stunden trainiert, man hörte sie keuchen, rufen und sich freuen, wenn Tore erzielt wurden.

Es war »Ausdauerschnelligkeitstraining« angesagt. Stehvermögen und Durchsetzungskraft sollten weiterhin stabil bleiben. Zunächst standen Tempo- und Steigerungsläufe auf dem Programm, dann wurden über das gesamte Spielfeld hinweg Doppelpässe geübt. Auf kurze und auf längere Distanz sollten Mitspieler in höchstem Tempo angespielt werden. Da musste auf die richtige Dosierung der Laufgeschwindigkeit geachtet werden und darauf, dem Ball frühzeitig entgegenzukommen, um dann auf Höhe des Strafraums die Aktion mit einem Torschuss abzuschließen.

Auf dem daneben liegenden Platz trainierte Bülent, ein ehemaliger Nationalspieler, mit seinen A-Junioren, den 16- bis 18-Jährigen. Es herrschte reges Leben und Treiben im Trainingszentrum von Galatasaray, und es war für jedermann ansteckend, auch den jungen Leuten, den Spielern der Zukunft, zuzuschauen.

Wie immer waren Fans und Zuschauer da, sie zählten auch bei Galatasaray schon zum Inventar, das dazu gehört wie eine Dekoration und dennoch nicht unterschätzt werden darf, weil die Fans einen wichtigen Bestandteil für die Motivation und den Rückhalt einer Mannschaft darstellten.

Wie so oft an solchen Tagen, wenn unsere Profi-Mannschaft und A-Junioren zur gleichen Zeit, aber auf getrennten Plätzen, ihr Trainingspensum absolvierten, wechselten beide Mannschaften schließlich auf einen kleinen, sehr schönen und gepflegten Rasenplatz, um das vorher Trainierte in die Spielpraxis umzusetzen. Das geschah alle zwei bis drei Wochen, und wir Trainer wussten, es würde beiden Mannschaften wieder Spaß machen, sich am Schluss des normalen Trainings noch einmal richtig spielerisch auszutoben.

Wir spielten meist in mehreren Gruppen zu je sieben Spielern. Mehr ließ der kleine Platz, der eine Größe von vierzig mal siebzig Meter besaß, einfach nicht zu. Es sollte schnell und direkt gespielt werden, langes Ballhalten und übertriebene Dribblings waren nicht erlaubt. Bei Nichtbeachtung der Regeln kam die andere Mannschaft in Ballbesitz und versuchte dann ihrerseits, den Gegner unter Druck zu setzen und Tore zu erzielen.

So war es auch an diesem wolkenverhangenen Nachmittag auf dem Trainingsfeld von Galatasaray in Florya. Die beiden ersten Gruppen hatten ihr Pensum bereits mit Bravour hinter sich gebracht. Erschöpft eilten sie den Umkleideräumen zu und freuten sich, nach Hause zu kommen zu ihren Frauen, Familien und Freunden. Auch ich hatte meiner Frau versprochen, mit ihr abends Essen zu gehen. Bei Hassan, einem der besten Fischrestaurants Istanbuls in Yesilköy, direkt am Marmara-Meer. Wir wollten den Abend bei einem Glas Wein oder Raki bei Carides ala Kirmizi-Biber, Kalkan oder Lüfer verbringen.

Plötzlich, wie aus dem Erdboden gestampft, stand mein Mittelfeldspieler Arif vor mir. Zu Beginn des Trainings hatten wir ihn schon vermisst. Wie so oft war er auch diesmal zu spät gekommen. Er entschuldigte sich mit möglichen und unmöglichen Ausreden, die ich sofort akzeptierte, um keine Diskussion aufkommen zu lassen und keine Zeit zu verlieren.

Die beiden letzten Gruppen standen bereit, in diesem letzten Spiel des Tages ihr Bestes zu geben. Die einen, um sich für das nachfolgende Meisterschaftsspiel zu empfehlen. Die anderen, um sich für die Zukunft vormerken zu lassen. Ich spürte, dass sie auch nach einem anstrengenden Trainingstag ihre Chancen suchten.

Über den Zaun rief ich Bülent, der ein sehr gewissenhafter Trainer war und es verstand, seine Spieler zu führen und richtig zu erziehen, zu, mir noch einen weiteren Spieler zu schicken, damit auch Arif noch zu seinem Einsatz kommen würde, denn die beiden Teams sollten ja zahlenmäßig gleich stark sein. Bülent wählte mit Sorgfalt einen weiteren Jugendspieler aus. Es war Dursun, ein Junge, der immer einen fröhlichen, zufriedenen Eindruck machte und sicher glücklich war, mit dabei zu sein, wenn es darum ging, gegen die Stars des Klubs zu spielen.

Ich pfiff das letzte Spiel an, und der Ball rollte. Dieses Mal jedoch war ein größeres Laufpensum gefordert, denn beim Spiel acht gegen acht waren die Räume enger geworden und der Spieler, der im Ballbesitz war, hatte weniger Raum und weniger Zeit für seine Aktion.

Nicht einmal zehn Minuten waren vorbei, da passierte es. Der Ball wanderte aus der Abwehr über das Mittelfeld nach vorne zu Dursun. Eine Täuschung – und der Gegner lief ins Leere. Dursun setzte zum Spurt auf das Tor an. Den Ball am Fuß rannte er los, einen Mitspieler suchend, der ihn unterstützen könnte.

Plötzlich wurde sein Lauf langsamer, unkontrollierter, fast taumelnd wirkten seine Bewegungen. Der Junge ruderte mit seinen Armen wie jemand, der sein Gleichgewicht sucht, vielleicht auch um Hilfe ruft und seine Angst hinausschreien möchte.

Ich war wie gelähmt. Ich erkannte und fühlte sofort, dass da jemand in eine bodenlose Tiefe fällt, es musste etwas Schlimmes passiert sein. Ich rannte los, niemand konnte mich aufhalten, um dem Jungen, der am Boden lag und kein Lebenszeichen mehr von sich gab, zu helfen.

Ich rief nach Mehmet, unserem Masseur. Auch er hatte sofort erfasst, dass sich etwas Furchtbares ereignet haben musste. Als ich ankam, kniete Mehmet schon neben Dursun, der in eine tiefe Bewusstlosigkeit gesunken war. Die Pupillen seiner Augen waren starr, leblos, ohne Wahrnehmung seiner Umgebung. Mehmet versuchte, seine Zunge, die nach hinten in den Rachen gerutscht war, nach vorne zu bringen, um ein Ersticken zu vermeiden. Ich begann mit einer Herzmassage, nachdem ich keinen Puls mehr fühlte, und drückte mit gespreizten Händen stoßweise seine Brust zusammen.

Ich konnte keine Anzeichen von Herztätigkeit feststellen, der Körper lag wie leblos da, ohne jegliche Reaktion. Den um uns stehenden Spielern stand das Entsetzen ins Gesicht geschrieben. Alle waren bereit, Hilfe zu leisten, jeder rückte näher, um alles zu tun, was in seinen Kräften stand. Zwei Spieler schickten wir los, um einen Arzt zu rufen, den Rettungswagen zu alarmieren und überhaupt alles zu mobilisieren, was uns hätte helfen können. Wir kämpften mit Verzweiflung weiter, jede Sekunde war wichtig, hoffend auf ein Zeichen, das seine Ohnmacht beendet hätte.

Wir machten weiter, Mehmet und ich. Selbst eine Mund-zu-Mund-Beatmung reichte nicht aus, auch nur einen Hauch an Atmung aus seinem jungen Körper zu spüren. Einer der Jungen kniete hinter ihm, stützte seinen Kopf so gut es ging, um durch Seitenlage Mund und Luftröhre frei zu halten und seinem Herzen Gelegenheit zu geben, sich endlich wieder mit Blut zu füllen und zu atmen.

Der Rettungswagen war immer noch nicht da. Ich war wütend wie nie zuvor, weil – wie so oft – es immer da nicht funktionierte, wo es dringend notwendig war. Ewig fehlte es an Koordination und Absprache, alles geschah ohne Kontrolle, und meist war es Improvisation, wenn etwas funktionieren sollte.

Was konnte ich noch tun? Ich schaute hoch und erinnerte mich an einen Wagen der Polizei, der während des Trainingsspiels am Zaun, in der Nähe der Häuserblocks gestanden hatte. Er stand immer noch da, vielleicht ein Zeichen des Himmels. Ich rannte los, es könnte die letzte Rettung sein. Ich weiß nicht mehr, in welcher Sprache ich den Polizisten klar machen konnte, dass wir dringend Hilfe benötigen, aber sie reagierten sofort. Sie sprangen wieder zurück in ihren Wagen und brausten los, um den Platz herum, in die Einfahrt unseres Klubgeländes, und schon standen sie bereit, Dursun aufzunehmen und ihn in das nächste Krankenhaus zu bringen.

Noch war der Puls nicht wieder zu fühlen, und wir versuchten erneut alles, sein Herz auf Touren zu bringen. Wir pressten und stießen fester, in kürzeren Abständen. Und plötzlich pochte es, mühsam, Schlag für Schlag, aber doch leise und viel zu langsam – das Herz des Jungen.

Der Krankenwagen mit einem Arzt und den notwendigen Hilfsmitteln blieb aus, kam immer noch nicht. Die Polizisten bemühten sich per Funk, auf irgendeine Weise Kontakt zum Krankenhaus und zum Unfallwagen zu erhalten. Ohne Sauerstoff und herzstützende Medikamente hatten wir kaum eine Chance, eine Besserung seiner Situation herbeizuführen. Der Polizeiwagen war bereit, in das Krankenhaus nach Bakirköy zu fahren, und wir waren entschlossen, es zu riskieren. Denn hier, auf dem grünen Rasen von Florya, würden wir ihn für immer verlieren, wenn nicht ein Wunder geschehen würde.

Bülent und Mehmet stiegen ein und kämpften noch einmal den Kampf ihres Lebens, den jungen Dursun lebend dahin zu bringen, wo Ärzte mit speziellen Mitteln das Schlimmste hätten verhüten können.

Sie schafften es nicht, die Beiden. Die letzten dreihundert Meter zum Krankenhaus überstand Dursun nicht. Er besaß nicht mehr die Kraft und starb in den Armen seines Lehrers und Trainers und unseres Masseurs Mehmet, die ihn bis zum letzten Pulsschlag begleiteten.

Und so standen wir da, eine Trauergemeinde, die auf den Tod dieses Jungen keine Antwort hatte. Ich habe noch nie bei einem Begräbnis solch betroffene Gesichter gesehen. Gequält und von Wehmut gezeichnet standen die Menschen da, die ihn geliebt hatten und nicht glauben wollten, dass ihnen ein so liebenswerter junger Mensch entrissen worden war.

Ich selbst war in Gedanken weit weg, zählte die Stationen meines Lebens als Trainer, dachte an meine Kinder Patrick und Manuela und war innerlich am Ende. Es war der Anfang, meine Laufbahn als beendet zu betrachten. Das eine Jahr würde ich noch durchhalten müssen. Wir wollten noch eine zweite Meisterschaft gewinnen.

Fast dreißig Jahre waren es, in denen ich mit jungen Leuten in guten wie in schlechten Zeiten, Freude, Lachen, Siege, Gemeinsamkeiten, aber auch bittere Niederlagen und Ungerechtigkeiten erlebte. Ich würde alle Meisterschaften und Siege und die wunderschönen Erlebnisse dieser Welt gerne eintauschen, um diesen Jungen, Dursun, zurückzuhaben.

Und so möchte ich dieses Buch auch Dursun widmen, einem Menschen, der mich daran erinnert, wie viele schöne Jahre ich selbst erleben durfte. Wie viel Glück mir beschieden war und wie viel der Fußball mir geschenkt hat in dieser Zeit. All das, was ihm leider versagt blieb.

Und der Ball rollte und rollte, weit weg von seinen Träumen, die irgendwann einmal in Erfüllung gehen sollten.

Der Festakt im Talar

Am 26. Juni 1989 erhielt ich einen Brief der Hacettepe-Universität in Ankara. Der Präsident dieser berühmten Lehranstalt, Professor Dr. A. Bozer, teilte mir mit, dass die Universität mir in Anbetracht meiner Tätigkeit im Dienste des türkischen Sports und der Leibeserziehung und in Betracht meiner Verdienste um die friedensfördernden deutsch-türkischen sportlichen Beziehungen sowie der Verwissenschaftlichung des Fußballsports in der Türkei die Ehrendoktorwürde verleihen wolle.

Ich habe den Brief dreimal gelesen, bevor ich ihn an meine Frau weiterreichte. Das hätte ich mir in meinen schönsten Träumen nicht ausmalen wollen, eine derartige Ehrung jemals zu erfahren. Eine Geste, wie man sie als Dank nicht schöner ausdrücken kann, und eine große Ehre, wie sie nur selten jemandem zuteil wird.

Die Verleihung sollte im Rahmen eines Festakts zur feierlichen Eröffnung des Studienjahres 1989/90 am 28. September 1989 um zehn Uhr in Ankara erfolgen. Auch meine Frau Elisabeth war von dieser Wertschätzung und Ehre, die mir so überraschend zuteil wurde, angetan. »Aber natürlich werde ich dabei sein«, meinte sie mit einem Blick, der keinen Widerstand dulden würde. »Ich war nicht bei Pokalsiegen, bei Meisterschaften und auch bei keinem Finale einer Europa- oder Weltmeisterschaft dabei. Aber in Ankara möchte ich dabei sein, zumal man im Voraus schon weiß, dass es keinen Verlierer geben wird.«

Sie hatte Recht. Sie hatte am meisten dazu beigetragen, dass ich über Jahre meine Nerven im Griff hatte, dass ich ausgeglichen wirkte und dadurch mit positiven Gedanken in die Spiele ging und meine Arbeit als Trainer zufriedenstellend verrichten konnte. Sie war immer schon ein wenig zu kurz gekommen in den dreißig Jahren meiner Trainertätigkeit, in denen ich die ganze Welt gesehen hatte. Nicht immer ein glückliches Los für eine Frau, die trotz allem für die ganze Familie, für die Tochter Manuela, für den Sohn Patrick und mich, der Dreh- und Angelpunkt war.

Unsere Maschine landete pünktlich in Ankara, der Hauptstadt der Türkei und Ort des Regierungssitzes, den schon Atatürk als politische wie auch strategische Metropole einer neuen und modernen Türkei ausgewählt hatte. Damals, 1920, wohnten hier nur 20 000 Menschen, als Kemal Mustafa Atatürk die große Nationalversammlung einberief. Heute sollen es 2,8 Millionen Einwohner sein.

»Süleyman Yildiz«, so stellte sich ein charmanter junger Herr mit intelligentem Blick und sympathischer Stimme vor. »Sehr erfreut, Sie kennen zu lernen, und herzlich willkommen in Ankara.« Professor Dr. Süleyman Yildiz von der Philosophischen Fakultät und Leiter der Abteilung für deutsche Sprache und Literatur war es, der uns seine Begleitung anbot und uns nach Ankara in das Gästehaus der Universität brachte.

So manche Ehrung war mir schon zugedacht worden, aber dieses Mal war alles anders. Ein Länderspiel, selbst ein Finale bei einer Weltmeisterschaft, wäre mir lieber gewesen. Es hätte weniger Aufregung und Nervosität gebraucht.

Prof. Yildiz war rührend um uns bemüht. Er weihte uns in den Ablauf der Zeremonie ein, holte uns dann abends zu einem gemeinsamen Essen mit dem Rektor der Universität, dem Minister für Sport, dem Leiter der Fakultät für Erziehung und weiteren Damen und Herren sowie Freunden der Universität ab. Der Abend fand im neu erbauten Hilton-Hotel statt, und es wurde ein reizender Abend in sehr angenehmer Atmosphäre mit Menschen, die viel wissen und Intelligenz, aber auch Humor besitzen und menschliche Wärme ausstrahlen.

Am Morgen versammelten sich im großen Saal der Universität die Professoren, Dozenten, Minister, Studenten, Gäste und Freunde der Lehranstalt, um dem Akt der Verleihung beizuwohnen. Zur Eröffnung der Feierlichkeiten wurde der Saygi Durusu ve Istaiklal-Masi, die Nationalhymne, gespielt und anschließend der Marsch der Universität. Danach sprach der Präsident, Prof. Dr. A. Yükel Bozer, die einleitenden Worte und die Begründung zur Verleihung der Ehrendoktorwürde.

Im Anschluss daran verlas Professsor Dr. Rifat Onsöy die Entscheidung und den Beschluss des Fakultätsrates. Dann wurde mir durch den Präsidenten der Talar umgehängt und die Urkunde überreicht. Ein sehr feierlicher, bewegender Moment.

Ich muss gestehen, ich war nicht nur stolz und fühlte mich geehrt. Ich war auch von Herzen gerührt über diese Auszeichnung, die ich Prof. Dr. Rifat Önsoy, dem Dekan der Philosophischen Fakultät, zu verdanken hatte. Er war es, der den Vorschlag an den Fakultätsrat herangetragen hatte.

In meiner Dankesrede sprach ich über den deutsch-türkischen Jugendaustausch in einem neuen, vereinten Europa mit offenen Grenzen, über den Sport und speziell den Fußball, der dabei die Menschen begeistern und mitreißen kann. Ebenso über den Fußball in der Türkei, sein vielversprechendes Image in Europa und darüber, dass sich türkische Spieler, Mannschaften und Klubs neben ihrer nationalen Mentalität auch eine internationale Fußball-Mentalität angeeignet und entwickelt haben, die weltweit viel Beachtung gefunden hat. Und ich erinnerte an uns Deutsche, die nach dem Zweiten Weltkrieg erfahren durften, wie uns das Spiel wieder zu Menschen formte.

Es gab viel Beifall. Schon zuvor hatte ich festgestellt, dass es unter den Professoren und Dozenten, die in ihren Talaren gekommen waren, sehr viele Frauen gab. Erstaunlich in einem Land, in dem die Stellung der Frau eigentlich nicht vergleichbar ist mit der des Mannes. Hier zumindest sah es anders aus. Das sprach für die Universität, für den Präsidenten und den Fakultätsrat, die, wie Atatürk es gewünscht hatte, der modernen, neuen und zukunftsorientierten Türkei ein Beispiel geben wollten.

Die Gratulationen schienen kein Ende zu nehmen, und immer wieder musste ich Hände schütteln, der Presse zur Verfügung stehen und schließlich gute, liebe alte Freunde begrüßen, die aus Istanbul angereist waren.

Einen Tag später flogen meine Frau und ich wieder zurück nach Deutschland, um zu Hause auf meinem Schreibtisch einen Berg Post vorzufinden. Aus aller Welt kamen Glückwünsche, Briefe, Telegramme und dazu auch Anrufer, die ihre Freude zum Ausdruck brachten, dass es für mich, für den Sport und auch für unser Land eine hohe Anerkennung und ein Zeichen der inneren Verbundenheit sei, durch die Hacettepe-Universität und die Türkei so geehrt zu werden.

Meine Freunde und Familie ermahnte ich, mir nun doch ein wenig mehr Respekt und Hochachtung entgegenzubringen – was schnell wieder in Vergessenheit geriet. Sie wussten alle, er wird der Gleiche bleiben, auch mit dem Titel eines Doktors honoris causa.

Abschied aus der Türkei, Abschied vom Ball

Nachdem ich von 1984 bis 1989 bei Galatasaray als Trainer und Technischer Direktor gearbeitet hatte, wollte ich eigentlich in den nächsten Jahren weder als Klubtrainer oder -manager und auch nicht in irgendeinem Land als Nationaltrainer arbeiten.

Die vier Jahre in Istanbul waren schöne, gute und erfolgreiche Jahre gewesen, aber die weiten Reisen mit dem Bus, der Bahn, mit dem Flugzeug und Schiff hatten mir zugesetzt, oft mehr als die Spiele selbst. Es gab Ausfälle im Flugverkehr durch schlechte Wetterbedingungen, durch Nebel, Vereisung der Tragflächen und einiges mehr. Gecharterte Busse brauchten von Trabzon, Malatya, Rize oder anderen weit abgelegenen Städten mehr als 24 Stunden bis Istanbul, bei Regen, Schnee, Eis, mit Staus, Unfällen und Pannen, zum Teil in völliger Dunkelheit. Die Spieler wollten in der Regel nach dem Spiel noch in der Nacht nach Hause. Verständlich, es war ihr freier Tag, und sicher gab es auch Termine für jeden, die während der Woche bei täglichem Training nicht einzuhalten waren.

Glücklicherweise hatten wir damals, mit Fenerbahce, Besiktas, Saryer und mit Galatasaray gleich vier Mannschaften aus Istanbul, die der Ersten Profi-Liga des Landes angehörten, dadurch wurde der Reisestress etwas gemildert. Die Stadt Izmit lag ungefähr hundert Kilometer von Istanbul entfernt, sie konnte mit dem Bus direkt angefahren werden. Ankara und Izmir waren per Flugzeug schnell und direkt erreichbar. Wie gesagt, es gab Schlechtwetterperioden, die uns vor allem im Spätherbst und im Winter Sorgen bereiteten. Solche Nächte und Fahrten brachten die Spieler und auch uns Trainer immer wieder aus dem gewohnten Rhythmus. Es dauerte oft Tage, um die Umstellung zu verkraften. Trotzdem war es erstaunlich, wie schnell die Spieler so etwas wegstecken konnten. Bei Pannen halfen sie den Chauffeuren, andere machten ein Feuer, holten beim Bauern Kartoffeln und warfen sie in die Glut, um sie zum Essen dann mit einem Stock wieder herauszuholen.

Als wir nach vier Jahren die Türkei und unser geliebtes Istanbul verlassen wollten, sprach mich Senes Erzik, der Präsident des Türkischen Fußball-Verbandes an und bat mich, ihm und seinem Verband zu helfen. Wir kannten uns seit Jahren, gehörten beide den Kommissionen der UEFA an. Seine erste Bitte war, einen neuen Nationaltrainer zu finden, dann ein Ausbildungszentrum für Trainer mit aufzubauen und schließlich die dazu gehörigen Lehrkräfte als Ausbilder zu schulen und einzusetzen. Seit drei Jahren waren keine Trainer mehr ausgebildet worden. Das war nicht die Schuld von Senes Erzik, denn er hatte erst zwei Monate zuvor seinen Job als Präsident des Verbandes angetreten.

Der türkische Fußball litt unter einer Struktur, die es eigentlich gar nicht gab. Es fehlte eine Organisation, hinzu kamen ein großer Entwicklungsrückstand im Vergleich zu Deutschland und veraltete Lehrmethoden. In den Vereinen der Profi-Klubs gab es weder ausreichende Betreuung noch klare Vorstellungen vom Aufbau einer Basis für Vereine und Nationalmannschaft. Wir hatten bei Galatasaray als einziger Klub neben Trabzonspor einen Rasenplatz zum Trainieren. Ich hatte keine Ruhe gegeben, bis ich meinem Klubpräsidenten, Prof. Dr. Ali Uras, sein Einverständnis abrang, einen solchen Rasenplatz zu bauen. Aschenplätze, von kleinen Steinchen übersät, boten schlechte Voraussetzungen, um die Spieler motivieren zu können. Selbst die technisch guten Spieler mussten mit Fehlpässen, schlechten Flanken, versprungenen Bällen und verpatzten Torschüssen leben. Unser Professor baute gleich zwei wunderschöne Rasenplätze, um Ausweichmöglichkeiten zu haben. Ich hatte ihm ein Denkmal neben dem Klubhaus versprochen. Es scheiterte daran, dass er es selbst hätte bauen müssen.

Es war jedenfalls kein einfacher Weg für Galatasaray gewesen bis nach ganz oben. Und auch insgesamt für den türkischen Fußball, deren Nationalmannschaft zwar 1954 bereits an einer Weltmeisterschaft teilgenommen hatte, aber keine wirklich großen Erfolge international vorweisen konnte. Galatasaray gewann 2000 als erster türkischer Verein einen europäischen Klub-Wettbewerb, den UEFA-Pokal. Im Finale setzte sich mein Ex-Verein gegen den FC Arsenal nach Verlängerung und Elfmeterschießen durch. Und die türkische Nationalmannschaft qualifizierte sich zweimal in Folge, 1996 und 2000, für die Europameisterschaft in England und in Holland/Belgien. 2002 werden die Türken in Japan/Korea wieder an einer Weltmeisterschaft teilnehmen. Ich weiß natürlich nicht, wie groß mein Anteil an diesen späteren Erfolgen der Türken letztlich ist. Ich weiß nur, dass zu meiner Zeit noch sehr viel aufgebaut werden musste. Und es hat mir sehr viel Spaß gemacht, hier mitwirken zu können.

Senes Erzik, damals der neue Präsident des Verbandes, war gleichzeitig Manager beim deutschen Sportartikelhersteller adidas in der Türkei. Ihn zog es als erstes nach Ankara, zur Regierung, direkt zu Ministerpräsident Baskan Ösal. In der Türkei untersteht der Fußball der Regierung, diese Sportart hätte eigentlich das Aushängeschild des Landes sein sollen, so wie es die Sportler in den Disziplinen Gewichtheben, Boxen und Ringen immer schon gewesen waren. Heute ist Senes Erzik Ehrenpräsident des Türkischen Fußball-Verbandes und Vize-Präsident der Europäischen Fußball-Union (UEFA).

Ihm gegenüber nein zu sagen, hätte nicht meiner Überzeugung entsprochen. Ich versuchte also, dem türkischen Fußball zu helfen, beim Aufbau der Nationalmannschaft und bei der Trainerausbildung den Präsidenten zu unterstützen und eine neue Basis zu schaffen.

Galatasaray Istanbul war in meiner vierjährigen Amtszeit im ersten Jahr Pokalsieger geworden und landete im zweiten Jahr durch ein schlechteres Torverhältnis, punktgleich mit Besiktas, immerhin schon auf den zweiten Platz. In den folgenden beiden Jahren wurden wir schließlich zweimal, 1987 und 1988, Türkischer Meister.

Während dieser Zeit gab es keine Pause für mich. Alle drei bis vier Wochen pendelte ich zwei Jahre lang zwischen Saarbrücken und Istanbul hin und her, darüber hinaus immer unterwegs, um einen Kunstrasen für den Verband zu organisieren, um die geplante Ausbildung zu übernehmen und einen neuen Trainer für die Nationalmannschaft zu finden. Ich fragte Sepp Piontek, der damals erfolgreich in Dänemark als Chef der Nationalmannschaft arbeitete, ein alter Freund war und auch Bereitschaft signalisierte, eine neue Aufgabe und Herausforderung annehmen zu wollen.

Bisher hatte es in der Türkei eine große Anzahl von Ausbildungsplänen gegeben, die von ausländischen Trainern aus den verschiedensten Ländern aufgestellt wurden. Von Trainern, die in der Türkei bei Klubs der Ersten Liga gearbeitet hatten. Übungsleiter aus Jugoslawien, Ungarn, England, Serbien, die damals von Verbandsseite gebeten wurden, diesen oder jenen Lehrgang für türkische Trainer abzuhalten. Man kann sich also vorstellen, dass diese nicht gerade begeistert davon waren, so viele unterschiedliche Elemente der Trainingsprogramme anderer Nationen an die Spieler weitergeben zu müssen und auch noch erfolgreich zu sein.

Um dies zu verhindern, hatte ich mit dem Präsidenten und dem Ausbildungschef des Verbands abgemacht, die deutsche Fußball-Lehre in den Vordergrund zu stellen, zumal unser Modell hier überall beliebt und Vorbild der türkischen Spieler war. Erfreulich war, dass ehemalige Kollegen aus DFB-Zeiten bereit waren, mir zu helfen und mich in der Theorie und Praxis hin und wieder abzulösen. Dadurch war es möglich, die Lehrgänge etwas reizvoller zu gestalten. Bis 1991 war ich in dieser Form über meine Trainertätigkeit bei Galatasaray beim Verband aktiv.

Oft war ich nach Istanbul gekommen, um in den folgenden drei Wochen ehemalige Nationalspieler für die Arbeit als Trainer zu gewinnen, um sie aufgrund von Erfahrung in Training und Spiel, auch in Bezug auf Theorie, Trainingslehre, Mannschaftsführung, Motivation und Nachwuchsförderung einzuweisen und ihnen deutlich zu machen, wie wichtig sie für die Zukunft sind.

Es waren alles ehemalige Nationalspieler unter vierzig Jahren. Selbst noch topfit, clever im Umgang mit Spielern, aber auch im Umgang mit den verschiedensten Männern, die wir als Funktionsteam bezeichnen: Zeugwart, Arzt, Physiotherapeuten, Platzwarte, Koch, Mannschaftsbetreuer und natürlich auch die Herren des Vorstandes eines Klubs.

Auch an diesem Morgen sollte ich die Leitung des Lehrgangs übernehmen, obwohl ich am Abend zuvor Magenbeschwerden verspürt hatte.

Leider kam alles anders. Was mir sonst keine Mühe machte, wurde zur Qual. Wenn auch geistig einigermaßen lebendig, fiel es mir schwer, zwei, drei Schritte hin zum Ball zu laufen. Es gibt solche Tage, sagt man sich, versucht sich durchzubeißen und frei zu machen von schlechten Gedanken. Aber es war alles nicht wie sonst.

Die Lehrgangsteilnehmer hatten ihren Spaß, der Tag begann mit Spiel und Lust, mit Sonne und guter Laune. Im Hörsaal war es nicht wie sonst. Es fiel mir schwer, beim Thema zu bleiben. Ich stellte mit Absicht keine Fragen, weil ich sah, dass kein Teilnehmer irgendwelche Neuigkeiten notierte. Selbst mein Übersetzer hatte offenbar Mühe, mir zu folgen.

Der ewige Blick auf die Uhr schien auch die Lehrgangsteilnehmer zu irritieren. Wer sollte einen Sinn darin erkennen, dass ein Dozent alle zwei Minuten auf die Uhr schaut. Für mich war es ein großes Glück, dass einer meiner türkischen Ausbilder, Samih Emek, die Situation erkannte, in der ich mich befand. In der letzten Reihe sitzend schlich er sich raus und kam mit einem Glas Wasser zurück zu meinem Pult, stellte es ab und legte eine kleine Tablette daneben. Er blickte mich freundlich an und zeigte, ein wenig fordernd, auf die Pille, sie zu nehmen.

Ich wusste von seinen gesundheitlichen Beschwerden, von seinem Herzinfarkt und seinen Problemen, die sich zwar ganz selten meldeten, aber für ihn trotzdem ein Handicap bedeuteten. Dankend nahm ich an, zunächst die Pille, dann das Wasser, und machte den nächsten Schritt zur Tür. Übelkeit und Brechreiz ließen nicht lange auf sich warten. Magen und Brust wurden zum »Pulverfass«. Nach wenigen Minuten aber war die kleine Pille mehr als nur ein Hoffnungsträger in der Not. Sie war möglicherweise das Leben, schlechthin ein neues Leben.

Nach einer endlosen Nacht packte ich im Hilton-Hotel meine Sachen und fuhr per Taxi zum Büro der Deutschen Lufthansa. Madam Ulya wusste von allem nichts, konnte aber meine Not von meinen übermüdeten Augen ablesen. Sie war auf alles gefasst, meinte sie später. Aber daran zu denken, dass ich auf dem schnellsten Wege Istanbul verlassen wollte, darauf wäre sie nicht gekommen. Ich würde einen Flug nach Zürich brauchen, sagte ich Frau Ulya. Den ersten, den sie mir empfehlen könnte am heutigen Morgen. Meine Frau würde zum Flughafen Zürich kommen. Sofort wies sie darauf hin, dass die Lufthansa diese Route nicht direkt fliegt, sondern über Frankfurt. Doch ich ließ sie erst gar nicht zu Wort kommen, sagte ihr, was zu sagen war, und schon war sie in ihrem Element und organisierte, natürlich mit neuen Argumenten und sicher auch mit den richtigen.

»Rufen wir Herrn Professor Fezi Aksöy an«, meinte sie dann doch noch, »das ist unser Lufthansa-Arzt, er wird Sie untersuchen und die richtigen Entscheidungen treffen.«

Viel zu schnell – und sicher auch zu laut – sagte ich: »Das tun wir nicht, liebe Frau Ulya! Ich weiß, dass sie es gut meinen, und Prof. Fezi Aksöy ist mein Freund, liebe Frau Ulya! Er würde mich aber nie in irgendein Flugzeug dieser Welt einsteigen lassen, wenn ich ihm die Wahrheit sagen würde.« Ich wollte zu meiner Frau, die bereits alles wusste und mich in Zürich abholen wollte.

»Also gut«, meinte Frau Ulya. »Wir rufen unsere Freunde von der Swissair an und reservieren einen geeigneten Platz für Sie auf der nächsten Swissair-Maschine, die in Richtung Zürich geht.« Danach ging es Schlag auf Schlag weiter: Ernst Ackermann, der Stationsleiter der Swissair auf dem Atatürk-Flughafen in Istanbul (im übrigen auch mein Wohnungsnachbar in unserem Haus in Yesilköy), beschwor mich, schnellstens zum Flughafen zu fahren, um die in 35 Minuten startende Maschine noch zu erreichen.

Er hatte schon für alles gesorgt. Abgeschirmt und unproblematisch wurde ich direkt und ohne Passkontrolle in das Flugzeug geleitet und in der zweiten Reihe der ersten Klasse einquartiert.

Es war ein sehr langer Flug. Ein Flug zum Nachdenken und zum Erinnern, aber auch zum Begreifen. Ich wusste, was ich mir in all den Jahren zugemutet hatte, was andere für uns als zumutbar und selbstverständlich empfunden hatten. Vielleicht benötigt der Mensch dieses ständige Auf und Ab des Lebens und derartige Erfahrungen, die der Jugend nicht schaden und im Alter eine große Hilfe sein können. Es wurde mir langsam bewusst, was diese Herzattacke auslösen könnte, wenn es denn eine war.

Vielleicht wäre es doch besser gewesen, sich einem Arzt anzuvertrauen. Eine Untersuchung zuzulassen, zumindest aber eine erste Diagnose zu akzeptieren. Die kleinen Tabletten zeigten zwar Wirkung, nur waren sie noch lange keine Garantie. Schon deshalb hoffte ich im Stillen, im Flugzeug einen Arzt anzutreffen.

Die Besatzung des Flugzeugs der Swissair war ganz sicher davon überzeugt, dass die notwendigen Maßnahmen bereits in Istanbul in die Wege geleitet worden waren. Es gab kein Zurück. Zu viele waren schon mit meinen Eskapaden konfrontiert worden. Wenn also schon keine Direktmaßnahmen eingeleitet werden konnten, hieß es auf die Zähne beißen und der inneren Stimme gehorchend durchzuhalten, bis nach vier Stunden Flugzeit das rettende Ufer Zürich, ein Arzt und ein Krankenhaus erreicht waren.

In Gedanken versunken saß ich da, mit einem schlechten Gewissen und einem kleinen Buch in Händen. Es war ein Buch von Richard Llewllyn mit dem Titel »So grün ist mein Tal«. Ich stellte Vergleiche an, die meine Jugendzeit aufleben ließen, weit weg von moderner Technik, brummenden, hochwertigen Motoren. Ich sah Bilder einer glücklichen Jugend.

Es wurden die Bergwerke beschrieben, die den Kumpels in Wales einen schlechten Lohn für harte Arbeit brachten. Felder, wo Gerste, Korn und Hafer für das tägliche Brot reiften, und Wiesen, auf denen Kühe weideten, die genau wie bei uns zu Hause, im »Wurmrevier« bei Aachen an der belgisch-holländischen Grenze, ein friedliches Idyll darstellten, das den Menschen Zufriedenheit einflößte.

Nur wenige Kilometer voneinander entfernt sah ich die Fördertürme der sieben Kohlengruben, die sich insgesamt »Eschweiler Bergwerksverein« nannten, aber dem luxemburgischen Konzern ARBED angehörten.

Davon nicht weit weg gab es die Kohlenhalden und Schlammteiche, die für uns Jungs im Aachener Revier zur Spielwiese wurden. Alte abgewrackte Loren wurden zu zweit und zu dritt aneinander gekoppelt, hinzu kam ein Holzstempel, der zuvor noch den Bergleuten in mehr als vierhundert Metern Tiefe, im Flöz, als Stützpfeiler gedient hatte. Für uns Kinder wurde er zur natürlichen Bremse bei gewagten Abfahrten und mutigen Spielchen auf alten verrosteten Schienen und Gleisen. Es ging über verklemmte Weichen, die längst ihre Funktionstüchtigkeit aufgegeben hatten.

Unser »Wurmtal«, benannt nach den kleinen Fluss, durch den sich das Abwasser der Gruben zwischen Würselen, Kohlscheid, Herzogenrath und Palenberg nur mühsam und mit seichtem Schlamm hindurchzwängte, war für uns Burschen der Mittelpunkt einer gestohlenen Freizeit. Denn normalerweise hätten wir Hausaufgaben, Gartenarbeit oder Besorgungen erledigen müssen. Dinge, die uns nach Schulschluss am Nachmittag eigentlich nicht mehr zugemutet werden konnten. Aber das war nur unsere persönliche Version eines Tagesablaufs, die Eltern hatten eine andere.

Da wir aber wussten – und auch nicht daran vorbeikamen –, dass Pflichten, egal welcher Art, im Vordergrund standen, bestimmten wir selbst das Tempo unserer Arbeit und damit auch die Zeit für Freizeit, Spaß und Spiel. Fußball war auch damals schon das Lieblingsspiel aller Jungs in unserem Ortsteil von Würselen, der Morsbach hieß. Für mich selbst war Fußball pure Leidenschaft. Erst recht könnte man auch sagen: Fußball war damals schon und ist heute immer noch mein Leben.

Was fasziniert Jugendliche an diesem Spiel? Was ist dabei so interessant, so anziehend, so außergewöhnlich und spannend, dass man Freunde dazu mobilisieren, überreden kann, mitzuspielen und eine Mannschaft zu bilden?

Damals durfte kein Fußballplatz von fremden Jugendlichen und schon gar nicht von »Knirpsen« betreten werden. Das war nur den Mannschaften der Klubs beim Training und in den Spielen erlaubt. Aber wir hatten Wiesen und Straßen, Hinterhöfe, Schulhöfe und Obstwiesen, die wir eroberten, um innerhalb unserer Ortschaften Spiele auszutragen. Die Bauern, die Polizisten, die Hausbewohner und die

Schulleitung waren damit sicherlich nicht immer einverstanden. Wir riskierten es dennoch, unsere Tore mit Steinen, Schultaschen und Kleidungsstücken irgendwo zu markieren. Verwunderlich war nur, dass das alles ohne Schiedsrichter so gut ablief und man sich schon deshalb immer schnell einig wurde, weil wir zu wenig Zeit hatten zu diskutieren, weil jeder von uns etwas erledigen musste, von zu Hause aus.

Im Grunde genommen waren Vater und Mutter ziemlich großzügig, es sei denn, das Zeugnis am Ende des Schuljahres stimmte nicht. Wie oft gab es kleine Strafen, wurde die Vergesslichkeit mit zusätzlichen Arbeiten bestraft und für den Fußball floss so manche Träne – sicher auch aus Wut und Besessenheit für diesen Sport.

Schon damals, 1937, waren die Spieler der deutschen Nationalmannschaft unsere Helden. Unser Radio, ein kleiner schmaler Apparat von Telefunken, hatte eine kleine Skala für die Auswahl der Sender, außerdem ein kleines Rädchen für Lautstärke und einen Knopf zum Ein- und Ausschalten. Es gab uns nicht nur die Möglichkeit, Nachrichten zu hören in der Zeit der Gewaltherrschaft eines Adolf Hitlers. Mit den bis ins Mark erschütternden Reden und den Parolen eines Joseph Goebbels, Propaganda-Minister der NSDAP, der mit seinen Kriegsparolen die Menschen in Angst und Schrecken versetzte.

Weit entfernt davon freuten, ja sehnten wir Jungs uns nach Übertragungen von Länderspielen der deutschen Nationalmannschaft: Hans Jakob, Torwart aus Regensburg. Reinhold Münzenberg, ein Aachener. Der Düsseldorfer Paul Janes, Ludwig Goldbrunner aus München, Kupfer und Kitzinger aus Schweinfurt, Ernst Lehner aus Augsburg und Rudi Gellesch, Adolf Urban sowie Fritz Szepan, der Kapitän der Nationalmannschaft, aber auch Lenker und Denker im Spiel der großen Mannschaft, von Schalke 04. Nicht zu vergessen der großartige Techniker und Torjäger Otto Siffling aus Mannheim. Noch heute wird diese Mannschaft die »Breslau-Elf« genannt, weil sie am 16. Mai 1937 in Breslau die Nationalmannschaft Dänemarks mit 8:0 besiegte und spielerisch wunderbaren Fußball bot. Otto Siffling wurde mit fünf Toren zum Spieler des Tages.

Solche Augenblicke waren für mich wie Geburtstage, es konnte kein schöneres Geschenk geben. Wenn es damals schon für Aufregungen dieser Art rote Köpfe gegeben hat, dann muss ich den lieben langen Tag wie eine Tomate ausgesehen haben.

Die Zeit der Jugend bestand aus Schule, Garten, Freunden, Fußball. Nach Sparta Würselen, wo ich meine ersten Versuche in einer Jugendmannschaft machte, kam Rhenania Würselen. Und obwohl ich hier und da im Krieg in der ersten Mannschaft spielen durfte, gab es selbst für einen 17-Jährigen kaum Erwartungen, einen großen Schritt nach vorne zu tun. Ich erinnerte mich wieder an das kurz bevorstehende Ende des Krieges. In einem kleinen Ort im Harz, der auch noch »Elend« hieß, in der Nähe des höchsten Berges, des Brocken, hatte ich das Glück, noch in letzter Minute in amerikanische und nicht in russische Gefangenschaft zu geraten.

Ein paar Tage später wurden wir in ein Gefangenenlager in die Nähe des Ortes Welda bei Kassel gebracht, wo die amerikanische Armee ein Lager gebaut hatte. Für viele war es das glückliche Ende eines barbarischen Krieges, für zu viele deutsche Soldaten bedeutete dieses Lager ein tragisches Ende, viele starben.

Meine Frau Elisabeth stand in Zürich am Flughafen mit besorgter Miene, setzte sich ans Steuer unseres Autos und gab Gas. Nach einigen Tagen folgte eine Operation am Herzen. Ich war ein neuer Mensch. Psychisch, physisch – und mit einer neuen Lebensphilosophie.

Und so mussten zehn Jahre vergehen, dieses Buch zu schreiben und diese Erinnerungen festzuhalten, die mir heute wie Geschenke vorkommen.

Anhang

Jupp Derwalls aktive Fußball-Jahre

VEREINSSPIELE

Saison	Verein	Liga	Spiele	Tore
1945/46	Rhenania Würselen	Bezirksklasse Mittelrhein		
1946/47	Rhenania Würselen	Bezirksklasse Mittelrhein		
1947/48	Rhenania Würselen	Landesliga Mittelrhein		
1948/49	Rhenania Würselen	Oberliga West	23	10
1949/50	Alemannia Aachen	Oberliga West	30	14
1950/51	Alemannia Aachen	Oberliga West	29	12
1951/52	Alemannia Aachen	Oberliga West	22	5
1952/53	Alemannia Aachen	Oberliga West	28	10
1953/54	gesperrt			
1954/55	Fortuna Düsseldorf	Oberliga West	23	9
1955/56	Fortuna Düsseldorf	Oberliga West	29	8
1956/57	Fortuna Düsseldorf	Oberliga West	15	4
1957/58	Fortuna Düsseldorf	Oberliga West	16	7
1958/59	Fortuna Düsseldorf	Oberliga West	27	17
1959/60	FC Biel	1. Liga/Schweiz		
1960/61	FC Biel	1. Liga/Schweiz		
1961/62	FC Schaffhausen	1. Liga/Schweiz		

LÄNDERSPIELE FÜR DEUTSCHLAND

gegen England in London am 1.12.1954, 1:3 verloren:
Herkenrath – Posipal, Kohlmeyer – Erhardt, Liebrich, Harpers – Kaufhold, Pfeiffer, Seeler, Derwall, Beck (1)

gegen Portugal in Lissabon am 19.12.1954, 3:0 gewonnen:
Herkenrath – Posipal, Juskowiak (1) – Erhardt (1) , Liebrich, Harpers – B. Klodt, Miltz, Kreß (Waldner), Derwall, Pfaff (1)

Jupp Derwalls Trainer-Laufbahn

DIE TRAINER-STATIONEN

1959–1961	Spielertrainer beim FC Biel / Schweiz
1961–1962	Spielerstrainer beim FC Schaffhausen / Schweiz
1962–1964	Vereinstrainer bei Fortuna Düsseldorf
1964–1970	Verbandstrainer des Saarländischen Fußball-Verbandes
1970–1978	DFB-Trainer (Assistent von Bundestrainer Helmut Schön)
1978–1984	Bundestrainer der deutschen Fußball-Nationalmannschaft
1984–1989	Vereinstrainer und Technischer Direktor bei Galatasaray Istanbul

ERFOLGSBILANZ ALS TRAINER

1960	Schweizer Vizemeister mit dem FC Biel
1961	Schweizer Vize-Pokalsieger mit dem FC Biel
1970	WM-Dritter mit der deutschen Nationalmannschaft (als Assistent von Helmut Schön)
1972	Europameister mit der deutschen Nationalmannschaft (als Assistent von Helmut Schön)
1972	Sechster Platz mit der deutschen Olympiamannschaft bei den Olympischen Spielen in München
1974	Weltmeister mit der deutschen Nationalmannschaft (als Assistent von Helmut Schön)
1974	Europameister mit der deutschen Amateur-Nationalmannschaft
1976	Vize-Europameister mit der deutschen Nationalmannschaft (als Assistent von Helmut Schön)
1980	Europameister mit der deutschen Nationalmannschaft
1982	Vize-Weltmeister mit der deutschen Nationalmannschaft
1985	Türkischer Pokalsieger
1987	Türkischer Meister mit Galatasaray Istanbul
1988	Türkischer Meister mit Galatasaray Istanbul

DIE LÄNDERSPIELE DER DEUTSCHEN FUSSBALL-NATIONALMANNSCHAFT UNTER JUPP DERWALL ALS ASSISTENT VON BUNDESTRAINER HELMUT SCHÖN

Spanien – Deutschland	2:0	11. Februar 1970 in Sevilla
Deutschland – Rumänien	1:1	8. April 1970 in Stuttgart
Deutschland – Irland	2:1	9. Mai 1970 in Berlin
Deutschland – Jugoslawien	1:0	13. Mai 1970 in Hannover
Deutschland – Marokko	2:1	3. Juni 1970 in Leon (WM-Gruppenspiel)
Deutschland – Bulgarien	5:2	7. Juni 1970 in Leon (WM-Gruppenspiel)
Deutschland – Peru	3:1	10. Juni 1970 in Leon (WM-Gruppenspiel)

Deutschland – England	3:2 n. V.	14. Juni 1970 in Leon (WM – Viertelfinale)
Italien – Deutschland	4:3 n.V.	17. Juni 1970 in Mexico-City (WM – Halbfinale)
Deutschland – Uruguay	1:0	20. Juni 1970 in Mexico-City (WM – Spiel um den 3. Platz)
Deutschland – Ungarn	3:1	9. September 1970 in Nürnberg
Deutschland – Türkei	1:1	17. Oktober 1970 in Köln
Jugoslawien – Deutschland	2:0	18. November 1970 in Zagreb
Griechenland – Deutschland	1:3	22. November 1970 in Athen
Albanien – Deutschland	0:1	17. Februar 1971 in Tirana
Türkei – Deutschland	0:3	25. April 1971 in Istanbul
Deutschland – Albanien	2:0	12. Juni 1971 in Karlsruhe
Norwegen – Deutschland	1:7	22. Juni 1971 in Oslo
Schweden – Deutschland	1:0	27. Juni 1971 in Göteborg
Dänemark – Deutschland	1:3	30. Juni 1971 in Kopenhagen
Deutschland – Mexiko	5:0	8. September 1971 in Hannover
Polen – Deutschland	1:3	10. Oktober 1971 in Warschau
Deutschland – Polen	0:0	17. November 1971 in Hamburg
Ungarn – Deutschland	0:2	29. März 1972 in Budapest
England – Deutschland	1:3	29. April 1972 in London (EM – Viertelfinale)
Deutschland – England	0:0	13. Mai 1972 in Berlin (EM – Viertelfinale)
Deutschland – Sowjetunion	4:1	26. Mai 1972 in München
Belgien – Deutschland	1:2	14. Juni 1972 in Antwerpen (EM – Halbfinale)
Deutschland – Sowjetunion	3:0	18. Juni 1972 in Brüssel (EM – Endspiel)
Deutschland – Schweiz	5:1	15. November 1972 in Düsseldorf
Deutschland – Argentinien	2:3	14. Februar 1973 in München
Deutschland – Tschechoslowakei	3:0	28. März 1972 in Düsseldorf
Deutschland – Jugoslawien	0:1	9. Mai 1973 in München
Deutschland – Bulgarien	3:0	12. Mai 1973 in Hamburg
Deutschland – Brasilien	0:1	16. Juni 1973 in Berlin
Sowjetunion – Deutschland	0:1	5. September 1973 in Moskau
Deutschland – Österreich	4:0	10. Oktober 1973 in Hannover
Deutschland – Frankreich	2:1	13. Oktober 1973 in Gelsenkirchen
Schottland – Deutschland	1:1	14. November 1973 in Glasgow
Deutschland – Spanien	2:1	24. November 1973 in Stuttgart
Spanien – Deutschland	1:0	23. Februar 1974 in Barcelona
Italien – Deutschland	0:0	26. Februar 1974 in Rom
Deutschland – Schottland	2:1	27. März 1974 in Frankfurt a. M.
Deutschland – Ungarn	5:0	17. April 1974 in Dortmund
Deutschland – Schweden	2:0	1. Mai 1974 Hamburg
Deutschland – Chile	1:0	14. Juni 1974 in Berlin (WM – 1. Finalrunde)
Deutschland – Australien	3:0	18. Juni 1974 in Hamburg (WM – 1. Finalrunde)
Deutschland – DDR	0:1	22. Juni 1974 in Hamburg (WM – 1. Finalrunde)

Deutschland – Jugoslawien	2:0	26. Juni 1974 in Düsseldorf (WM – 2. Finalrunde)
Deutschland – Schweden	4:2	30. Juni 1974 in Düsseldorf (WM – 2. Finalrunde)
Deutschland – Polen	1:0	3. Juli 1974 in Frankfurt a. M. (WM – 2. Finalrunde)
Deutschland – Holland	2:1	7. Juli 1974 in München (WM – Endspiel)
Schweiz – Deutschland	1:2	4. September 1974 in Basel
Griechenland – Deutschland	2:2	20. November 1974 in Piräus
Malta – Deutschland	0:1	22. Dezember 1974 in Gzira
England – Deutschland	2:0	12. März 1975 in London
Bulgarien – Deutschland	1:1	27. April 1975 in Sofia
Deutschland – Holland	1:1	17. April 1975 in Frankfurt
Österreich – Deutschland	0:2	3. September 1975 in Wien
Deutschland – Griechenland	1:1	11. Oktober 1975 in Düsseldorf
Deutschland – Bulgarien	1:0	19. November 1975 in Stuttgart
Türkei – Deutschland	0:5	20. Dezember 1975 in Istanbul
Deutschland – Malta	8:0	28. Februar 1976 in Dortmund
Spanien – Deutschland	1:1	24. April 1976 in Madrid
Deutschland – Spanien	2:0	22. Mai 1976 in München
Jugoslawien – Deutschland	2:4 n.V.	17. Juni 1976 in Belgrad (EM – Halbfinale)
Tschechoslowakei – Deutschland	2:2 n.V. und 5:3 i.E.	20. Juni 1976 in Belgrad (EM – Endspiel)
Wales – Deutschland	0:2	6. Oktober 1976 in Cardiff
Deutschland – Tschechoslowakei	2:0	17. November 1976 in Hannover
Frankreich – Deutschland	1:0	23. Februar 1977 in Paris
Deutschland – Nordirland	5:0	27. April 1977 in Köln
Jugoslawien – Deutschland	1:2	30. April 1977 in Belgrad
Argentinien – Deutschland	1:3	5. Juni 1977 in Buenos Aires
Uruguay – Deutschland	0:2	8. Juni 1977 in Montevideo
Brasilien – Deutschland	1:1	12. Juni 1977 in Rio de Janeiro
Mexiko – Deutschland	2:2	14. Juni 1977 in Mexiko-City
Finnland – Deutschland	0:1	7. September 1977 in Helsinki
Deutschland – Italien	2:1	8. Oktober 1977 in Berlin
Deutschland – Schweiz	4:1	16. November 1977 in Stuttgart
Deutschland – Wales	1:1	14. Dezember 1977 in Dortmund
Deutschland – England	2:1	22. Februar 1978 in München
Deutschland – Sowjetunion	1:0	8. März 1978 in Frankfurt
Deutschland – Brasilien	0:1	5. April 1978 in Hamburg
Schweden – Deutschland	3:1	19. April 1978 in Stockholm
Deutschland – Polen	0:0	1. Juni 1978 in Buenos Aires (WM-Vorrunde)
Deutschland – Mexiko	6:0	6. Juni 1978 in Cordoba (WM-Vorrunde)

Deutschland – Tunesien	0:0	10. Juni 1978 in Cordoba (WM-Vorrunde)
Deutschland – Italien	0:0	14. Juni 1978 in Buenos Aires (WM-Finalrunde)
Deutschland – Holland	2:2	18. Juni 1978 in Cordoba (WM-Finalrunde)
Österreich – Deutschland	3:2	21. Juni 1978 in Cordoba (WM-Finalrunde)

DIE LÄNDERSPIELE DER DEUTSCHEN FUSSBALL-NATIONALMANNSCHAFT UNTER DEM BUNDESTRAINER JUPP DERWALL

Tschechoslowakei – Deutschland 3:4 11. Oktober 1978 in Prag
Maier (K) – Kaltz, Dietz – Bonhof, Zewe, Kh. Förster – Abramczik, Cullmann, K. Fischer, Hans Müller (71. Worm), K. Allofs, K.-H. Rummenigge
Tore: 0:1 Abramczik (8.), 0:2 Bonhof (11.), 1:2 Stambachr (15.), 1:3 H. Müller (35.), 1:4 Bonhof (38., Foulelfmeter), 2:4 Masny (51., Foulelfmeter), 3:4 Stambachr (60.)

Deutschland – Ungarn 0:0 15. November 1978 in Frankfurt/M.
in der 60. Minute wegen Nebels abgebrochen
Maier (K) – Kaltz, Dietz – Bonhof, Zewe, Rüßmann – Abramczik, Cullmann, K. Fischer, K. Allofs, K.-H. Rummenigge

Deutschland – Holland 3:1 20. Dezember 1978 in Düsseldorf
D. Burdenski – Kaltz, Dietz (K) – Bonhof, Zewe, Stielike – Abramczik (79. Borchers), Cullmann (57. Zimmermann), K. Fischer, K. Allofs, K.-H. Rummenigge
Tore: 1:0 K.-H. Rummenigge (32.), 2:0 K. Fischer (57.), 2:1 La-Ling (62.), 3:1 Bonhof (85.)

Malta – Deutschland 0:0 25. Februar 1979 in Gzira
Maier (K) – Kaltz, Dietz – Bonhof, Zewe (68. Toppmöller), Kh. Förster – Abramczik, Cullmann, K. Fischer, Hans Müller, K.-H. Rummenigge (68. K. Allofs)

Türkei – Deutschland 0:0 1. April 1979 in Izmir
D. Burdenski – Kaltz, Dietz (K) – Bonhof, Stielike, Zimmermann (73. Kh. Förster) – K.-H. Rummenigge (69. Kelsch), Cullmann, Toppmöller, Hans Müller, Borchers

Wales – Deutschland 0:2 2. Mai 1979 in Wrexham
Maier (K) – Kaltz, Dietz – Bonhof, Stielike (88. Martin), Kh. Förster – K.-H. Rummenigge, Cullmann, K. Fischer, Zimmermann, K. Allofs
Tore: 0:1 Zimmermann (29.), 0:2 Fischer (52.)

Irland – Deutschland 1:3 22. Mai 1979 in Dublin
Maier (K/46. D. Burdenski) – Kaltz, B. Förster – Zimmermann (70. Hartwig), Cullmann, Kh. Förster – K.-H. Rummenigge (70. Memering), B. Schuster, D. Hoeneß, Hans Müller (46. Kelsch), K. Allofs
Tore: 1:0 Ryan (26.), 1:1 K.-H. Rummenigge (29.), 1:2 Kelsch (81.), 1:3 D. Hoeneß (90.)

Island – Deutschland 1:3 26. Mai 1979 in Reykjavik
Maier (K/46. Schumacher) – Konopka, B. Förster – Kh. Förster (60. Kaltz), Cullmann, B. Schuster – Kelsch, Zimmermann (46. Hartwig), D. Hoeneß, Groh, Memering
Tore: 0:1 Kelsch (32.), 0:2, 0:3 D. Hoeneß (33., 67.), 1:3 A. Edvaldsson (83.)

Deutschland – Argentinien 2:1 12. September 1979 in Berlin
D. Burdenski – Kaltz, Dietz (K) – Kh. Förster, Cullmann, B. Schuster – K.-H. Rummenigge, Bonhof, K. Fischer, Hans Müller, K. Allofs
Tore: 1:0 K. Allofs (47.), 2:0 K.-H. Rummenigge (58.), 2:1 Castro (84.)

Deutschland – Wales 5:1 17. Oktober 1979 in Köln
D. Burdenski – Kaltz, Dietz (K) – Kh. Förster, Cullmann, B. Schuster (Zimmermann) – K.-H. Rummenigge (75. Briegel), Bonhof, K. Fischer, Hans Müller, K. Allofs
Tore: 1:0 K. Fischer (22.), 2:0 Kaltz (33.), 3:0 K. Fischer (39.), 4:0 K.-H. Rummenigge (42.), 5:0 Kh. Förster (83.), 5:1 Curtis (84.)

Sowjetunion – Deutschland 1:3 21. November 1979 in Tiflis
Nigbur – Kaltz (74. Zimmermann), Briegel – Kh. Förster, Cullmann, Dietz (K/74. Votava) – K.-H. Rummenigge, B. Schuster (46. B. Förster), K. Fischer, Hans Müller, H. Nickel
Tore: 0:1, 0:2 K.-H. Rummenigge (35., 62.), 0:3 K. Fischer (66.), 1:3 Machowikow (83.)

Deutschland – Türkei 2:0 22. Dezember 1979 in Gelsenkirchen
Nigbur – Kaltz, Dietz (K) – Bonhof, Cullmann, B. Förster – K.-H. Rummenigge, Stielike (84. Zimmermann), K. Fischer, Hans Müller, H. Nickel
Tore: 1:0 K. Fischer (15.), 2:0 Zimmermann (89.)

Deutschland – Malta 8:0 27. Februar 1980 in Bremen
D. Burdenski – Kaltz, Cullmann, Kh. Förster, Dietz (K) – Bonhof, B. Förster (60. Kelsch), Hans Müller – K.-H. Rummenigge, K. Fischer, K. Allofs (60. H. Nickel)
Tore: 1:0 K. Allofs (14.), 2:0 Bonhof (19., Foulelfmeter), 3:0 K. Fischer (40.), 4:0 K. Allofs (55.), 5:0 Holland (61., Eigentor), 6:0 Kelsch (70.), 7:0 K.-H. Rummenigge (74.), 8:0 K. Fischer (90.)

Deutschland – Österreich 1:0 2. April 1980 in München
Nigbur (46. Schumacher) – Kaltz, Cullmann, Kh. Förster, Dietz (K/16. Briegel) – Bonhof, B. Förster (46. B. Schuster), Hans Müller – K.-H. Rummenigge, Hrubesch, K. Allofs (71. Del Haye)
Tor: 1:0 H. Müller (34.)

Deutschland – Polen 3:1 13. Mai 1980 in Frankfurt/M.
Schumacher – Kaltz, Cullmann, Kh. Förster, Dietz (K) – B. Förster (46. B. Schuster), Magath, Briegel (73. Jakobs), Hans Müller (73. Hrubesch) – K.-H. Rummenigge, K. Allofs
Tore: 1:0 K.-H. Rummenigge (6.), 1:1 Boniek (35.), 2:1 K. Allofs (38.), 3:1 B. Schuster (58.)

Deutschland – Tschechoslowakei 1:0 **11. Juni 1980 in Rom**
EM–Endrunde
Schumacher – Kaltz, Cullmann, Kh. Förster, Dietz (K) – B. Förster (60. Magath), Stielike, Briegel, Hans Müller – K.-H. Rummenigge, K. Allofs
Tor: 1:0 K.-H. Rummenigge (55.)

Deutschland – Holland 3:2 **14. Juni 1980 in Neapel**
EM–Endrunde
Schumacher – Kaltz, Stielike, Kh. Förster, Dietz (K/73. Matthäus) – B. Schuster, Briegel, Hans Müller (65. Magath) – K.-H. Rummenigge, Hrubesch, K. Allofs
Tore: 1:0, 2:0, 3:0 K. Allofs (20., 60., 66.), 3:1 Rep (80., Foulelfmeter), 3:2 W. van der Kerkhof (86.)

Deutschland – Griechenland 0:0 **17. Juni 1980 in Turin**
EM–Endrunde
Schumacher – Kaltz, Stielike, Kh. Förster, B. Förster (46. Votava) – Cullmann (K), Briegel, Hans Müller, Memering – K.-H. Rummenigge (66. Del Haye), Hrubesch

Deutschland – Belgien 2:1 **22. Juni 1980 in Rom**
EM–Finale
Schumacher– Kaltz, Stielike, Kh. Förster, Dietz (K) – B. Schuster, Briegel (55. Cullmann), Hans Müller – K.-H. Rummenigge, Hrubesch, K. Allofs
Tore: 1:0 Hrubesch (10.), 1:1 Vandereycken (72., Foulelfmeter), 2:1 Hrubesch (89.)

Schweiz – Deutschland 2:3 **10. September 1980 in Basel**
Schumacher – Kaltz, B. Schuster, Kh. Förster, Dietz (K) – Briegel, Magath, Hans Müller – K.-H. Rummenigge, Hrubesch, K. Allofs
Tore: 0:1 H. Müller (18.), 0:2 Magath (66.), 0:3 H. Müller (69.), 1:3 Pfister (84.), 2:3 Botteron (88., Foulelfmeter)

Holland – Deutschland 1:1 **11. Oktober 1980 in Eindhoven**
Schumacher (46. Immel) – Kaltz, Niedermayer, Kh. Förster, Dietz (K) – Briegel, Magath, Hans Müller – K.-H. Rummenigge, Hrubesch, K. Allofs
Tore: 0:1 Hrubesch (35.), 1:1 Brandts (40.)

Deutschland – Frankreich 4:1 **9. November 1980 in Hannover**
Schumacher – Kaltz, B. Schuster, Kh. Förster, Dietz (K)– Briegel, Votava, Hans Müller – Allgöwer, Hrubesch, K. Allofs
Tore: 1:0 Kaltz (6., Foulelfmeter), 2:0 Briegel (37.), 2:1 Larios (40., Foulelfmeter), 3:1 Hrubesch (63.), 4:1 K. Allofs (89.)

Bulgarien – Deutschland 1:3 **3. Dezember 1980 in Sofia**
Schumacher – Kaltz, Stielike, Kh. Förster, Dietz (K) – Briegel, Magath (72. Votava), Hans Müller – K.-H. Rummenigge, Hrubesch, K. Allofs (72. Borchers)
Tore: 0:1, 0:2 Kaltz (14., 36., Foulelfmeter), 0:3 K.-H. Rummenigge (53.), 1:3 Jontschew (64.)

Argentinien – Deutschland 2:1 1. Januar 1981 in Montevideo
Copa de Oro/Mini–WM
Schumacher – Kaltz, Bonhof, Kh. Förster, Dietz (K) – Briegel, Magath, Hans Müller – K.-H. Rummenigge, Hrubesch, K. Allofs
Tore: 0:1 Hrubesch (42.), 1:1 Kaltz (85., Eigentor), 2:1 Diaz (88.)

Brasilien – Deutschland 4:1 7. Januar 1981 in Montevideo,
Copa de Oro/Mini–WM
Schumacher – Kaltz (35. Dremmler), Bonhof, Kh. Förster, Dietz (K) – Votava, Briegel, Magath, Hans Müller – K.-H. Rummenigge, K. Allofs (78. Allgöwer)
Tore: 0:1 K. Allofs (54.), 1:1 Junior (58.), 2:1 Cerezo (62.), 3:1 Serginho (78.), 4:1 Ze Sergio (83.)

Albanien – Deutschland 0:2 1. April 1981 in Tirana
Schumacher – Kaltz, Stielike, Kh. Förster (74. Hannes), Dietz (K) – B. Schuster, Magath, Hans Müller – K.-H. Rummenigge, Hrubesch, K. Allofs
Tore: 0:1, 0:2 B. Schuster (9., 70.)

Deutschland – Österreich 2:0 29. April 1981 in Hamburg
Schumacher – Kaltz, Stielike, Kh. Förster, Briegel – B. Schuster, Breitner, Magath, Hans Müller – K.-H. Rummenigge (K), K. Fischer (78. Allgöwer)
Tore: 1:0 Kraus (30., Eigentor), 2:0 K. Fischer (36.)

Deutschland – Brasilien 1:2 19. Mai 1981 in Stuttgart
Schumacher (46. Immel) – Kaltz, Hannes, Kh. Förster, Briegel – B. Schuster (46. Dietz), Breitner, Magath, Hans Müller – K.-H. Rummenigge (K), K. Fischer (62. Allgöwer)
Tore: 1:0 K. Fischer (30.), 1:1 Cerezo (61.), 1:2 Junior (74.)

Finnland – Deutschland 0:4 24. Mai 1981 in Lahti
Schumacher – Kaltz, Hannes, Kh. Förster, Briegel – Dremmler, Breitner, Magath (76. Allgöwer) – K.-H. Rummenigge (K), K. Fischer, Hans Müller (76. Borchers)
Tore: 0:1 Briegel (26.), 0:2 K. Fischer (37.), 0:3 Kaltz (40.), 0:4 K. Fischer (80.)

Polen – Deutschland 0:2 2. September 1981 in Chorzow
Schumacher – Kaltz (85. Hieronymus), Hannes, B. Förster, Briegel (83. Dremmler) – Breitner, Magath, Hans Müller – Borchers, K. Fischer, K.-H. Rummenigge (K)
Tore: 0:1 K. Fischer (60.), 0:2 K.-H. Rummenigge (71.)

Deutschland – Finnland 7:1 23. September 1981 in Bochum
Schumacher – Kaltz, Stielike, B. Förster, Briegel – Dremmler, Breitner, Magath – Borchers, K. Fischer, K.-H. Rummenigge (K)
Tore: 1:0 K. Fischer (11.), 1:1 Turunen (41.), 2:1 K.-H. Rummenigge (42.), 3:1 Breitner (54.), 4:1 K.-H. Rummenigge (60.), 5:1 Breitner (67.), 6:1 K.-H. Rummenigge (72.), 7:1 Dremmler (83.)

Österreich – Deutschland 1:3 14. Oktober 1981 in Wien
Schumacher – Kaltz, Stielike, Kh. Förster, Briegel – Dremmler, Breitner, Magath – Littbarski, K. Fischer, K.-H. Rummenigge (K)
Tore: 1:0 Schachner (16.), 1:1 Littbarski (17.), 1:2 Magath (20.), 1:3 Littbarski (77.)

Deutschland – Albanien 8:0   **18. November 1981 in Dortmund**
Immel – Kaltz (60. Matthäus), Stielike, Kh. Förster, Briegel – Dremmler,
Breitner, Magath – K.-H. Rummenigge (K/51. Milewski), K. Fischer, Littbarski
Tore: 1:0, 2:0 K.-H. Rummenigge (5., 19.), 3:0 K. Fischer (32.), 4:0 Kaltz (36.),
5:0 K.-H. Rummenigge (43.), 6:0 Littbarski (52.), 7:0 Breitner (68., Foulelfmeter), 8:0 K. Fischer (72.)

Deutschland – Bulgarien 4:0   **22. November 1981 in Düsseldorf**
Schumacher – Kaltz, Hannes, Kh. Förster, Briegel – Dremmler, Breitner, Magath (56. K. Allofs) – K.-H. Rummenigge (K), Hrubesch, K. Fischer
Tore: 1:0 K. Fischer (4.), 2:0 K.-H. Rummenigge (49.), 3:0 Kaltz (62., Foulelfmeter), 4:0 K.-H. Rummenigge (83.)

Deutschland – Portugal 3:1   **17. Februar 1982 in Hannover**
Schumacher (46. Franke) – Kaltz, B. Förster, Kh. Förster, Briegel – Dremmler, Breitner, K.-H. Rummenigge (K) – Hrubesch (46. Matthäus), K. Fischer, Littbarski (72. Allgöwer)
Tore: 1:0 K. Fischer (24.), 2:0 Humberto (27., Eigentor), 2:1 De Matos (44.), 3:1 K. Fischer (51.)

Brasilien – Deutschland 1:0   **21. März 1982 in Rio de Janeiro**
Schumacher – Kaltz (K), Stielike, Kh. Förster, Briegel – Dremmler, Breitner, Matthäus – Littbarski (85. Mill), K. Fischer (13. Hrubesch), Hans Müller (81. Engels)
Tor: 1:0 Junior (83.)

Argentinien – Deutschland 1:1   **24. März 1982 in Buenos Aires**
Schumacher – Kaltz (K), Stielike, Kh. Förster, Briegel – Dremmler, Matthäus, Breitner (68. B. Förster), Hans Müller – Littbarski (68. Mill), Hrubesch (78. Engels)
Tore: 0:1 Dremmler (33.), 1:1 Calderon (67.)

Deutschland – Tschechoslowakei 2:1   **14. April 1982 in Köln**
Schumacher – Kaltz (70. Engels), Hannes – Kh. Förster, Briegel – Dremmler (B. Förster), Breitner, Matthäus – K.-H. Rummenigge (K), K. Fischer (46. Mill), Littbarski
Tore: 1:0 Littbarski (22.), 1:1 Bicovsky (68.), 2:1 Breitner (88., Handelfmeter)

Norwegen – Deutschland 2:4   **12. Mai 1982 in Oslo**
Franke (46. Immel) – B. Förster (47. Hannes), Stielike, Kh.Förster, Briegel (46. Hieronymus) – Matthäus, Breitner (62. Reinders), Magath – K.-H. Rummenigge (K), Hrubesch (46. K. Fischer), Littbarski
Tore: 0:1 K.-H. Rummenigge (5.), 1:1 Ökland (17.), 1:2, 1:3 Littbarski (34., 43.), 2:3 Albertsen (80.), 2:4 K.-H. Rummenigge (84.)

Algerien – Deutschland 2:1   **16. Juni 1982 in Gijon**
WM-Vorrunde
Schumacher – Kaltz, Stielike, Kh. Förster, Briegel – Dremmler, Breitner, Magath (82. K. Fischer) – K.-H. Rummenigge (K), Hrubesch, Littbarski
Tore: 1:0 Madjer (52.), 1:1 K.-H. Rummenigge (68.), 2:1 Belloumi (69.)

Deutschland – Chile 4:1   20. Juni 1982 in Gijon
WM-Vorrunde
Schumacher – Kaltz, Stielike, Kh. Förster, Briegel – Dremmler, Breitner (63. Matthäus), Magath, K.-H. Rummenigge (K) – Hrubesch, Littbarski (80. Reinders)
Tore: 1:0, 2:0, 3:0 K.-H. Rummenigge (9., 57., 67.), 4:0 Reinders (83.), 4:1 Moscoso (90.)

Deutschland – Österreich 1:0   25. Juni 1982 in Gijon
WM-Vorrunde
Schumacher – Kaltz, Stielike, Kh. Förster, Briegel – Dremmler, Breitner, Magath, K.-H. Rummenigge (K/67. Matthäus) – Littbarski, Hrubesch (69. K. Fischer)
Tor: 1:0 Hrubesch (11.)

Deutschland – England 0:0   29. Juni 1982 in Madrid
WM-Finalrunde
Schumacher – Kaltz, Stielike, Kh. Förster, Briegel – Dremmler, B. Förster, Breitner, Hans Müller (74. K. Fischer) – Reinders (63. Littbarski), K.-H. Rummenigge (K)

Spanien – Deutschland 1:2   2. Juli 1982 in Madrid
WM-Finalrunde
Schumacher – Kaltz, Stielike, Kh. Förster, B. Förster – Dremmler, Breitner, Briegel, K.-H. Rummenigge (K/46. Reinders) – Littbarski, K. Fischer
Tore: 0:1 Littbarski (51.), 0:2 K. Fischer (75.), 1:2 Zamora (82.)

Deutschland – Frankreich 3:3 n.V. und 5:4 i.E.   8. Juli 1982 in Sevilla
WM-Halbfinale
Schumacher – Kaltz (K), Stielike, Kh. Förster, B. Förster – Dremmler, Breitner, Magath (73. Hrubesch), Briegel (97. K.-H. Rummenigge) – Littbarski, K. Fischer
Tore: 1:0 Littbarski (18.), 1:1 Platini (28., Foulelfmeter), 1:2 Tresor (93.), 1:3 Giresse (99.), 2:3 K.-H. Rummenigge (103.), 3:3 K. Fischer (108.)
Elfmeterschießen: Giresse 0:1, Kaltz 1:1, Amoros 1:2, Breitner 2:2, Rocheteau 2:3, Stielike verschießt, Six verschießt, Littbarski 3:3, Platini 3:4, K.-H. Rummenigge 4:4, Bossis verschießt, Hrubesch 4:5

Italien – Deutschland 3:1   11. Juli 1982 in Madrid
WM-Endspiel
Schumacher – Kaltz, Stielike, Kh. Förster, B. Förster – Dremmler (63. Hrubesch), Breitner, K.-H. Rummenigge (K/70. Hans Müller), Briegel – Littbarski, K. Fischer
Tore: 1:0 Rossi (57.), 2:0 Tardelli (69.), 3:0 Altobelli (81.), 3:1 Breitner (83.)

Deutschland – Belgien 0:0   22. September 1982 in München
Schumacher – Dremmler, Hannes, Kh. Förster, B. Förster – Hans Müller (46. Milewski), Stielike, Matthäus, Briegel – Littbarski, K.-H. Rummenigge(K)

England – Deutschland 1:2   13. Oktober 1982 in London
Schumacher – Kaltz, Strack, Kh. Förster (5. Hieronymus), B. Förster – Meier (69. Littbarski), Dremmler, Briegel, Matthäus – K.-H. Rummenigge (K), K. Allofs (89. Engels)
Tore: 0:1, 0:2 K.-H. Rummenigge (73., 82.), 1:2 Woodcock (85.)

261

Nordirland – Deutschland 1:0 17. November 1982 in Belfast
Schumacher – Kaltz, Stielike, Strack, B. Förster – Matthäus (72. Völler), B. Schuster (72. Engels), Briegel – K.-H. Rummenigge (K), K. Allofs, Littbarski
Tor: 1:0 Stewart (18.)

Portugal – Deutschland 1:0 23. Februar 1983 in Lissabon
Schumacher – Kaltz, B. Förster, Kh. Förster, Briegel – Dremmler, Rollf, Matthäus (46. Otten) – K.-H. Rummenigge (K), Völler (65. Meier), Littbarski (81. K. Allofs)
Tor: 1:0 Dito (57.)

Albanien – Deutschland 1:2 30. März 1983 in Tirana
Schumacher – B. Förster, Strack, Kh. Förster, Otten – Engels, Hans Müller, Briegel – Littbarski, Völler (85. Meier), K.-H. Rummenigge (K)
Tore: 0:1 Völler (54.), 0:2 K.-H. Rummenigge (66., Foulelfmeter), 1:2 Targaj (80., Handelfmeter)

Türkei – Deutschland 0:3 23. April 1983 in Izmir
Schumacher – Dremmler, Strack, Kh. Förster, Briegel – Engels, B. Schuster, Hans Müller – Littbarski (76. Rolff), Völler, K.-H. Rummenigge (K)
Tore: 0:1 K.-H. Rummenigge (31., Foulelfmeter), 0:2 Dremmler (35.), 0:3 K.-H. Rummenigge (71.)

Österreich – Deutschland 0:0 27. April 1983 in Wien
Schumacher – Dremmler, Strack, Kh. Förster, Briegel (39. B. Förster) – Engels, B. Schuster, Hans Müller (68. Rolff) – Littbarski, Völler, K.-H. Rummenigge (K)

Deutschland – Jugoslawien 4:2 7. Juni 1983 in Luxemburg
D. Burdenski (46. Stein) – B. Förster (46. Otten), Stielike, Kh. Förster, Briegel – Rolff, B. Schuster, Hans Müller (67. Waas) – K.-H. Rummenigge (K), Völler, Meier (46. Matthäus)
Tore: 1:0, 2:0 Meier (13., 20.), 2:1 Jesic (62.), 3:1 B. Schuster (79.), 3:2 Miljanovic (80.), 4:2 K.-H. Rummenigge (87.)

Ungarn – Deutschland 1:1 7. September 1983 in Budapest
Schumacher (46. D. Burdenski) – B. Förster (46. Matthäus), Strack, Kh. Förster (K), Briegel – Rolff, Groh, Hans Müller (65. Waas), Meier – Littbarski, Völler
Tore: 1:0 Nyilasi (42.), 1:1 Völler (66.)

Deutschland – Österreich 3:0 5. Oktober 1983 in Gelsenkirchen
Schumacher – Dremmler, Strack, Kh. Förster, Briegel – Rolff, Augenthaler, B. Schuster, Meier (74. Matthäus) – K.-H. Rummenigge (K), Völler (74. Waas)
Tore: 1:0 K.-H. Rummenigge (4.), 2:0, 3:0 Völler (19., 21.)

Deutschland – Türkei 5:1 26. Oktober 1983 in Berlin
Schumacher – Otten, Strack, Augenthaler, Briegel (81. Herget) – Matthäus, Stielike, Meier (81. M. Rummenigge) – Littbarski, Völler, K.-H. Rummenigge (K)
Tore: 1:0 Völler (45.), 2:0 K.-H. Rummenigge (60.), 3:0 Völler (65.), 4:0 Stielike (66.), 4:1 Hasan (67.), 5:1 K.-H. Rummenigge (74., Foulelfmeter)

Deutschland – Nordirland 0:1   16. November 1983 in Hamburg
Schumacher – Dremmler, Stielike (83. Strack), Kh. Förster, Briegel – Matthäus, Augenthaler, Rolff, Meier (68. Littbarski) – K.-H. Rummenigge (K), Waas
Tor: 0:1 Whiteside (50.)

Deutschland – Albanien 2:1   20. November 1983 in Saarbrücken
Schumacher – B. Förster, Strack, Kh. Förster, Briegel (34. Otten) – Dremmler, Matthäus, Meier – Littbarski (68. Waas), Völler, K.-H. Rummenigge (K)
Tore: 0:1 Tomori (23.), 1:1 K.-H. Rummenigge (24.), 2:1 Strack (80.)

Bulgarien – Deutschland 2:3   15. Februar 1984 in Varna
D. Burdenski – Bockenfeld, Herget, Kh. Förster, Brehme – Stielike, B. Schuster, Meier – Bommer, Völler (74. K. Allofs), K.-H. Rummenigge (K)
Tore: 0:1 Stielike (2.), 0:2 Völler (67.), 0:3 Stielike (73.), 1:3, 2:3 Iskrenov (78., 80.)

Belgien – Deutschland 0:1   29. Februar 1984 in Brüssel
Schumacher – Dremmler, Herget, Kh. Förster (63. Augenthaler), Brehme (46. Bruns) – Stielike, B. Schuster, Matthäus – Bommer (46. K. Allofs), Völler, K.-H. Rummenigge (K)
Tor: 0:1 Völler (76., Foulelfmeter)

Deutschland – UdSSR 2:1   28. März 1984 in Hannover
Schumacher (46. Roleder) – Rolff (46. Otten), Herget, Kh. Förster (K), Briegel – Matthäus, Bruns, Meier – Milewski (65. Bommer), Völler, K. Allofs (76. Brehme)
Tore: 0:1 Litowtschenko (5.), 1:1 Völler (9.), 2:1 Brehme (89.)

Frankreich – Deutschland 1:0   18. April 1984 in Straßburg
Schumacher – B. Förster, Bruns, Kh. Förster, Briegel – Rolff (76. Herget), Matthäus, Brehme, Meier (76. Littbarski) – K.H. Rummenigge (K), Völler
Tor: 1:0 Genghini (79.)

Deutschland – Italien 1:0   22. Mai 1984 in Zürich
Schumacher (46. D. Burdenski) – B. Förster, Stielike, Kh. Förster (46. Matthäus), Briegel – Buchwald (66. Bommer), K.-H. Rummenigge (K), Rolff, Brehme – Völler, K. Allofs
Tor: 1:0 Briegel (62.)

Deutschland – Portugal 0:0   14. Juni 1984 in Straßburg, EM-Endrunde
Schumacher – B. Förster, Stielike, Kh. Förster, Briegel – Rolff (67. Bommer), Buchwald (67. Matthäus), K.-H. Rummenigge (K), Brehme – Völler, K. Allofs

Deutschland – Rumänien 2:1   17. Juni 1984 in Lens, EM-Endrunde
Schumacher – B. Förster, Stielike, Kh. Förster (79. Buchwald), Briegel – Matthäus, Meier (65. Littbarski), Brehme – K.-H. Rummenigge (K), Völler, K. Allofs
Tore: 1:0 Völler (25.), 1:1 Coras (46.), 2:1 Völler (66.)

Spanien – Deutschland 1:0   20. Juni 1984 in Paris, EM-Endrunde
Schumacher – B. Förster, Stielike, Kh.
Förster, Briegel – Matthäus, Meier (60. Littbarski), Brehme (74. Rolff) – K.-H.
Rummenigge (K), Völler, K. Allofs
Tor: 1:0 Maceda (90.)

COACH BEI EINEM SPIEL DER WELT- UND DREI SPIELEN DER EUROPA-AUSWAHL

16.12.1980 in Barcelona
FC Barcelona – Weltauswahl 3:2 (1:0)
Anlass: Zugunsten des Weltkinderhilfswerks UNICEF
Spieler der Weltauswahl: Pantelic (Jugoslawien), 46. Arconada (Spanien) – Broos (Belgien), 76. Battiston (Frankreich), Pezzey (Österreich), Bonhof (Deutschland), Gordillo (Spanien), 46. Vojacek (ČSSR) - Platini (Frankreich), 76. Ertuk (Türkei), Hansi Müller (Deutschland), 46. Hugo Sanchez (Mexiko), Cruyff (Niederlande), Karl-Heinz Rummenigge (Deutschland), 46. Cha (Südkorea), Chinaglia (Italien), 46. Halilhodzic (Jugoslawien), Blochin (UdSSR), 46. Kamamoto (Japan)

25.2.1981 in Rom
Italien – Europa-Auswahl 0:3 (0:1)
Anlass: Zugunsten der Erdbebenopfer in Italien
Spieler der Europa-Auswahl: Arconada (Spanien), 46. Schumacher (Deutschland) – Kaltz (Deutschland), 46. Gerets (Belgien), Krol (Niederlande), Pezzey (Österreich), Stojkovic (Jugoslawien) – Camacho, Zamora (beide Spanien), Wilkins (England), Hansi Müller (Deutschland), Nehoda (ČSSR), 74. Botteron (Schweiz), Halilhodzic (Jugoslawien), Simonsen (Dänemark), 46. Woodcock (England)

12.8.1981 in Prag
ČSSR – Europa-Auswahl 4:0 (1:0)
Anlass: 80-jähriges Jubiläum des tschechoslowakischen Fußball-Verbandes
Spieler der Europa-Auswahl: Koncilia (Österreich), 46. Pantelic (Jugoslawien) – Kaltz (Deutschland), 46. Michel (Frankreich), Pezzey (Österreich), Humberto Coelho (Portugal), Zajec – Stojkovic, Surjak (alle Jugoslawien), 46. Nyilasi (Ungarn), Antognoni (Italien) – Krankl (Österreich), 46. Mavros (Griechenland), Kipiani (UdSSR), 46. Prohaska (Österreich), Blochin (UdSSR)

7.8.1982 in New York
Rest der Welt – Europa-Auswahl 2:3 (2:0)
Anlass: Zugunsten des Weltkinderhilfswerks UNICEF
Spieler der Europa-Auswahl: Zoff (italien), 46. Schumacher (Deutschland) – Tardelli (Italien), Krol (Niederlande), Pezzey (Österreich), Stojkovic (Jugoslawien) – Beckenbauer (Deutschland), 62. Platini (Frankreich), Humberto Coelho (Portugal), Antognoni (Italien) – Boniek (Portugal), 46. Neeskens (Niederlande), Rossi (Italien), Blochin (UdSSR), 46. Keegan (England)

ERFOLGSBILANZ DER DEUTSCHEN BUNDESTRAINER

Sepp Herberger
Reichs- und Bundestrainer 1936–1964
162 Länderspiele – 92 Siege, 26 Unentschieden, 44 Niederlagen

Helmut Schön
Bundestrainer 1964–1978
139 Länderspiele – 87 Siege, 30 Unentschieden, 22 Niederlagen

Jupp Derwall
Bundestrainer 1978–1984
67 Länderspiele – 45 Siege, 11 Unentschieden, 11 Niederlagen

Franz Beckenbauer
Teamchef 1984–1990
66 Länderspiele – 36 Siege, 17 Unentschieden, 13 Niederlagen

Berti Vogts
Bundestrainer 1990–1998
102 Länderspiele – 67 Siege, 23 Unentschieden, 12 Niederlagen

Erich Ribbeck
Teamchef 1998–2000
24 Länderspiele – 10 Siege, 6 Unentschieden, 8 Niederlagen

Rudi Völler
Teamchef seit 2000
15 Länderspiele – 9 Siege, 3 Unentschieden, 3 Niederlagen
Stand: Januar 2002

Register

Abramczik, Rüdiger 144, 206
Ahmann, Erhard 92
Akcan, Ahmet 215ff.
Aksöy, Fezi 247
Allofs, Klaus 152f., 159
Altobelli, Alessandro 195
Amoros, Manuel 189
Arslan, Celil 201
Atatürk, Kemal 27

Balzert, Jockl 64
Basten, Marco van 209
Battiston, Patrick 184ff.
Baumann, Erich 192
Bearzot, Enzo 197
Beck, Oskar 192
Beckenbauer, Franz 10, 21, 69, 79, 88, 97ff., 124f., 134, 136f., 141, 145, 178f., 188f., 209
Belloumi, Lakhdar 174
Benthaus, Helmut 20f.
Binkert, Herbert 64
Blatter, Joseph 142
Bleidick, Hartwig 92
Bommer, Rudi 191
Bongartz, Werner 129
Bonhof, Rainer 94, 103, 113f., 126, 129, 144, 152
Boniek, Zbigniew 174
Borkenhagen, Kurt 41
Bossis, Maxime 190
Bozer, A. 237
Braun, Egidius 98
Brehme, Andreas 16, 18, 191

Breitner, Paul 103, 107f. 113, 119, 124, 170, 173f., 189, 195
Briegel, Hans-Peter 16, 153, 159, 182f., 187, 196
Bruns, Hans-Günther 191
Buchwald, Guido 18, 191
Bülent 206, 231ff.
Burdenski, Dieter 152
Burdenski, Herbert 39, 94
Burgnich, Tarcisio 90
Büyük 206

Cabrini, Antonio 194
Carrasco, Juan-Ignacio 16
Charlton, Bobby 88, 209
Christov, Marian 15, 147
Clemens, Kurt 64
Coelho, Antonio 193
Corver, Charles 183f., 189
Cramer, Dettmar 47
Cruyff, Johan 101, 117ff.
Cullmann, Bernd 103, 107, 152, 163
Cüneyt 206, 218
Curran, Kevin 103

Damker, Hans 75, 193, 198
Delcourt, Alfred 127
Denizli, Mustafa 201f., 207f., 211, 216f.
Derwall, Elisabeth 65
Derwall, Heinz 37
Deuser, Erich 193
Didi, Waldir Pereira 165

266

Dietz, Bernard 148, 152
Dominguez 49
Dremmler, Wolfgang 14

Edström, Ralf 113
Emek, Samih 246
Eppenhoff, Hermann 39, 42
Erdal 206
Erdem, Arif 206
Erhan 206
Erzik, Senes 242f.
Ettori, Jean-Luc 183, 187, 189

Feldkamp, Karl-Heinz 207
Fichtel, Klaus 97
Finney, Tom 50
Fischer, Klaus 100, 150, 152ff., 161, 169, 180, 183, 186, 188
Flohe, Heinz 126, 128f.
Flotho, Heinz 42
Fontaine, Juste 80
Förster, Bernd 183
Förster, Karlheinz 152f.
Francisco, Javier Lopez 15
Franke, Bernd 68f.
Fuchs, Jan-Pierre 54, 56, 58

Garrincha, Manuel Francisco dos Santos 165
Gellesch, Rudi 42, 250
Genghini, Bernard 20
Gento, Reja Jeverino Francisco 49
Georges, Jacques 142, 186
Gerhard, Wilfried 85
Geye, Rainer 94
Geyer, Peter 67
Giresse, Alain 20, 187, 189
Goldbrunner, Ludwig 250
Gößmann, Hermann 70
Grabowski, Jürgen 87f., 97, 103, 114, 119, 124
Graf, Hermann 36
Gullit, Ruud 209
Gutendorf, Rudi 54

Haan, Arie 119
Häbermann, Friedhelm 92
Hannes, Ewald 92

Haseneder, Kurt 62
Hayrettin 206
Held, Siggi 97, 100
Herberger, Sepp 10, 38f., 50ff., 61, 63f., 67, 81, 101, 109, 137, 141, 143
Herget, Matthias 18, 191
Herkenrath, Fritz 52
Herzog, Dieter 113
Heß, Heinrich 131, 133, 182, 193, 199
Heynckes, Jupp 103
Hidalgo, Michel 190f.
Hidegkuti, Nandor 100
Hintermaier, Reinhold 178
Hirt 56
Hitzfeld, Ottmar 92
Hoeneß, Dieter 151
Hoeneß, Uli 92, 96, 108, 114, 116f., 125, 129
Hofmann, Richard 109
Hollmann, Prof. Dr. 74
Hölzenbein, Bernd 103, 112f., 116, 118, 126, 129
Höttges, Horst-Dieter 87, 97, 103
Hrubesch, Horst 157ff., 166, 177, 184, 188, 190
Huber, Hansi 158

Ilyas 206
Ismail 206
Ivic, Tomislav 25, 201

Jakob, Hans 250
Jancker, Carsten 172
Janes, Paul 41, 250
Jansen, Willem 119
Jara, Kurt 178
Joch, Hermann 74f.
Jongbloed, Jan 119f.
Jung, Peter 168
Jung, Renate 168
Jürgens, Udo 142
Jürissen, Willy 41
Juskowiak, Erich 46, 53

Kahn, Oliver 152
Kalb, Jürgen 92

267

Kaltz, Manfred 92, 152f., 161, 166, 189
Katzenmeier, Adolf 182, 193
Kayarlar, Günay 201
Kehrli, Fredy 55
Kelsch, Walter 151
Klodt, Berni 42
Klötzer, Kuno 53
Knefler, Otto 68
Kohr, Walter 193, 198f.
Koitka, Jupp 92f.
Koller, Conny 55
Koncilia, Friedel 178
Kopa, Raymond 49
Köppel, Horst 94
Korst, Herbert 67
Kovacevic, Mirsad 206
Krauss, Bernd 169
Kremers, Erwin 103
Krol, Ruud 119f.
Kubsch, Heinz 42
Kuzorra, Ernst 39, 42
Kwiatkowski, Heini 42

Lato, Grzegorz 174
Lattek, Udo 73, 91, 170f.
Lehner, Ernst 250
Libuda, Reinhard 87, 97
Lindemann, Hermann 53
Lineker, Gary 209
Linemayr, Erich 116
Littbarski, Pierre 175, 180, 183, 187f., 190
Llewllyn, Richard 248
Löhr, Hannes 88, 97

Maceda 15f.
Macho, Willi 59
Madjer, Rabah 174
Maier, Sepp 76, 97, 113, 120, 125, 147f., 151
Martin, Herbert 64
Máspoli, Gáston 165
Matthäus, Lothar 160
Matthews, Stan 50
Mauritz, Mattes 49
Mayer-Vorfelder, Gerhard 20
Mebus, Paul 42

Meier, Norbert 16, 18, 191
Michelotti 150
Mietz, Dieter 92
Mölders 36
Momber, Peter 64
Moog, Alfons 38
Muche, Jürgen 93
Muhamed 206
Müller, Dieter 127ff.
Müller, Gerd 79f., 82ff., 89f., 96ff., 100, 107, 113, 116, 119f., 124, 174
Müller, Hansi 144, 152, 159, 164, 170, 196
Mullery, Alan 87
Münzenberg, Reinhold 41, 250

Neeskens, Johan 117ff.
Netzer, Günter 79, 96, 98ff., 103, 110, 124, 141
Neuberger, Hermann 20, 63f., 70f., 108, 133f., 136, 142, 175f.
Newton 87
Nickel, Bernd 92

Önsoy, Rifat 239
Ösal, Baskan 243
Ott, Kurt 73
Overath, Wolfgang 79, 97ff., 103, 107, 110, 113, 124, 141
Özari, Öscun 205

Parlier, Gegéne 55
Pelé 48, 165, 209
Peters, Martin 88
Phillips 50
Piontek, Sepp 244
Platini, Michel 20, 183, 190, 209
Posipal, Jupp 52
Prekazi, Cevat 206
Prohaska, Herbert 178
Puff, Theo 64
Puskás, Ferenc 49

Queck, Pee 40

Rahn, Helmut 42
Ramsey, Alf 88

Raschid 206
Ribbeck, Erich 68f., 132
Ringel, Karl 67
Riva, Luigi 90
Rivera, Gianni 90
Rocheteau, Dominique 183, 190
Rolff, Wolfgang 14, 18, 191
Rossi, Paolo 195
Rummenigge, Karl-Heinz 18, 148, 151ff., 156, 159, 175, 182ff., 186f., 190, 196
Rüßmann, Rolf 94

Sandberg, Roland 114
Santamaria, Luis 49
Santos, Iriarte 165
Savas, Kücük 206
Schäfer, Hans 42
Schmitt, Egon 92
Schmidt, Georg 178
Schmidt, Helmut 198
Schmidt, Horst 122
Schnellinger, Karl-Heinz 79, 88ff., 97, 192
Schobert, Hans 74
Schön, Helmut 10, 64, 69ff., 73f., 80ff., 85f., 89f., 96, 102f., 108f., 112, 118, 120, 122ff., 126ff., 132ff., 138ff., 146f., 192
Schulz, Willi 79, 87, 97
Schumacher, Toni 15f., 68f., 152, 166, 171, 184ff., 190
Schuster, Bernd 14, 18, 152, 159, 163, 169ff.
Schwarzenbeck, Hans-Georg 125
Schweißfurth, Otto 39
Schwinn, Siegbert 67
Scirea, Gaetano 197
Seel, Wolfgang 69, 94
Seeler, Uwe 52, 79f., 82ff., 88, 97f., 174, 209
Seliger, Rudi 92
Semlitsch, Nikolaus 92
Senay, Erdogan 204
Shackleton 50
Siffling, Otto 250f.
Simon 226
Sing, Albert 54
Six, Didier 20, 206
Sohnle, Walter 92
Sparwasser, Jürgen 107
Stefano, Alfredo di 100, 209
Steffen, Gerhard 67
Stielike, Uli 150, 163, 180, 189f.
Strack, Gerd 14, 18
Streich, Joachim 103
Stürmer, Klaus 54
Süren, Faruk 25f., 32
Szepan, Fritz 39, 42, 250

Tanyu 206
Tardelli, Marco 195
Taylor, John 118, 120
Terim, Fatih 24, 201
Thirtey, Elif 37
Thomas, Mike 149f.
Tibulski, Otto 39ff.
Tigana, Jean 20
Tomaszewski, Jan 114, 116, 174
Toshack, John 149
Trésor, Marius 186
Tugay 206
Turek, Toni 41f.
Turgay 204

Ugur 206
Uras, Ali 31, 205, 228, 242
Urban, Adolf 250
Urfer, Francis 54f.

Van de Kerkhof, Willy 160
Van Hanegem, Wim 118
Vavá, Edvaldo Izidio Neto 49, 165
Venglos, Josef 130
Victor 15
Vogts, Berti 10, 88, 97, 103, 117f., 126, 145, 172
Völler, Rudi 18, 100, 191, 209
Vollmar, Heinz 67

Walter, Fritz 52, 209
Weisweiler, Hennes 38, 98, 152
Wienhold, Günther 92
Wiess, Hugo 57
Wild, Tasso 62

269

Wimmer, Herbert 96, 113, 125, 127
Wolff, Caspar 56
Wolfram, Jupp 62
Wright, Billy 50
Wunder, Klaus 92

Yalman, Alp 24ff., 32f.
Yamasaki 139
Yildiz, Süleyman 238

Yorath, Terry 149
Yusuf 206

Zagalo, Mario 165
Zamora, Ricardo 180
Zeimet, Hans 66
Zewe, Gerd 69
Zimmermann, Herbert 150, 154
Zoff, Dino 194

Bildnachweis

Lorenz Baader 2
Dieter Baumann 1
Deutsche Presse-Agentur 10
Deutscher Fußball-Bund 1
FMS 1
Archiv Fortuna Düsseldorf (Marco Langer) 1
W. Hartmann 1
Hartung 4
Kicker Sportmagazin 1
Pressefoto Horstmüller 19
Herbert Rudel 1
Norbert Rzepka 1
Sven Simon 4
Ullstein Bild 2
Witters 1
Privat 21

Das ultimative Nachschlagewerk für alle Fußball-Fans

Jürgen Bitter
Deutschlands Fußball
Das Lexikon
730 Seiten,
2.000 s/w-Abbildungen,
gebunden mit
Schutzumschlag
ISBN 3-328-00857-8

Als Sepp Herberger einst gefragt wurde, worin für ihn, den Bundestrainer, der Reiz des Fußballs liege, antwortete er: »Weil die Leut net wisse, wie's ausgeht...« Und wenn er schon nicht weiß, »wie's ausgeht«, dann möchte der Freund des Fußballs immerhin wissen, wie es war. Dieses Lexikon soll ihm als ultimatives Nachschlagewerk dienen. Zum ersten Mal wird die Geschichte des Fußballs in Deutschland so komprimiert und vielfältig dargestellt – mit ca. 12.700 Einträgen, einer Fülle von Namen, Begriffen, Institutionen, sportgeschichtlichen Daten und historischen Stationen des Fußballs, komplettiert mit 2.000 Fotos.

Erfolgreich ins Ziel